Mathematik Abiturbuch 2018

Bayern

© 2018 Dein Abitur

Herausgeber: Ionut Radulescu

Hartmann & Radulescu GbR, Ionut Radulescu, Professor-Messerschmitt-Str. 9, 86159 Augsburg

www.deinabitur.de

Das Werk und seine Teile sind Urheberrechtlich geschützt. Jede Nutzung in anderen als den gesetzlich zugelassenen Fällen bedarf der vorherigen schriftlichen Einwilligung der Hartmann & Radulescu GbR.

Druck: KRAUS druck & medien GmbH, 86316 Friedberg

Illustration Comics: Sebastian Ecchius, 86368 Gersthofen

ISBN 978-3-947558-00-1

Vorwort

Liebe zukünftige Abiturientin, lieber zukünftiger Abiturient,

mit diesem Buch wollen wir Dir die Vorbereitung auf das Mathematik-Abitur so einfach wie möglich machen. Uns ist es vor allem wichtig, die Standardaufgaben herauszuarbeiten und Dir zu zeigen, mit welchen „Kochrezepten" man diese Aufgabentypen lösen kann.

Je nach mathematischem Teilgebiet (**Analysis**, **Stochastik** und **Geometrie**) sieht ein Kochrezept in unserem Buch zum Beispiel so aus:

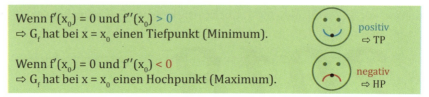

Unser Abibuch ist als Ergänzung zu unserem Kursbuch gedacht, welches wir in unseren DeinAbitur-Vorbereitungskursen verwenden. In unseren DeinAbitur-Kursen gehen wir die verschiedenen Themen durch, üben die Kochrezepte und Standardaufgaben ein und erklären Dir, an welchen Keywords Du erkennst, welcher Aufgabentyp vorliegt. Danach solltest Du an einer kompletten Abituraufgabe üben, wie Du im größeren Kontext anhand der verschiedenen „Keywords" die Standardaufgabentypen erkennst.
Und genau an dieser Stelle soll das vorliegende Abibuch einsetzen:

In diesem Buch haben wir die Angaben und Lösungen der Aufgaben der Jahre 2014-2017 abgedruckt.

Für jede Aufgabe stehen deinem Lehrer immer zwei Alternativen zur Verfügung. Am Morgen deines Mathematikabiturs wählt dein Lehrer oder deine Lehrerin zum Beispiel in Analysis Aufgabengruppe 1 aus. Wenn bei Analysis im Teil A Aufgabengruppe 1 gewählt wird, dann muss auch im Teil B Aufgabengruppe 1 gewählt werden. Jedoch kann bei Stochastik oder Geometrie wieder eine andere Aufgabengruppe gewählt werden. Nur Teil A und Teil B müssen zu einer Aufgabengruppe gehören.

Im Abitur bekommst Du ein Geheft, in dem die Hälfte der Aufgaben durchgestrichen sind. Wenn Du also in diesem Buch das 2017er Abitur siehst, ist dies die doppelte Anzahl an Aufgaben (Aufgabengruppe 1 und 2).
Wir haben uns entschieden jeweils ein Abitur komplett abzudrucken, damit Du besser einschätzen kannst, was auf Dich zukommt. Solltest Du beispiels-

Vorwort

weise zuerst alle Analysis Aufgaben rechnen wollen, kannst Du die jeweiligen Teilgebiete schnell an den verschiedenen Farben erkennen (Analysis, Stochastik und Geometrie)

Damit Du unsere Lösungswege besser nachvollziehen kannst, sind unsere Lösungen meistens länger, als sie im Abitur verlangt sind. Aus diesem Grund haben wir graue Anmerkungskästen eingeführt, um Dir ausführlichere Erläuterungen zu geben aber gleichzeitig klar zu machen, was Du unbedingt im Abitur aufs Blatt schreiben musst und was ergänzend für Dich ist. Oft bieten wir auch mehrere verschiedenen Lösungsmöglichkeiten an. Mit QR-Codes am Rand verweisen wir auf noch ausführlichere Lösungsmöglichkeiten zu diversen Aufgaben.

Zusätzlich arbeiten wir stets an Lösungsvideos und weiterem Material für deine Abiturvorbereitung. Diese werden kostenlos auf www.deinabitur.de zur Verfügung gestellt.

Da dieses Buch unsere erste Version ist, wollen wir uns hier vorab für eventuelle Fehler entschuldigen. Über Anregungen, gefundene Fehler und Verbesserungsvorschläge freuen wir uns sehr. Diese kannst Du uns bitte an: info@DeinAbitur.de schicken!

Wir wünschen Dir für Dein Abitur und Deinen zukünftigen Lebensweg alles Gute!

Dein Team von DeinAbitur,

Martin	Julia	Max	Torben
Christian	Alex	Sebastian	Dieter
Werner	Sonja	Ionut	Andreas
Gerhard	David	Milan	Christina
Victoria	Johannes	Daniel	Patrick
Christoph	Tobias	Gregor	Verena
Michael	Nico	Philipp	Tim

Erfolgreich durch das Mathe-Abitur in Bayern

Besonderheiten zum bayerischen Mathematik-Abitur.

Das vorliegende Buch beinhaltet die bayerischen Mathematik Aufgaben und Lösungen der Jahre 2014-2017 (ohne CAS).

Wir haben das Jahr 2014 als Erstes gewählt, da in diesem Jahr zum ersten Mal die drei Teilgebiete Analysis, Stochastik und Geometrie in zwei Prüfungsteile A und B aufgeteilt wurden. In diesem Format soll auch das Abitur der nächsten Jahre sein.

Das erste G8 Abitur wurde 2011 geschrieben. Die Aufgaben 2011 bis 2013 sehen vom Format etwas anders aus als dein Matheabitur 2018, jedoch eignen sich diese Aufgaben auch wunderbar zum Üben. Aus diesem Grund findest Du auf unserer Homepage www.deinabitur.de alle Angaben und Lösungen der bisherigen G8 Abiture.

Die ursprüngliche Idee der Aufteilung des Mathe - Abiturs in die beiden Prüfungsteile A und B war, dass der Prüfungsteil A ohne Hilfsmittel (die offizielle Merkhilfe, Taschenrechner und das stochastische Tafelwerk) und der Prüfungsteil B mit diesen Hilfsmitteln zu schreiben ist. Jedoch gibt es seit der Einführung der beiden Prüfungsteile die Option den Prüfungsteil A auch mit Hilfsmittel zu schreiben, jedoch hat man dann insgesamt für das Mathe-Abi weniger Zeit.

Du kannst dich also zwischen diesen beiden Optionen entscheiden:

Option 1: Teil A ohne Hilfsmittel, Teil B mit Hilfsmitteln

Bearbeitet werden nur die Aufgaben des Prüfungsteils A; die Aufgabenstellungen zum Prüfungsteil B liegen noch nicht vor.

15 Minuten Pause

Bearbeitet werden nun die Aufgaben des Prüfungsteils B, die Aufgaben des Prüfungsteils A wurden um 10:30 Uhr abgegeben.

Option 2: Teil A und Teil B mit Hilfsmitteln

9:00 Uhr

13:00 Uhr

Die Schüler erhalten das komplette Abitur und können für beide Teile alle erlaubten Hilfsmittel verwenden.

Für welche Variante soll ich mich entscheinden?

Variante 1 („ohne")	Variante 2 („mit")
Vorteile	**Vorteile**
• man hat insgesamt eine halbe Stunde länger Zeit zum Rechnen! • man hat eine 15-minütige Pause, in der man aufs Klo gehen kann, so dass diese Zeit nicht von der „Rechenzeit" wegfällt • In der 15-minütigen Pause kann man sich gegenseitig beruhigen, was man alles richtig hat. • Der Prüfungsteil A ist tatsächlich ohne Hilfsmittel lösbar.	• Der Taschenrechner könnte auch im Teil A eine „psychologische Stütze" sein. • Man bekommt das komplette Abitur und kann zum Beispiel Analysis Teil A und Teil B am „Stück" machen und muss zwischen den Gebieten nicht „hin- und herspringen". Man kann sich die Zeit also frei einteilen. • Wenn man beim Bearbeiten des Teils B einen Fehler im Teil A bemerkt, kann man diesen noch korrigieren.
Nachteile	**Nachteile**
• Eventuell fällt einem beim Bearbeiten des Teils B etwas zu Teil A ein, was man verbessern will, aber man hat dann diesen Prüfungsteil nicht mehr zur Verfügung. • In der Pause können sich Deine Mitschüler und Du aber auch gegenseitig „verrückt" machen, was alles falsch sein könnte.	• Man hat eine halbe Stunde weniger „Rechenzeit" und auch keine Pause von 15 Minuten, die man für Klogänge verwenden kann. Die Zeit ist im Abitur sehr knapp bemessen!

Erfolgreich durch das Mathe-Abitur in Bayern

Unser Rat:

Auch wenn in der Auflistung die Vor- und Nachteile beider Prüfungsvarianten sich die Waage halten, raten wir eher zu der Variante 1 („ohne Hilfsmittel"). Wir haben dazu die Noten unserer Schüler in der Q11 und Q12 mit den Abiturergebnissen verglichen. Wenn man dabei die Unterschiede zwischen den Vorjahresnoten und den Abiturnoten vergleicht, so schneiden im Schnitt die Schüler, welche das Abitur ohne Hilfsmittel im Teil A
schreiben relativ zur den anderen Scbüler besser ab. Die Zeit im Abitur ist recht knapp und die zusätzliche halbe Stunde Bearbeitungszeit ist wertvoller als die Hilfsmittel im Teil A. Es gibt auch Schüler, die beim Teil A schneller als in 90 Minuten fertig sind und im Teil B mehr Zeit bräuchten, jedoch haben die wenigsten Schüler es bereut die Variante 1 zu wählen. Schüler, die jedoch Variante 2 gewählt hatten, äußerten sich öfters, sie hätten mehr Zeit gebraucht!

Insgesamt sind in der Prüfung **120 Bewertungseinheiten** (BE) zu erreichen. Im Teil A sind 40 BE (20 für Analysis und je 10 für Stochastik und Geometrie) zu ereichen. Im Teil B sind es 80 BE (40 für Analysis und je 20 für Stochastik und Geometrie. Das Mathe-Abitur wird nach folgender Tabelle bewertet.

BE	Punkte	Note	BE	Punkte	Note
120 - 115	15	1+	72 - 67	7	3-
114 - 109	14	1	66 - 61	6	4+
108 - 103	13	1-	60 - 55	5	4
102 - 97	12	2+	54 - 49	4	4-
96 - 91	11	2	48 - 41	3	5+
90 - 85	10	2-	40 - 33	2	5
84 - 79	9	3+	32 - 25	1	5-
78 - 73	8	3	24 - 0	0	6

Das Kultusministerieum stellt für die Bereiche Analysis, Stochastik und Geometrie je zwei Aufgabengruppen zur Auswahl. Der Prüfungsausschuss an jeder Schule wählt die Aufgabengruppe aus, die die Schüler im Abitur bearbeiten sollen. Im vorliegenden Abiturbuch haben wir jeweils beide Aufgabengruppen abgebildet.

Inhalt

Abiturprüfungen nach Jahrgängen

Abitur 2017	8
Abitur 2016	98
Abitur 2015	170
Abitur 2014	252

Abiturprüfungen nach Teilgebieten

Analysis

Teil A	2017	8
	2016	98
	2015	170
	2014	252
Teil B	2017	40
	2016	122
	2015	200
	2014	278

Stochastik

Teil A	2017	18
	2016	110
	2015	184
	2014	262
Teil B	2017	60
	2016	144
	2015	224
	2014	298

Geometrie

Teil A	2017	26
	2016	116
	2015	190
	2014	270
Teil B	2017	72
	2016	156
	2015	236
	2014	312

www.deinabitur.de

Analysis 2017 - Aufgabengruppe A1

BE

1 Gegeben ist die Funktion g: $x \mapsto 2 \cdot \sqrt{4+x} - 1$ mit maximaler Definitionsmenge D_g. Der Graph von g wird mit G_g bezeichnet.

2 **a)** Geben Sie D_g und die Koordinaten des Schnittpunktes von G_g mit der y-Achse an.

4 **b)** Beschreiben Sie, wie G_g schrittweise aus dem Graphen der in $\mathbb{R}_0^+$ definierten Funktion w: $x \mapsto \sqrt{x}$ hervorgeht, und geben Sie die Wertemenge von g an.

2 Eine Funktion f ist durch $f(x) = 2 \cdot e^{\frac{1}{2}x} - 1$ mit $x \in \mathbb{R}$ gegeben.

2 **a)** Ermitteln Sie die Nullstelle der Funktion f.

3 **b)** Die Tangente an den Graphen von f im Punkt S(0|1) begrenzt mit den beiden Koordinatenachsen ein Dreieck. Weisen Sie nach, dass dieses Dreieck gleichschenklig ist.

3 Geben Sie jeweils den Term einer Funktion an, die über ihrer maximalen Definitionsmenge die angegebenen Eigenschaften besitzt.

2 **a)** Der Graph der Funktion f ist achsensymmetrisch zur y-Achse und die Gerade mit der Gleichung x = 2 ist eine senkrechte Asymptote.

2 **b)** Die Funktion g ist nicht konstant und es gilt: $\int_0^2 g(x)\,dx = 0$.

4 An einer Messstation wurde über einen Zeitraum von 10 Stunden die Anzahl der Pollen in einem Kubikmeter Luft ermittelt. Dabei kann die Anzahl der Pollen in einem Kubikmeter Luft zum Zeitpunkt t (in Stunden nach Beginn der Messung) durch die Gleichung $n(t) = 3t^2 - 60t + 500$ beschrieben werden.

3 **a)** Bestimmen Sie die mittlere Änderungsrate der Anzahl der Pollen in einem Kubikmeter Luft während der ersten beiden Stunden der Messung.

2 **b)** Ermitteln Sie den Zeitpunkt nach Beginn der Messung, zu dem die momentane Änderungsrate der Anzahl der Pollen in einem Kubikmeter Luft $-30\,\frac{1}{h}$ beträgt.

20

Analysis 2017 - Aufgabengruppe A2

1 Gegeben ist die Funktion f mit $f(x) = \dfrac{(3+x)^2}{x-1}$ und maximalem Definitionsbereich. Der Graph von f wird mit G_f bezeichnet.

a) Geben Sie D und die Koordinaten der Schnittpunkte von G_f mit den Koordinatenachsen an.

b) Zeigen Sie, dass $f(x)$ zum Term $x + 7 + \dfrac{16}{x-1}$ äquivalent ist, und geben Sie die Bedeutung der Geraden g mit der Gleichung $y = x + 7$ für G_f an.

BE

3

3

2 Eine Funktion f ist durch $f(x) = e^{\frac{1}{2}x} - 1$ mit $x \in \mathbb{R}$ gegeben.

a) Ermitteln Sie die Nullstelle der Funktion f.

b) Die Tangente an den Graphen von f im Punkt S(0|1) begrenzt mit den beiden Koordinatenachsen ein Dreieck. Weisen Sie nach, dass dieses Dreieck gleichschenklig ist.

2

3

3 Die Abbildung zeigt den Graphen der in $\mathbb{R}$ definierten Funktion
$g: x \mapsto p + q \cdot \sin\left(\dfrac{\pi}{r} x\right)$ mit $p, q, r \in \mathbb{N}$.

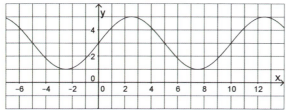

a) Geben Sie p, q und r an.

b) Der Graph der Funktion h geht aus dem Graphen der Funktion g durch Verschiebung um zwei Einheiten in positive x-Richtung hervor. Geben Sie einen möglichen Funktionsterm von h an.

3

1

4 An einer Messstation wurde über einen Zeitraum von 10 Stunden die Anzahl der Pollen in einem Kubikmeter Luft ermittelt. Dabei kann die Anzahl der Pollen in einem Kubikmeter Luft zum Zeitpunkt t (in Stunden nach Beginn der Messung) durch die Gleichung $n(t) = 3t^2 - 60t + 500$ beschrieben werden.

a) Bestimmen Sie die mittlere Änderungsrate der Anzahl der Pollen in einem Kubikmeter Luft während der ersten beiden Stunden der Messung.

b) Ermitteln Sie den Zeitpunkt nach Beginn der Messung, zu dem die momentane Änderungsrate der Anzahl der Pollen in einem Kubikmeter Luft $-30 \, \dfrac{1}{h}$ beträgt.

3

2

20

Lösung Analysis 2017 A1

1 Gegeben ist die Funktion g: $x \mapsto 2 \cdot \sqrt{4 + x} - 1$ mit maximaler Definitionsmenge D_g. Der Graph von g wird mit G_g bezeichnet.

a) Geben Sie D_g und die Koordinaten des Schnittpunktes von G_g mit der y-Achse an.

Teil 1: Maximale Definitionsmenge

Definitionsmenge

$\underbrace{\frac{Z}{N}}_{\neq 0}$, $\sqrt{\underbrace{}_{\geq 0}}$, $\ln(\underbrace{}_{> 0})$

$4 + x \geq 0 \quad | -4$
$x \geq -4$
$\Rightarrow D_g = [-4; \infty[$

Teil 2: Schnittpunkt mit der y-Achse

$f(0) = 2\sqrt{4 + 0} - 1$
$ = 2\sqrt{4} - 1$
$ = 2 \cdot 2 - 1$
$ = 3$

$\Rightarrow$ Schnittpunkt: (0 | 3)

b) Beschreiben Sie, wie G_g schrittweise aus dem Graphen der in $\mathbb{R}_0$ definierten Funktion w: $x \mapsto \sqrt{x}$ hervorgeht, und geben Sie die Wertemenge von g an.

Teil 1: Entwicklung des Graphen

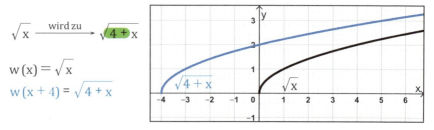

$\sqrt{x} \xrightarrow{\text{wird zu}} \sqrt{4 + x}$

$w(x) = \sqrt{x}$
$w(x + 4) = \sqrt{4 + x}$

⬅ Verschiebung parallel zur x-Achse um 4 Einheiten nach links.

$\sqrt{4+x}$ —wird zu→ $2 \cdot \sqrt{4+x}$

$w(x+4) = \sqrt{4+x}$
$2 \cdot w(x+4) = 2 \cdot \sqrt{4+x}$

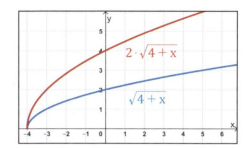

 Streckung in y-Richtung um den Faktor 2.

$2 \cdot \sqrt{x+4}$ —wird zu→ $2 \cdot \sqrt{x+4} - 1$

$2 \cdot w(x+4) = 2 \cdot \sqrt{4+x}$
$2 \cdot w(x+4) - 1 = 2 \cdot \sqrt{4+x} - 1 = g(x)$

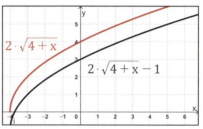

Verschiebung parallel zur y-Achse um eine Einheit nach unten.

Teil 2: Wertemenge von g

⚠️ Bei „angeben" reicht es, den Wertebereich ohne Begründung aufzuschreiben.

Wertebereich ermitteln

Die Grenzen von D_g werden in g(x) eingesetzt. (Dies geht nur, wenn die Funktion nur monoton steigend oder fallend ist!)

$D_g = [-4; \infty[$

$g(-4)$ „$g(\infty)$"

$g(-4) = 2\sqrt{4-4} - 1 = 2\sqrt{0} - 1 = -1$

für $x \to \infty$ gilt: $g(x) \to \infty$

$\Rightarrow W = [-1; \infty[$

optionale Begründung

$2 \cdot \underbrace{\sqrt{4+x}}_{\infty} - 1 \to \infty$

Analysis 2017 - Lösung A1

2 Eine Funktion f ist durch $f(x) = 2 \cdot e^{\frac{1}{2}x} - 1$ mit $x \in \mathbb{R}$ gegeben.

a) Ermitteln Sie die Nullstelle der Funktion f.

Anmerkung

$\ln e^{\frac{1}{2}x} = \frac{1}{2}x \cdot \underbrace{\ln e}_{1} = \frac{1}{2}x$

$\ln e^x = x = e^{\ln x}$

e^x und $\ln x$ sind Umkehrfunktionen

$$2e^{\frac{1}{2}x} - 1 = 0 \qquad | +1$$
$$2e^{\frac{1}{2}x} = 1 \qquad | :2$$
$$e^{\frac{1}{2}x} = \frac{1}{2} \qquad | \ln(...)$$
$$\frac{1}{2}x = \ln \frac{1}{2} \qquad | \cdot 2$$
$$x = 2 \ln \frac{1}{2}$$

Alternative Möglichkeiten, die Lösung anzugeben:

Möglichkeit 1:
$$x = 2 \ln \frac{1}{2}$$
$$x = 2[\ln 1 - \ln 2]$$
$$x = [0 - \ln 2]$$
$$x = -2 \ln 2$$

2. ln-Gesetz
$\ln \frac{a}{b} = \ln a - \ln b$

Möglichkeit 2:
$$x = 2 \ln \frac{1}{2}$$
$$x = 2 \ln 2^{-1}$$
$$x = -1 \cdot 2 \ln 2$$
$$x = -2 \ln 2$$

$a^{-1} = \frac{1}{a}$

3. ln-Gesetz
$\ln a^b = b \cdot \ln a$

Möglichkeit 3:
$$x = -2 \ln 2$$
$$x = \ln 2^{-2}$$
$$x = \ln \frac{1}{4} \overset{\text{2. ln-Gesetz}}{=} \underbrace{\ln 1}_{0} - \ln 4 = -\ln 4$$

Anmerkung
Natürlich reicht die Angabe von $x = 2 \ln \frac{1}{2}$. Man sollte keine wertvolle Zeit mit alternativen Möglichkeiten verschwenden. Jedoch ist oft ein Zwischenergebnis (z.B. $x = -\ln 4$) gegeben und dann sollte man sich nicht verunsichern lassen, wenn man zum Beispiel $x = 2 \ln \frac{1}{2}$ berechnet hat.

 Bei Nullstellen reicht $x = 2 \ln \frac{1}{2}$. Wenn ein Schnittpunkt mit der x-Achse angegeben werden soll, unbedingt $(2 \ln \frac{1}{2} | 0)$ angeben.

b) Die Tangente an den Graphen von f im Punkt S (0 | 1) begrenzt mit den beiden Koordinatenachsen ein Dreieck. Weisen Sie nach, dass dieses Dreieck gleichschenklig ist.

Teil 1: Tangente aufstellen

1) $y = mx + t$ (Grundgleichung einer Geraden)

2) $f'(x) = 2 \cdot e^{\frac{1}{2}x} \cdot \frac{1}{2} = e^{\frac{1}{2}x}$

3) $m = f'(0) = e^{\frac{1}{2} \cdot 0} = e^0 = 1$

4) $y = mx + t$ S (0 | 1)

   $1 \quad 1 \quad 0$

   $\Rightarrow t = 1$

   Da S der y-Achsenabschnitt ist, kann man direkt t = 1 angeben.

5) **y = x+1**

Teil 2: Nachweis, dass das entstehende Dreieck gleichschenklig ist.

Möglichkeit 1:

S_x (-1 | 0) $\Rightarrow \overline{OS_x} = 1$

S_y (0 | 1) $\Rightarrow \overline{OS_y} = 1$

Der Abstand beider Schnittpunkte zum Ursprung ist jeweils 1. Daher ist das Dreieck mit Basis [$S_x S_y$] gleichschenklig.

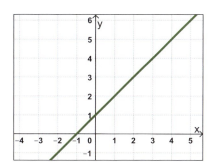

Möglichkeit 2:

y = ·x + 1   *Wenn m=1, dann ist der Steigungswinkel α = 45°.*

Begründung: $m = \tan \alpha \Rightarrow \alpha = \tan^{-1}(m)$

$\alpha = \tan^{-1}(1) = 45°$

Da die Summe aller Winkel in einem Dreieck stets 180° beträgt, muss β auch 45° sein.

$180° = \alpha + \beta + 90°$

$180° - 45° - 90° = \beta = 45°$

$\Rightarrow$ Das Dreieck ist gleichschenklig.

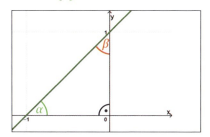

3 Geben Sie jeweils den Term einer Funktion an, die über ihrer maximalen Definitionsmenge die angegebenen Eigenschaften besitzt.

a) Der Graph der Funktion f ist achsensymmetrisch zur y-Achse und die Gerade mit der Gleichung x = 2 ist eine senkrechte Asymptote.

$$f(x) = \frac{1}{x^2 - 4} = \frac{1}{(x-2)(x+2)}$$

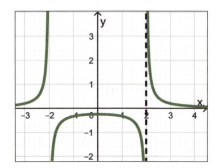

Anmerkung
Wegen der Achsensymmetrie müssen sowohl x = 2 als auch x = −2 als senkrechte Asymtote vorkommen.

Achsensymmetrie bei gebrochen rationalen Funktionen

Die Funktionen haben in Zähler und Nenner <u>die gleiche</u> Symmetrie (beide sind punktsymmetrisch oder beide sind achsensymmetrisch).

hier: Zähler: $1 = x^0$ (0 ist gerade) ⇨ Achsensymmetrie

Nenner: $x^2 - 4$ gerade Exponenten ⇨ Achsensymmetrie

b) Die Funktion g ist nicht konstant und es gilt $\int_0^2 g(x)\,dx = 0$.

z.B: f(x) = x − 1

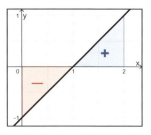

z.B: f(x) = sin (π · x)

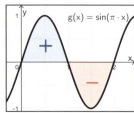

⇨ Die Flächeninhalte heben sich gegenseitig auf.

4 An einer Messstation wurde über einen Zeitraum von 10 Stunden die Anzahl der Pollen in einem Kubikmeter Luft ermittelt. Dabei kann die Anzahl der Pollen in einem Kubikmeter Luft zum Zeitpunkt t (in Stunden nach Beginn der Messung) durch die Gleichung n(t) = 3t² − 60t + 500 beschrieben werden.

a) Bestimmen Sie die mittlere Änderungsrate der Anzahl der Pollen in einem Kubikmeter Luft während der ersten beiden Stunden der Messung.

⇨ von t = 0 h bis t = 2 h

mittlere Änderungsrate (Sekantensteigung)

$$m_S = \frac{f(x_2) - f(x_1)}{x_2 - x_1}$$

f(2) = 3 · 2² − 60 · 2 + 500 = 392
f(0) = 3 · 0² − 60 · 0 + 500 = 500

$$m = \frac{392 - 500}{2h - 0h} = \frac{-108}{2h} = -54\frac{1}{h}$$

Abnahme

Antwortsatz:
Die Anzahl der Pollen in einem m³ Luft nimmt in den ersten beiden Stunden um 54 Pollen pro Stunde ab.

b) Ermitteln Sie den Zeitpunkt nach Beginn der Messung, zu dem die momentane Änderungsrate der Anzahl der Pollen in einem Kubikmeter Luft $-30\frac{1}{h}$ beträgt.

Wert der Ableitung

f′(x) = m

gesucht   gegeben

Schritt 1: Ableitung berechnen
  m′(t) = 6t − 60
Schritt 2: Ableitung gleich gegebener Steigung setzen
  m′(t) = −30
  6t − 60 = −30 | + 60
  6t = 30 | : 6
  t = 5

Antwortsatz:
Zum Zeitpunkt t = 5h beträgt die momentane Änderungsrate der Pollen in einem Kubikmeter Luft $-30\frac{1}{h}$.

Lösung Analysis 2017 A2

1 Gegeben ist die Funktion f mit $f(x) = \dfrac{(3+x)^2}{x-1}$ und maximalem Definitionsbereich. Der Graph von f wird mit G_f bezeichnet.

a) Geben Sie D und die Koordinaten der Schnittpunkte von G_f mit den Koordinatenachsen an.

Teil 1: Definitionsbereich angeben

$D = \mathbb{R} \setminus \{1\}$

> **Begründung:**
> Bei x = 1 wird der Nenner Null.

Teil 2: Schnittpunkte mit der x-Achse und y-Achse angeben

$S_y = (0 \mid y_0)$ $f(0) = \dfrac{(3+0)^2}{0-1} = \dfrac{9}{-1} = -9$

$\Rightarrow S_y = (0 \mid -9)$

$S_x = (x \mid 0)$ $f(x) = 0$
$(3+x)^2 = 0$
$\Rightarrow x = -3$

$\Rightarrow S_x = (-3 \mid 0)$

> Bei rationalen Brüchen muss nur der Zähler betrachtet werden. Wenn Zähler = 0 ist der ganze Bruch Null.

b) Zeigen Sie, dass f(x) zum Term $x + 7 + \dfrac{16}{x-1}$ äquivalent ist, und geben Sie die Bedeutung der Geraden g mit der Gleichung y = x + 7 für G_f an.

f(x) umformen in g(x) durch Erweitern

$f_2(x) = x + 7 + \dfrac{16}{x-1} \overset{\text{Erweitern}}{=} \dfrac{(x+7)(x-1)}{x-1} + \dfrac{16}{x-1} \overset{\text{auf Hauptnenner bringen}}{=} \dfrac{(x+7)(x-1) + 16}{x-1}$

$\overset{\text{Ausmultiplizieren}}{=} \dfrac{x^2 - x + 7x - 7 + 16}{x-1} \overset{\text{Ausmultiplizieren}}{=} \dfrac{x^2 + 6x + 9}{x-1}$

$\overset{\text{1. binomische Formel}}{=} \dfrac{(x+3)^2}{x-1} = f_1(x)$

> **1. binomische Formel**
> $a^2 + 2ab + b^2 = (a+b)^2$

2 Die Aufgabe ist identisch mit Aufgabe 2 aus der Aufgabengruppe 1.

3 Die Abbildung zeigt den Graphen der in ℝ definierten Funktion
g: x ↦ p + q · sin($\frac{\pi}{r}$ x) mit p, q, r ∈ ℕ.

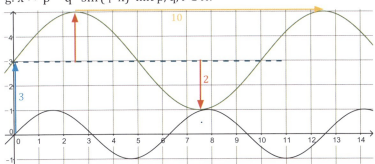

a) Geben Sie p, q und r an.
p = 3 (Verschiebung um 3 entlang der y-Achse nach oben)
q = 2 (Streckung um 2 in y-Richtung; „Amplitude")
r = 5 (Beim gegebenen Graphen ist die Periode p = 10)

Allgemein gilt: $\boxed{p = \frac{2\pi}{b} \text{ mit sin(bx)}}$

mit p = 10 $10 = \frac{2\pi}{b}$ | · b;   : 10
             $b = \frac{2\pi}{10} = \frac{\pi}{5}$

Im gegebenen Term ist b = $\frac{\pi}{r}$
b = $\frac{\pi}{5} = \frac{\pi}{r}$ ⇨ r = 5 (entspricht einer Streckung in x-Richtung)

b) Der Graph der Funktion h geht aus dem Graphen der Funktion g durch Verschiebung um zwei Einheiten in positive x-Richtung hervor. Geben Sie einen möglichen Funktionsterm von h an.

$\boxed{h(x) = g(x - 2)}$
↑ um 2 nach rechts

$h(x) = g(x - 2) = 3 + 2\sin\left(\frac{\pi}{5}(x - 2)\right)$
oder
$h(x) = 3 + 2\sin\left(\frac{\pi}{5}x - \frac{2\pi}{5}\right)$

4 Die Aufgabe ist identisch mit Aufgabe 4 der Aufgabengruppe 1.

Stochastik 2017 - Aufgabengruppe A1

Diese Aufgaben dürfen nur in Verbindung mit den zur selben Aufgabengruppe gehörenden Aufgaben im Prüfungsteil B bearbeitet werden.

BE

1 Ein Glücksrad hat drei Sektoren, einen blauen, einen gelben und einen roten. Diese sind unterschiedlich groß. Die Wahrscheinlichkeit dafür, dass beim einmaligen Drehen der blaue Sektor getroffen wird, beträgt p.

2 a) Interpretieren Sie den Term $(1-p)^7$ im Sachzusammenhang.

1 b) Das Glücksrad wird zehnmal gedreht. Geben Sie einen Term an, mit dem die Wahrscheinlichkeit dafür berechnet werden kann, dass der blaue Sektor genau zweimal getroffen wird.

2 c) Die Wahrscheinlichkeit dafür, dass beim einmaligen Drehen der gelbe Sektor getroffen wird, beträgt 50 %. Felix hat 100 Drehungen des Glücksrads beobachtet und festgestellt, dass bei diesen der Anteil der Drehungen, bei denen der gelbe Sektor getroffen wurde, deutlich geringer als 50 % war. Er folgert: „Der Anteil der Drehungen, bei denen der gelbe Sektor getroffen wird, muss also bei den nächsten 100 Drehungen deutlich größer als 50 % sein." Beurteilen Sie die Aussage von Felix.

2 d) Das Glücksrad wird viermal gedreht und die Abfolge der Farben als Ergebnis notiert. Bestimmen Sie die Anzahl der möglichen Ergebnisse, in denen die Farbe Blau nicht vorkommt.

3 **2** In der Abbildung ist die Wahrscheinlichkeitsverteilung einer Zufallsgröße X mit der Wertemenge {0; 1; 2; 3; 4} und dem Erwartungswert 2 dargestellt. Weisen Sie nach, dass es sich dabei nicht um eine Binomialverteilung handeln kann.

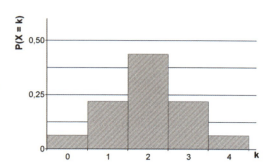

10

Stochastik 2017

Aufgabengruppe A2

Diese Aufgaben dürfen nur in Verbindung mit den zur selben Aufgabengruppe gehörenden Aufgaben im Prüfungsteil B bearbeitet werden.

1 a) Nebenstehende Vierfeldertafel gehört zu einem Zufallsexperiment mit den stochastisch unabhängigen Ereignissen A und B. Tragen Sie alle fehlenden Wahrscheinlichkeiten ein.

	A	$\overline{A}$	
B	0,12		
$\overline{B}$			
		0,3	

b) Im Vorfeld einer Wahl wird eine wahlberechtigte Person zufällig ausgewählt und befragt. Betrachtet werden folgende Ereignisse:

C: „Die Person ist älter als 50 Jahre."

D: „Die Person will die derzeitige Regierungspartei wählen."

Erläutern Sie, was in diesem Sachzusammenhang eine stochastische Unabhängigkeit der Ereignisse C und D bedeuten würde.

2 Schwarze und weiße Kugeln sind wie folgt auf drei Urnen verteilt:

a) Aus Urne A wird zunächst eine Kugel zufällig entnommen und in Urne B gelegt. Anschließend wird aus Urne B eine Kugel zufällig entnommen und in Urne C gelegt. Bestimmen Sie die Wahrscheinlichkeit dafür, dass sich danach in Urne C zwei weiße Kugeln und eine schwarze Kugel befinden.

b) Die drei Urnen mit den in der Abbildung dargestellten Inhalten bilden den Ausgangspunkt für folgendes Spiel:

Es wird zunächst ein Einsatz von 1 € eingezahlt. Anschließend wird eine der drei Urnen zufällig ausgewählt und danach aus dieser Urne eine Kugel zufällig gezogen. Nur dann, wenn diese Kugel schwarz ist, wird ein bestimmter Geldbetrag ausgezahlt.

Ermitteln Sie, wie groß dieser Geldbetrag sein muss, damit bei diesem Spiel auf lange Sicht Einsätze und Auszahlungen ausgeglichen sind.

Lösung Stochastik 2017

A1

1 Die Wahrscheinlichkeit dafür, dass beim einmaligen Drehen der blaue Sektor getroffen wird, beträgt p.

a) Interpretieren Sie den Term $(1-p)^7$ im Sachzusammenhang.

Lösung:
Der Term $(1-p)$ beschreibt die Wahrscheinlichkeit für das Ergebnis „Beim einmaligen Drehen wird nicht der blaue Sektor getroffen." bzw. „Beim einmaligen Drehen wird der gelbe oder der rote Sektor getroffen."

Folglich beschreibt der Term $(1-p)^7$ die Wahrscheinlichkeit für das Ereignis „Bei siebenmaligem Drehen wird der blaue Sektor nie getroffen." oder „Bei siebenmaligem Drehen wird jeweils der gelbe oder der rote Sektor getroffen."

b) Das Glücksrad wird zehnmal gedreht. Geben Sie einen Term an, mit dem die Wahrscheinlichkeit dafür berechnet werden kann, dass der blaue Sektor genau zweimal getroffen wird.

Lösung:
Es handelt sich um eine Bernoulli-Kette $B(n;p;k)$ mit $n = 10$, $p = p$ und $k = 2$. Für die Lösung im Abitur muss nur der Term ohne weitere Begründung genannt werden:

$$P_p^{10}(X=2) = B(10;p;2) = \binom{10}{2} \cdot p^2 \cdot (1-p)^8$$

Bernoulli-Kette
$$P_p^n(X=k) = \binom{n}{k} p^k \cdot (1-p)^{n-k}$$

c) Die Wahrscheinlichkeit dafür, dass beim einmaligen Drehen der gelbe Sektor getroffen wird, beträgt 50 %. Felix hat 100 Drehungen des Glücksrads beobachtet und festgestellt, dass bei diesen der Anteil für „Gelb" deutlich geringer als 50 % war. Er folgert: „Der Anteil der Drehungen, bei denen der gelbe Sektor getroffen wird, muss also bei den nächsten 100 Drehungen deutlich größer als 50 % sein." Beurteilen Sie die Aussage von Felix.

Antwort:
Die Aussage von Felix ist falsch, da die einzelnen Drehungen des Glücksrades unabhängig voneinander erfolgen. Die Angabe P(„Gelb") = 50 % besagt nur, dass bei jeder Drehung die Chance für „Gelb" stets 50 % beträgt bzw. dass sich bei „unendlich vielen" Drehungen die relative Häufigkeit der Treffer des gelben Sektors um den Wert 0,5 stabilisiert. Bei nur 100 Drehungen muss jedoch der gelbe Sektor nicht genau 50-mal, sondern kann seltener oder häufiger getroffen werden. Da das Glücksrad kein Gedächtnis hat, haben die ersten 100 Drehungen keinen Einfluss auf die nächsten 100 Drehungen. Bei den nächsten 100 Drehungen kann also der Anteil der Drehungen, bei denen der gelbe Sektor getroffen wird größer als 50% sein, muss er aber nicht.

d) Das Glücksrad wird viermal gedreht und die Abfolge der Farben als Ergebnis notiert. Bestimmen Sie die Anzahl der möglichen Ergebnisse, in denen die Farbe Blau nicht vorkommt.

Lösung: $2^4 = 16$

Begründung: Es gibt für jede der vier Drehungen genau zwei Möglichkeiten, in denen die Farbe Blau nicht vorkommt (Rot, Gelb), also insgesamt $2 \cdot 2 \cdot 2 \cdot 2 = 2^4$ Möglichkeiten.

2 In der Abbildung ist die Wahrscheinlichkeitsverteilung einer Zufallsgröße X mit der Wertemenge {0; 1; 2; 3; 4} und dem Erwartungswert 2 dargestellt. Weisen Sie nach, dass es sich dabei nicht um eine Binomialverteilung handeln kann.

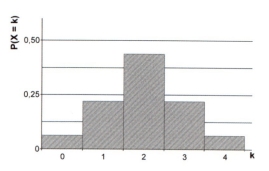

Lösung: Der Abbildung lässt sich die Länge der Bernoulli-Kette n=4 entnehmen, weil k die Werte von 0 bis 4 hat. Der Erwartungswert 2 ist gegeben. Bei einer Binomialverteilung gilt:

$$E(X) = n \cdot p$$

$$2 = 4 \cdot p \Rightarrow p = 0{,}5$$

Mit der Formel für die Bernoulli-Kette, kann man jetzt für die verschiedenen Werte von k (0, 1, 2, 3, 4), für n = 4 und p = 0,5 die Wahrscheinlichkeiten berechnen und mit den angezeigten Wahrscheinlichkeiten im Histogramm vergleichen.

Schon wenn eine einzige berechnete Wahrscheinlichkeit mit der gegebenen Wahrscheinlichkeit im Histogramm nicht übereinstimmt, liegt keine Binomialverteilung vor. Deshalb berechnen wir nur die Bernoulli - Wahrscheinlichkeit für k = 2:

$$P^4_{0{,}5}(X = 2) = \binom{4}{2} \cdot 0{,}5^2 \cdot 0{,}5^2 = \frac{6}{16} = 0{,}375$$

Im Histogramm ist klar zu erkennen, dass die Wahrscheinlichkeit für k = 2 größer als 0,375 ist. Es kann sich deshalb um keine Binomialverteilung handeln.

Anmerkung:
Man hätte auch andere k-Werte nehmen können. Zum Beispiel kann man P(1) = P(3) = 0,25 berechnen. Im Histogramm ist die Wahrscheinlichkeit für k = 1 und k = 3 geringer als 0,25

Lösungen Stochastik 2017

A2

1 a) Die Vierfeldertafel gehört zu einem Zufallsexperiment mit den stochastisch unabhängigen Ereignissen A und B. Tragen Sie alle fehlenden Wahrscheinlichkeiten ein.

Durch einfache Addition und Subtraktion lassen sich die Werte der Vierfeldertafel mit $P(\Omega) = 1$ wie folgt berechnen:

0,3 − 0,12 = 0,18

1 − 0,3 = 0,7

	A	$\overline{A}$	
B	0,12		
$\overline{B}$	0,18		
	0,3	0,7	1

Um eine weitere Wahrscheinlichkeit zu erhalten müssen wir die Eigenschaft der Stochastischen Unabhängigkeit ausnutzen.

> **Stochastische Unabhängigkeit:**
> A und B **un**abhängig ⇔ $P(A \cap B) = P(A) \cdot P(B)$

$P(A) \cdot P(B) = P(A \cap B)$

$0,3 \cdot P(B) = 0,12 \quad |:0,3$

$P(B) = 0,4$

Alle weiteren Werte lassen sich nun wieder wie in Schritt 1 berechnen.

0,4 − 0,12 = 0,28

1 − 0,4 = 0,6

0,6 − 0,18 = 0,42

	A	$\overline{A}$	
B	0,12	0,28	0,4
$\overline{B}$	0,18	0,42	0,6
	0,3	0,7	1

b) Im Vorfeld einer Wahl wird eine wahlberechtigte Person zufällig ausgewählt und befragt. Betrachtet werden folgende Ereignisse:

C: „Die Person ist älter als 50 Jahre."

D: „Die Person will die derzeitige Regierungspartei wählen."

Stochastik 2017 - Lösung A2

Erläutern Sie, was in diesem Sachzusammenhang eine stochastische Unabhängigkeit der Ereignisse C und D bedeuten würde.

Lösung: Eine stochastische Unabhängigkeit der Ereignisse C und D würde bedeuten, dass die Wahrscheinlichkeit, dass eine Person die derzeitige Regierungspartei wählt, unabhängig davon ist, ob sie älter oder jünger als 50 Jahre ist.

Das bedeutet, dass der Anteil der Personen über 50, die die derzeitige Regierungspartei wählen, genauso groß ist, wie der Anteil aller Wahlberechtigten, die die derzeitige Regierungspartei wählen.

Anmerkung:
Zur Argumentation hätte ebenso die Gleichheit $P_D(C) = P(C) = P_{\bar{D}}(C)$ herangezogen werden können. Unter den Wählern der Regierungspartei ist der Anteil der über 50-jährigen genau so groß wie bei den Wählern insgesamt bzw. bei denjenigen Wählern, die die Regierungspartei nicht unterstützen.

2 Schwarze und weiße Kugeln sind wie folgt auf drei Urnen verteilt:

a) Aus Urne A wird zunächst eine Kugel zufällig entnommen und in Urne B gelegt. Anschließend wird aus Urne B eine Kugel zufällig entnommen und in Urne C gelegt. Bestimmen Sie die Wahrscheinlichkeit dafür, dass sich danach in Urne C zwei weiße Kugeln und eine schwarze Kugel befinden.

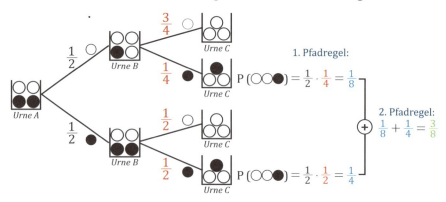

Die Wahrscheinlichkeit dafür, dass sich in Urne C zwei weiße und eine schwarze Kugel befinden, beträgt $\frac{3}{8}$.

b) Es wird zunächst ein Einsatz von 1 € eingezahlt. Anschließend wird eine der drei Urnen zufällig ausgewählt und danach aus dieser Urne eine Kugel zufällig gezogen. Nur dann, wenn diese Kugel schwarz ist, wird ein bestimmter Geldbetrag ausgezahlt. Ermitteln Sie, wie groß dieser Geldbetrag sein muss, damit bei diesem Spiel auf lange Sicht Einsätze und Auszahlungen ausgeglichen sind.

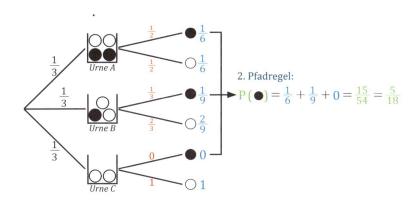

Damit bei dem Spiel auf lange Sicht Einsätze und Auszahlungen ausgeglichen sind, muss der im Mittel zu erwartende Auszahlungsbetrag pro Spiel gleich dem Betrag des eingezahlten Einsatzes sein.

Ansatz:
$E(X) = 1\ €$

$$E(X) = x_1 \cdot p_1 + x_2 \cdot p_2 + \ldots + x_n \cdot p_n$$

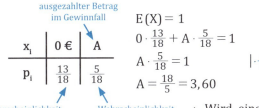

$E(X) = 1$

$0 \cdot \frac{13}{18} + A \cdot \frac{5}{18} = 1$

$A \cdot \frac{5}{18} = 1 \qquad |\cdot \frac{18}{5}$

$A = \frac{18}{5} = 3{,}60$

$\Rightarrow$ Wird eine schwarze Kugel gezogen, so sollten 3,60 € ausbezahlt werden.

Anmerkung:
Weitere Lösungsmöglichkeiten und Beispiele zu diesem Aufgabentyp „faires Spiel" findest Du in unserem Kursbuch.

Geometrie 2017

Aufgabengruppe A1

Diese Aufgaben dürfen nur in Verbindung mit den zur selben Aufgabengruppe gehörenden Aufgaben im Prüfungsteil B bearbeitet werden.

1 Gegeben sind die Punkte A (2 | 1 | –4), B (6 | 1 | –12) und C (0 | 1 | 0).

a) Weisen Sie nach, dass der Punkt C auf der Geraden AB, nicht aber auf der Strecke [AB] liegt.

b) Auf der Strecke [AB] gibt es einen Punkt D, der von B dreimal so weit entfernt ist wie von A. Bestimmen Sie die Koordinaten von D.

2 Gegeben ist die Ebene $E : 2x_1 + x_2 - 2x_3 = -18$.

a) Der Schnittpunkt von E mit der x_1-Achse, der Schnittpunkt von E mit der x_2-Achse und der Koordinatenursprung sind die Eckpunkte eines Dreiecks. Bestimmen Sie den Flächeninhalt dieses Dreiecks.

b) Ermitteln Sie die Koordinaten des Vektors, der sowohl ein Normalenvektor von E als auch der Ortsvektor eines Punktes der Ebene E ist.

Geometrie 2017

Aufgabengruppe A2

Diese Aufgaben dürfen nur in Verbindung mit den zur selben Aufgabengruppe gehörenden Aufgaben im Prüfungsteil B bearbeitet werden.

BE

1 Gegeben sind die beiden bezüglich der x_1x_3-Ebene symmetrisch liegenden Punkte A (2 | 3 | 1) und B (2 | –3 | 1) sowie der Punkt C (0 | 2 | 0).

    a) Weisen Sie nach, dass das Dreieck ABC bei C rechtwinklig ist.   3

    b) Geben Sie die Koordinaten eines weiteren Punkts D der x_2-Achse an, so dass das Dreieck ABD bei D rechtwinklig ist. Begründen Sie Ihre Antwort.   2

2 Gegeben ist die Ebene E : $2x_1 + x_2 - 2x_3 = -18$.

    a) Der Schnittpunkt von E mit der x_1-Achse, der Schnittpunkt von E mit der x_2-Achse und der Koordinatenursprung sind die Eckpunkte eines Dreiecks. Bestimmen Sie den Flächeninhalt dieses Dreiecks.   2

    b) Ermitteln Sie die Koordinaten des Vektors, der sowohl ein Normalenvektor von E als auch der Ortsvektor eines Punkts der Ebene E ist.   3

                                                                                10

Lösung Geometrie 2017 A1

1 Gegeben sind die Punkte A (2 | 1 | −4), B (6 | 1 | −12) und C (0 | 1 | 0).

a) Weisen Sie nach, dass der Punkt C auf der Geraden AB, nicht aber auf der Strecke [AB] liegt.

Gerade durch zwei Punkte A und B

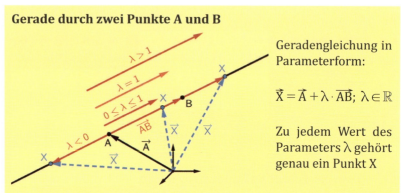

Geradengleichung in Parameterform:

$$\vec{X} = \vec{A} + \lambda \cdot \vec{AB}; \; \lambda \in \mathbb{R}$$

Zu jedem Wert des Parameters λ gehört genau ein Punkt X

Der Vektor $\vec{A}$ heißt Stützvektor. Der Verbindungsvektor $\vec{AB}$ ist ein möglicher Richtungsvektor der Geraden.

Anmerkung
Die Gleichung $\vec{X} = \vec{A} + \lambda \cdot \vec{AB}$ beschreibt für $\lambda \in \mathbb{R}$ die Gerade AB und für $0 \leq \lambda \leq 1$ die Strecke [AB].

Der Punkt C liegt auf der Geraden AB, wenn der Ortsvektor $\vec{C}$ die Gleichung der Geraden AB in Parameterform erfüllt. Der Punkt C liegt für $\lambda < 0$ oder $\lambda > 1$ nicht auf der Strecke [AB].

Gleichung der Geraden AB in Parameterform aufstellen:
Beispielsweise wird der Ortsvektor $\vec{A}$ als Stützvektor und der Verbindungsvektor $\vec{AB}$ als Richtungsvektor gewählt.

AB: $\vec{X} = \vec{A} + \lambda \cdot \vec{AB}; \; \lambda \in \mathbb{R}$

$$\vec{AB} = \vec{B} - \vec{A} = \begin{pmatrix} 6 \\ 1 \\ -12 \end{pmatrix} - \begin{pmatrix} 2 \\ 1 \\ -4 \end{pmatrix} = \begin{pmatrix} 4 \\ 0 \\ -8 \end{pmatrix} \Rightarrow AB: \vec{X} = \begin{pmatrix} 2 \\ 1 \\ -4 \end{pmatrix} + \lambda \cdot \begin{pmatrix} 4 \\ 0 \\ -8 \end{pmatrix}$$

Prüfen, ob der Punkt C (0 | 1 | 0) auf der Geraden AB liegt (Punktprobe).

Mit $\vec{C} = \begin{pmatrix} 0 \\ 1 \\ 0 \end{pmatrix}$ muss $\begin{pmatrix} 0 \\ 1 \\ 0 \end{pmatrix} = \begin{pmatrix} 2 \\ 1 \\ -4 \end{pmatrix} + \lambda \cdot \begin{pmatrix} 4 \\ 0 \\ -8 \end{pmatrix}$ gelten.

Liest man die Vektorgleichung zeilenweise, ergibt sich ein lineares Gleichungssystem:

(I) $0 = 2 + 4\lambda \Rightarrow \lambda = -\frac{1}{2}$

(II) $1 = 1$

(III) $0 = -4 - 8\lambda \Rightarrow \lambda = -\frac{1}{2}$

Das Gleichungssystem hat die eideutige Lösung $\lambda = -\frac{1}{2}$ und es gilt somit $\lambda < 0$. Folglich liegt der Punkt C auf der Geraden AB, nicht aber auf der Strecke [AB].

b) Auf der Strecke [AB] gibt es einen Punkt D, der von B dreimal so weit entfernt ist wie von A. Bestimmen Sie die Koordinaten von D.

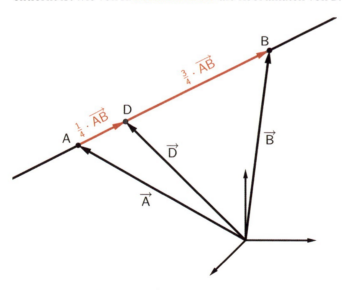

Der Punkt D teilt die Strecke [AB] im Verhältnis 1:3.

Der Ortsvektor $\vec{D}$ lässt sich wie folgt durch Vektoraddition bzw. Vektorsubtraktion berechnen.

Geometrie 2017 - Lösung A1

$$\vec{D} = \vec{A} + \frac{1}{4} \cdot \overrightarrow{AB} = \begin{pmatrix} 2 \\ 1 \\ -4 \end{pmatrix} + \frac{1}{4} \cdot \begin{pmatrix} 4 \\ 0 \\ -8 \end{pmatrix} = \begin{pmatrix} 3 \\ 1 \\ -6 \end{pmatrix} \Rightarrow D(3 \mid 1 \mid -6)$$

oder

$$\vec{D} = \vec{B} - \frac{3}{4} \cdot \overrightarrow{AB} = \begin{pmatrix} 6 \\ 1 \\ -12 \end{pmatrix} - \frac{3}{4} \cdot \begin{pmatrix} 4 \\ 0 \\ -8 \end{pmatrix} = \begin{pmatrix} 3 \\ 1 \\ -6 \end{pmatrix} \Rightarrow D(3 \mid 1 \mid -6)$$

2 Gegeben ist die Ebene $E: 2x_1 + x_2 - 2x_3 = -18$.

a) Der Schnittpunkt von E mit der x_1-Achse, der Schnittpunkt von E mit der x_2-Achse und der Koordinatenursprung sind die Eckpunkte eines Dreiecks. Bestimmen Sie den Flächeninhalt dieses Dreiecks.

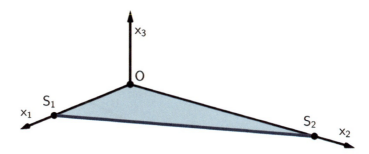

Die Schnittpunkte S_1 und S_2 der Ebene E mit der x_1- bzw. der x_2-Achse (Spurpunkte) bilden zusammen mit dem Koordinatenursprung O das rechtwinklige Dreieck OS_1S_2 mit den Katheten $[OS_1]$ und $[OS_2]$.

Es gilt:

$$A_{OS_1S_2} = \frac{1}{2} \cdot \overline{OS_1} \cdot \overline{OS_2}$$

Anmerkung
Bei einem rechtwinkligen Dreieck sind die Katheten zugleich Grundlinie und Höhe des Dreiecks.

Zunächst werden die Koordinaten der Schnittpunkte S_1 und S_2 berechnet. Da die Schnittpunkte auf den Koordinatenachsen liegen, sind jeweils zwei Koordinaten gleich Null.

$S_1(x_1 \mid 0 \mid 0) \qquad S_2(0 \mid x_2 \mid 0)$

Durch Einsetzen der Koordinaten eines Schnittpunkts in die Gleichung der Ebene E lässt sich die jeweils fehlende Koordinate berechnen.

$S_1 \in E$: $2 \cdot x_1 + 0 - 2 \cdot 0 = -18 \Leftrightarrow x_1 = -9 \Rightarrow S_1(-9 \mid 0 \mid 0)$

$S_2 \in E$: $2 \cdot 0 + x_2 - 2 \cdot 0 = -18 \Leftrightarrow x_2 = -18 \Rightarrow S_2(0 \mid -18 \mid 0)$

Flächeninhalt des Dreiecks OS_1S_2 berechnen:

$$\begin{aligned} A_{OS_1S_2} &= \frac{1}{2} \cdot \overline{OS_1} \cdot \overline{OS_2} \\ &= \frac{1}{2} \cdot |\vec{OS_1}| \cdot |\vec{OS_2}| \\ &= \frac{1}{2} \cdot \left|\begin{pmatrix} -9 \\ 0 \\ 0 \end{pmatrix}\right| \cdot \left|\begin{pmatrix} 0 \\ -18 \\ 0 \end{pmatrix}\right| \\ &= \frac{1}{2} \cdot \sqrt{(-9)^2 + 0^2 + 0^2} \cdot \sqrt{0^2 + (-18)^2 + 0^2} \\ &= \frac{1}{2} \cdot 9 \cdot 18 \\ &= 81 \end{aligned}$$

Länge eines Vektors
$|\vec{P}| = \sqrt{p_1^2 + p_2^2 + p_3^2}$

Der Flächeninhalt des Dreiecks OS_1S_2 beträgt 81 FE (Flächeneinheiten).

b) Ermitteln Sie die Koordinaten des Vektors, der sowohl ein Normalenvektor von E als auch der Ortsvektor eines Punktes der Ebene E ist.

Lotgerade l durch einen Punkt P auf eine Ebene E
l: $\vec{X} = \vec{P} + \mu \cdot \vec{n};\ \mu \in \mathbb{R}$
$\vec{n}$: Normalenvektor der Ebene E.

Die Lotgerade l auf die Ebene E verläuft durch den Koordinatenursprung O. Sie schneidet die Ebene E im Lotfußpunkt F. Der Ortsvektor $\vec{F}$ ist zugleich ein Normalenvektor der Ebene E.

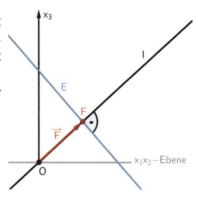

Gleichung der Lotgeraden l aufstellen:

Der Koordinatenursprung O(0|0|0) ist Aufpunkt der Lotgeraden l. Der Normalenvektor $\vec{n}$ der Ebene E ist ein Richtungsvektor der Lotgeraden l.

l: $\vec{X} = \vec{O} + \mu \cdot \vec{n}$; $\mu \in \mathbb{R}$

Ein Normalenvektor kann der Gleichung der Ebene E in Koordinatenform entnommen werden.

E: $2x_1 + x_2 - 2x_3 = -18 \Rightarrow \vec{n} = \begin{pmatrix} 2 \\ 1 \\ -2 \end{pmatrix}$

Damit ergibt sich die Gleichung der Lotgeraden l zu:

l: $\vec{X} = \begin{pmatrix} 0 \\ 0 \\ 0 \end{pmatrix} + \mu \cdot \begin{pmatrix} 2 \\ 1 \\ -2 \end{pmatrix} = \mu \cdot \begin{pmatrix} 2 \\ 1 \\ -2 \end{pmatrix}$; $\mu \in \mathbb{R}$

Um den Schnittpunkt der Lotgerade l mit der Ebene E zu bestimmen (Lotfußpunkt F), werden die Koordinaten der Lotgeraden l in die Gleichung der Ebene E eingesetzt und die Gleichung nach dem Parameter μ aufgelöst.

$l \cap E$: $2 \cdot 2\mu + \mu - 2 \cdot (-2\mu) = -18$
$\qquad\qquad 9\mu = -18 \quad |:9$
$\qquad\qquad \mu = -2$

In die Gleichung der Lotgeraden l eingesetzt, liefert der Parameterwert $\mu = -2$ den Ortsvektor $\vec{F}$, der zugleich ein Normalenvektor der Ebene E ist.

$F \in l$: $\vec{F} = (-2) \cdot \begin{pmatrix} 2 \\ 1 \\ -2 \end{pmatrix} = \begin{pmatrix} -4 \\ -2 \\ 4 \end{pmatrix}$

Lösung Geometrie 2017 A2

1 Gegeben sind die beiden bezüglich der x_1x_3-Ebene symmetrisch liegenden Punkte A(2|3|1) und B(2|–3|1) sowie der Punkt C(0|2|0).

a) Weisen Sie nach, dass das Dreieck ABC bei C rechtwinklig ist.

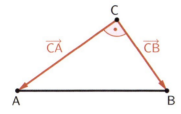

Zueinander senkrechte Vektoren
$\vec{a} \perp \vec{b} \Leftrightarrow \vec{a} \circ \vec{b} = 0$

Das Dreieck ABC ist bei C rechtwinklig, wenn die Verbindungsvektoren $\vec{CA}$ und $\vec{CB}$ zueinander senkrecht sind. Demnach muss das Skalarprodukt der Vektoren gleich Null sein.

Verbindungsvektoren $\vec{CA}$ und $\vec{CB}$ bestimmen:

$$\vec{CA} = \vec{A} - \vec{C} = \begin{pmatrix} 2 \\ 3 \\ 1 \end{pmatrix} - \begin{pmatrix} 0 \\ 2 \\ 0 \end{pmatrix} = \begin{pmatrix} 2 \\ 1 \\ 1 \end{pmatrix} \qquad \vec{CB} = \vec{B} - \vec{C} = \begin{pmatrix} 2 \\ -3 \\ 1 \end{pmatrix} - \begin{pmatrix} 0 \\ 2 \\ 0 \end{pmatrix} = \begin{pmatrix} 2 \\ -5 \\ 1 \end{pmatrix}$$

Es folgt der Nachweis, dass $\vec{CA} \circ \vec{CB} = 0$ gilt.

$$\vec{CA} \circ \vec{CB} = \begin{pmatrix} 2 \\ 1 \\ 1 \end{pmatrix} \circ \begin{pmatrix} 2 \\ -5 \\ 1 \end{pmatrix}$$
$$= 2 \cdot 2 + 1 \cdot (-5) + 1 \cdot 1$$
$$= 4 - 5 + 1$$
$$= 0$$

Skalarprodukt im $\mathbb{R}^3$
$$\vec{a} \circ \vec{b} = \begin{pmatrix} a_1 \\ a_2 \\ a_3 \end{pmatrix} \circ \begin{pmatrix} b_1 \\ b_2 \\ b_3 \end{pmatrix}$$
$$= a_1 \cdot b_1 + a_2 \cdot b_2 + a_3 \cdot b_3$$

$\vec{CA} \circ \vec{CB} = 0 \Leftrightarrow \vec{CA} \perp \vec{CB}$

Folglich ist das Dreieck ABC ist bei C rechtwinklig.

b) Geben Sie die Koordinaten eines weiteren Punkts D der x_2-Achse an, so dass das Dreieck ABD bei D rechtwinklig ist. Begründen Sie Ihre Antwort.

Der Punkt D(0|-2|0) liegt auf der x_2-Achse, so dass das Dreieck ABD bei D rechtwinklig ist.

Begründung:

Die Punkte A(2|3|1) und B(2|-3|1) sind zueinander Ur- und Bildpunkte, die durch Spiegelung an der x_1x_3-Ebene hervorgehen. Der Punkt D(0|-2|0) geht aus dem Punkt C(0|2|0) ebenfalls durch Spiegelung

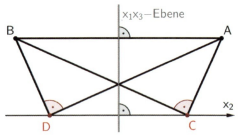

an der x_1x_3-Ebene hervor. Das Dreieck ABC wird also vollständig durch Spiegelung an der x_1x_3-Ebene auf das Drteieck ABD abgebildet. Die Spiegelung ist eine Kongruenzabbildung, was bedeutet, dass der rechte Winkel bei C des Dreiecks ABC erhalten bleibt (Winkeltreue). Somit ist das Dreieck ABD bei D rechtwinklig.

Rechnerische Begründung:

Mithilfe des Skalarprodukts wird bestätigt, dass das Dreieck ABD bei D rechtwinklig ist (vgl. Aufgabe 1a).

$\overrightarrow{DA} \circ \overrightarrow{DB} = 0 \Leftrightarrow \overrightarrow{DA} \perp \overrightarrow{DB}$

Zueinander senkrechte Vektoren
$\vec{a} \perp \vec{b} \Leftrightarrow \vec{a} \circ \vec{b} = 0$

$\overrightarrow{DA} = \vec{A} - \vec{D} = \begin{pmatrix} 2 \\ 3 \\ 1 \end{pmatrix} - \begin{pmatrix} 0 \\ -2 \\ 0 \end{pmatrix} = \begin{pmatrix} 2 \\ 5 \\ 1 \end{pmatrix}$ $\quad \overrightarrow{DB} = \vec{B} - \vec{D} = \begin{pmatrix} 2 \\ -3 \\ 1 \end{pmatrix} - \begin{pmatrix} 0 \\ -2 \\ 0 \end{pmatrix} = \begin{pmatrix} 2 \\ -1 \\ 1 \end{pmatrix}$

$\overrightarrow{DA} \circ \overrightarrow{DB} = \begin{pmatrix} 2 \\ 5 \\ 1 \end{pmatrix} \circ \begin{pmatrix} 2 \\ -1 \\ 1 \end{pmatrix}$
$= 2 \cdot 2 + 5 \cdot (-1) + 1 \cdot 1$
$= 4 - 5 + 1$
$= 0$

Skalarprodukt im $\mathbb{R}^3$
$\vec{a} \circ \vec{b} = \begin{pmatrix} a_1 \\ a_2 \\ a_3 \end{pmatrix} \circ \begin{pmatrix} b_1 \\ b_2 \\ b_3 \end{pmatrix}$
$= a_1 \cdot b_1 + a_2 \cdot b_2 + a_3 \cdot b_3$

Also ist das Dreieck ABD ist bei D rechtwinklig.

2 Die Aufgabe enspricht Aufgabe 2 der Aufgabengruppe 1.

Analysis 2017

Aufgabengruppe B1

BE

1 Gegeben ist die in $\mathbb{R}^+$ definierte Funktion h: $x \mapsto 3x \cdot (-1 + \ln x)$. Abbildung 1 zeigt den Graphen G_h von h im Bereich $0{,}75 \leq x \leq 4$.

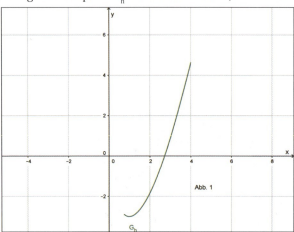

Abb. 1

4 a) Bestimmen Sie die Gleichung der Tangente an G_h im Punkt $(e \mid 0)$ und berechnen Sie die Größe des Winkels, unter dem diese Tangente die x-Achse schneidet.

(Zur Kontrolle: $h'(x) = 3 \cdot \ln x$)

4 b) Untersuchen Sie das Monotonieverhalten von G_h. Geben Sie den Grenzwert von h für $x \to +\infty$ an und begründen Sie, dass $[-3; +\infty[$ die Wertemenge von h ist.

3 c) Geben Sie für die Funktion h und deren Ableitungsfunktion h' jeweils das Verhalten für $x \to 0$ an und zeichnen Sie G_h im Bereich $0 < x < 0{,}75$ in Abbildung 1 ein.

Die Funktion h*: $x \mapsto h(x)$ mit Definitionsmenge $[1; +\infty[$ unterscheidet sich von der Funktion h nur hinsichtlich der Definitionsmenge. Im Gegensatz zu h ist die Funktion h* umkehrbar.

(Fortsetzung nächste Seite)

d) Geben Sie die Definitionsmenge und die Wertemenge der Umkehrfunktion von h* an. Berechnen Sie die Koordinaten des Schnittpunkts S des Graphen von h* und der Geraden mit der Gleichung y = x.

(Teilergebnis: x-Koordinate des Schnittpunkts: $e^{\frac{4}{3}}$)

e) Zeichnen Sie den Graphen der Umkehrfunktion von h* unter Verwendung der bisherigen Ergebnisse, insbesondere der Lage von Punkt S, in Abbildung 1 ein.

f) Schraffieren Sie in Abbildung 1 ein Flächenstück, dessen Inhalt A_0 dem Wert des Integrals $\int_{e}^{x_S} (x - h^*(x))\,dx$ entspricht, wobei x_S die x-Koordinate von Punkt S ist. Der Graph von h*, der Graph der Umkehrfunktion von h* sowie die beiden Koordinatenachsen schließen im ersten Quadranten ein Flächenstück mit Inhalt A ein. Geben Sie unter Verwendung von A_0 einen Term zur Berechnung von A an.

2 Abbildung 2 zeigt den Graphen einer in [0; 16] definierten Funktion V: t ↦ V(t). Sie beschreibt modellhaft das sich durch Zu- und Abfluss ändernde Volumen von Wasser in einem Becken in Abhängigkeit von der Zeit. Dabei bezeichnet t die seit Beobachtungsbeginn vergangene Zeit in Stunden und V(t) das Volumen in Kubikmetern.

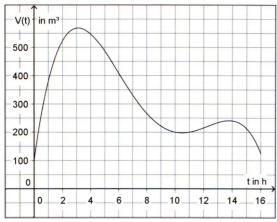

(Fortsetzung nächste Seite)

2   **a)** Geben Sie mithilfe von Abbildung 2 jeweils näherungsweise das Volumen des Wassers fünf Stunden nach Beobachtungsbeginn sowie den Zeitraum an, in dem das Volumen mindestens 450 m³ beträgt.

3   **b)** Bestimmen Sie anhand des Graphen der Funktion V näherungsweise die momentane Änderungsrate des Wasservolumens zwei Stunden nach Beobachtungsbeginn.

3   **c)** Erläutern Sie, was es im Sachzusammenhang bedeutet, wenn für ein $t \in [0;10]$ die Beziehung $V(t + 6) = V(t) - 350$ gilt. Entscheiden Sie mithilfe von Abbildung 2, ob für $t = 5$ diese Beziehung gilt, und begründen Sie Ihre Entscheidung.

In einem anderen Becken ändert sich das Volumen des darin enthaltenen Wassers ebenfalls durch Zu- und Abfluss. Die momentane Änderungsrate des Volumens wird für $0 \leq t \leq 12$ modellhaft durch die in $\mathbb{R}$ definierte Funktion $g: t \mapsto 0{,}4 \cdot (2t^3 - 39t^2 + 180t)$ beschrieben. Dabei ist t die seit Beobachtungsbeginn vergangene Zeit in Stunden und g(t) die momentane Änderungsrate des Volumens in $\frac{m^3}{h}$.

4   **d)** Begründen Sie, dass die Funktionswerte von g für $0 < t < 7{,}5$ positiv und für $7{,}5 < t < 12$ negativ sind.

6   **e)** Erläutern Sie die Bedeutung des Werts des Integrals $\int_a^b g(t)\,dt$ für $0 \leq a < b \leq 12$ im Sachzusammenhang. Berechnen Sie das Volumen des Wassers, das sich 7,5 Stunden nach Beobachtungsbeginn im Becken befindet, wenn zu Beobachtungsbeginn 150 m³ Wasser im Becken waren. Begründen Sie, dass es sich hierbei um das maximale Wasservolumen im Beobachtungszeitraum handelt.

40

Analysis 2017 - Aufgabengruppe B2

1 Gegeben ist die Funktion f mit
$f(x) = 2e^{-x} \cdot (2e^{-x} - 1)$ und $x \in \mathbb{R}$.
Abbildung 1 zeigt den Graphen G_f sowie die einzige Nullstelle $x = \ln 2$ von f.

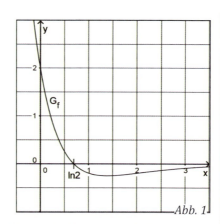
Abb. 1

a) Zeigen Sie, dass für den Term der Ableitungsfunktion f′ von f gilt:
$f'(x) = 2e^{-x} \cdot (1 - 4e^{-x})$.

b) Bestimmen Sie rechnerisch Lage und Art des Extrempunkts von G_f.
(Teilergebnis: x-Koordinate des Extrempunkts: ln 4)

c) Zusätzlich ist die Funktion F mit $F(x) = 2e^{-x} - 2e^{-2x}$ und $x \in \mathbb{R}$ gegeben. Zeigen Sie, dass F eine Stammfunktion von f ist, und begründen Sie anhand des Terms von F, dass $\lim_{x \to +\infty} F(x) = 0$ gilt.

d) Der Graph von F verläuft durch den Punkt (ln 2 | 0,5). Begründen Sie ohne weitere Rechnung, dass F keine größeren Werte als 0,5 annehmen kann und bei $x = \ln 4$ eine Wendestelle besitzt. Berechnen Sie die y-Koordinate des zugehörigen Wendepunkts.

e) Zeichnen Sie den Graphen von F unter Berücksichtigung der bisherigen Ergebnisse sowie des Funktionswerts F(0) im Bereich $-0,3 \leq x \leq 3,5$ in Abbildung 1 ein.

f) Der Graph von f schließt mit den Koordinatenachsen ein Flächenstück ein, das durch das Dreieck mit den Eckpunkten O (0 | 0), P (ln 2 | 0) und Q (0 | 2) angenähert werden kann. Berechnen Sie, um wie viel Prozent der Flächeninhalt des Dreiecks OPQ vom Inhalt des Flächenstücks abweicht.

(Fortsetzung nächste Seite)

Betrachtet wird nun die Integralfunktion F_0 mit $F_0(x) = \int_0^x f(t)\,dt$ und $x \in \mathbb{R}$.

g) Begründen Sie, dass F_0 mit der betrachteten Stammfunktion F von f übereinstimmt. Interpretieren Sie geometrisch den Wert $F_0(2) \approx 0{,}234$ mithilfe von in Abbildung 1 geeignet zu markierenden Flächenstücken.

h) Geben Sie den Term einer in $\mathbb{R}$ definierten Funktion an, die eine Stammfunktion, aber keine Integralfunktion von f ist.

2 Zur Modellierung einer Zerfallsreihe wird vereinfachend davon ausgegangen, dass sich in einem Gefäß zu Beginn eines Beobachtungszeitraums ausschließlich der radioaktive Stoff Bi 211 befindet. Jeder Atomkern dieses Stoffs Bi 211 wandelt sich irgendwann in einen Kern des radioaktiven Stoffs Tl 207 um und dieser wiederum irgendwann in einen Kern des Stoffs Pb 207. Abbildung 2 zeigt diese Zerfallsreihe schematisch.

Abb. 2

Der zeitliche Verlauf des Bi 211-Anteils, des Tl 207-Anteils und des Pb 207-Anteils der Kerne im Gefäß lässt sich durch die in $\mathbb{R}$ definierten Funktionen B, F bzw. P beschreiben, deren Terme der folgenden Tabelle zu entnehmen sind. Dabei ist F die in Aufgabe 1 betrachtete Funktion.

Bi 211	Tl 207	Pb 207
$B(x) = e^{-2x}$	$F(x)$	$P(x) = 1 - B(x) - F(x)$

Für jede der drei Funktionen bezeichnet $x \geq 0$ die seit Beobachtungsbeginn vergangene Zeit in der Einheit 6 Minuten.
Beispielsweise bedeutet $P(1) \approx 0{,}400$, dass sechs Minuten nach Beginn der Beobachtung etwa 40,0 % aller Kerne im Gefäß Pb 207-Kerne sind.

a) Bestimmen Sie jeweils auf zehntel Prozent genau die Anteile der drei Kernsorten zwölf Minuten nach Beobachtungsbeginn.

b) Ermitteln Sie unter Verwendung von Ergebnissen aus Aufgabe 1 den Zeitpunkt auf Sekunden genau, zu dem der Anteil von Tl 207-Kernen im Gefäß am größten ist.

c) Begründen Sie rechnerisch, dass zu keinem Zeitpunkt die Anteile der drei Kernsorten gleich groß sind.

d) Weisen Sie mithilfe des Terms der Funktion P nach, dass $\lim\limits_{x \to \infty} P(x) = 1$ gilt, und interpretieren Sie diesen Grenzwert im Sachzusammenhang.

Lösung Analysis 2017 B1

1 Gegeben ist die in $\mathbb{R}^+$ definierte Funktion h: $x \mapsto 3x \cdot (-1 + \ln x)$.
Abbildung 1 zeigt den Graphen G_h von h im Bereich $0{,}75 \leq x \leq 4$.

a) Bestimmen Sie die Gleichung der Tangente an G_h im Punkt (e | 0) und berechnen Sie die Größe des Winkels, unter dem diese Tangente die x-Achse schneidet.

Teil 1: Bestimmen Sie die Gleichung der Tangente.

1) $y = mx + t$

2) $f'(x) = 3 \cdot (-1 + \ln x) + 3x \cdot (\frac{1}{x}) = -3 + 3\ln x + 3 = 3\ln x$ (Produktregel)

3) $m = f'(e) = 3 \cdot \ln e = 3$

4) $P(e | 0)$ Der y-Wert 0 ist hier schon gegeben.

5) $y = mx + t$ $\Rightarrow t = -3e$
    ↑   ↑ ↑
    0   3 e

6) $y = 3x - 3e$

Teil 2: Berechnen Sie die Größe des Winkels.

$\boxed{m = \tan \alpha}$

$\alpha = \tan^{-1}(m)$
$\alpha = \tan^{-1}(3)$
$\alpha = 71{,}565°$

Taschenrechner auf DEG einstellen!

Die Angabe $\tan \alpha = 3 \approx 71{,}57°$ ist falsch!
$\tan \alpha$ ergibt eine Zahl und α ist ein Winkel.
Richtig wäre: $\tan \alpha = 3 \Rightarrow \alpha \approx 71{,}57°$

b) Untersuchen Sie das Monotonieverhalten von G_h. Geben Sie den Grenzwert von h für $x \to +\infty$ an und begründen Sie, dass $[-3; +\infty[$ die Wertemenge von h ist.

Teil 1: Untersuchen Sie das Monotonieverhalten.

1) $h'(x) = 0$
    $3 \ln x = 0$ | : 3
    $\ln x = 0$ | $e^{()}$
    $x = 1$

Analysis 2017 - Lösung B1

2) Monotonietabelle ($D_h = \mathbb{R}^+$ wegen ln x)

x	0 < x < 1	1	1 < x < ∞
h'(x)	−	0	+
G_h	↘	TP	↗

Nebenrechnung:
z.B. h'(0,5) = 3 · ln 0,5 < 0
z.B. h'(2) = 3 · ln 2 > 0

 Die Rechnung ist nicht nötig, da man das Monotonieverhalten auch aus dem gegebenen Graphen ablesen kann.

Teil 2: Geben Sie den Grenzwert von h für x → +∞ an.

Für x → ∞ gilt h(x) → ∞

 Bei „**geben Sie an**" ist keine Begründung gefordert.

Eine mögliche Begründung wäre:
$$\lim_{x \to +\infty} \underbrace{3x}_{+\infty} \cdot (-1 + \underbrace{\ln x}_{+\infty}) = \text{„} +\infty \cdot (-1 + \infty)\text{"} = \text{„}(+\infty) \cdot (+\infty)\text{"} \to +\infty$$

Teil 3: Begründen Sie, dass [− 3; +∞[die Wertemenge von h ist.

h(1) = 3 · 1 · (− 1 + $\underbrace{\ln 1}_{0}$) = − 3

⇨ Tiefpunkt (TP) (1 | − 3)

- Da der Funktionsgraph links vom TP **nur fällt** und rechts vom TP **nur steigt**, ist − 3 der kleinste vorkommende y-Wert. (Alternativ: TP (1 | − 3) ist der **einzige Extrempunkt**).
- Gerade wurde gezeigt, dass h(x) gegen +∞ strebt, für x → +∞. Dies bedeutet, dass die y-Werte gegen +∞ streben.

⇨ Wertemenge: [− 3; +∞[
  eingeschlossen, da −3 erreicht wird ↗   ↖ ausgeschlossen, da ∞ nie erreicht werden kann

c) Geben Sie für die Funktion h und deren Ableitungsfunktion h' jeweils das Verhalten für x → 0 an und zeichnen Sie G_h im Bereich 0 < x < 0,75 in Abbildung 1 ein.

$$\lim_{x \to 0} h(x) = 0 \qquad \lim_{x \to 0} h'(x) = -\infty$$

Bei „geben Sie an" ist keine Begründung gefordert.
Eine mögliche Begründung wäre:
$$\lim_{x \to 0} \underbrace{3x}_{0} \cdot (-1 + \underbrace{\ln x}_{-\infty}) = \lim_{x \to 0}(-3x + 3x \cdot \ln x) = -0 + 3 \cdot 0 = 0$$

da $\lim_{x \to 0}(x \cdot \ln x) = 0$

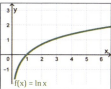

x geht schneller gegen 0 als ln x gegen minus unendlich (ln „verliert" **immer**)

$$\lim_{x \to 0} h'(x) = \lim_{x \to 0} 3 \cdot \ln x = \text{„}3 \cdot (-\infty)\text{"} = -\infty$$

Der Funktionsgraph nähert sich dem Ursprung also beliebig steil an.

Graph G_h im Bereich $0 < x < 0{,}75$ in Abbildung 1 einzeichnen.

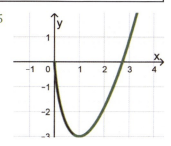

d) Die Funktion $h^*: x \mapsto h(x)$ mit Definitionsmenge $[1; +\infty[$ unterscheidet sich von der Funktion h nur hinsichtlich der Definitionsmenge. Im Gegensatz zu h ist die Funktion h^* umkehrbar.
Geben Sie die Definitionsmenge und die Wertemenge der Umkehrfunktion von h^* an.

$D_{h^*} = [1; +\infty[\quad \Rightarrow \quad W_{h^*} = W_h = [-3; +\infty]$ \hspace{1em} siehe Angabe der Aufgabe b

$D_{h^{*-1}} = W_{h^*} = [-3; +\infty] \quad \Rightarrow \quad W_{h^{*-1}} = D_{h^*} = [1; +\infty[$

Berechnen Sie die Koordinaten des Schnittpunkts S des Graphen von h^* und der Geraden mit der Gleichung $y = x$.

Ansatz: $h^*(x) = x$
Für Schnittpunkte werden immer die Funktionsterme gleichgesetzt.

1. Möglichkeit (geht immer)

$$3x(-1 + \ln x) = x$$

ausmultiplizieren
$$-3x + 3x \ln x = x \quad | -x$$
$$-4x + 3x \ln x = 0$$

x-ausklammern
$$x(-4 + 3 \ln x) = 0$$

1. Lösung
x = 0

nicht definiert, da $0 \notin D_{h^*}$

2. Lösung
$$-4 + 3 \ln x = 0 \quad |+4$$
$$3 \ln x = 4 \quad |:3$$
$$\ln x = \frac{4}{3} \quad | e^{()}$$
$$x = e^{\frac{4}{3}}$$

⚠️ **Nicht den y-Wert des Schnittpunkts vergessen!**
(Stelle ergibt nur den x-Wert; Punkt benötigt x und y-Wert)

Da $y = x$ gilt: $\quad x = e^{\frac{4}{3}} = y$

$\Rightarrow S(e^{\frac{4}{3}} | e^{\frac{4}{3}})$

2. Möglichkeit (geht nur hier)

$$3x(-1 + \ln x) = x \quad |:x$$
$$3(-1 + \ln x) = 1 \quad |:3$$
$$-1 + \ln x = \frac{1}{3} \quad |+1$$
$$\ln x = \frac{4}{3} \quad |e^{()}$$
$$x = e^{\frac{4}{3}}$$

Normalerweise darf man an dieser Stelle **nicht durch x teilen**, da **x = 0** sein könnte. Da aber $D_{h^*} = [1; \infty[$ ist $0 \notin D_{h^*}$. Nur deshalb darf man hier durch x teilen.

$\Rightarrow S(e^{\frac{4}{3}} | e^{\frac{4}{3}})$

e) Zeichnen Sie den Graphen der Umkehrfunktion von h* unter Verwendung der bisherigen Ergebnisse, insbesondere der Lage von Punkt S, in Abbildung 1 ein.

Zeichnen der Umkehrfunktion

Man spiegelt den gegebenen Graphen an der Winkelhalbierenden des ersten und dritten Quadranten.

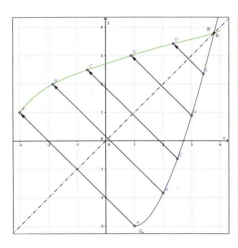

Spiegelung an der Winkelhalbierenden (y = x) bedeutet einfach, bei ausgewählten Graphenpunkten von G_h, x und y-Koordinate zu tauschen und dann „durchzuzeichnen".
Aus TP $(1 | -3) \in G_{h^*}$ wird $P(-3 | 1) \in G_{h^{*-1}}$. S gehört zu beiden Graphen, da S auf der Winkelhalbierenden des ersten und dritten Quadranten liegt.

 Man muss nur den Graphen von h^{*-1} zeichnen, nicht den Funktionterm von h^{*-1} berechnen.
Manche Schüler haben dies bei der Abiturprüfung unnötigerweise gemacht. Dies kostete den Schülern viel Zeit, die dann bei anderen Aufgaben fehlte!

f) Schraffieren Sie in Abbildung 1 ein Flächenstück, dessen Inhalt A_0 dem Wert des Integrals $\int_e^{x_S} (x - h^*(x))\,dx$ entspricht, wobei x_S die x-Koordinate von Punkt S ist. Der Graph von h^*, der Graph der Umkehrfunktion von h^* sowie die beiden Koordinatenachsen schließen im ersten Quadranten ein Flächenstück mit Inhalt A ein. Geben Sie unter Verwendung von A_0 einen Term zur Berechnung von A an.

Teil 1: Flächenstück schraffieren

Teil 2: Term zur Berechnung von A angeben.

A = Fläche Viereck + 2 mal A_0

$A = e \cdot e + 2 A_0$

$A = e^2 + 2 A_0$

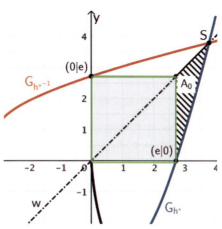

2 Abbildung 2 zeigt den Graphen einer in [0; 16] definierten Funktion V : t ↦ V(t). Sie beschreibt modellhaft das sich durch Zu- und Abfluss ändernde Volumen von Wasser in einem Becken in Abhängigkeit von der Zeit. Dabei bezeichnen t die seit Beobachtungsbeginn vergangene Zeit in Stunden und V(t) das Volumen in Kubikmetern.

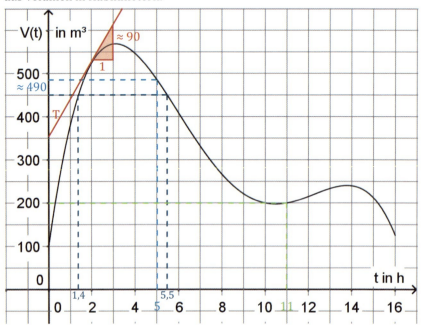

a) Geben Sie mithilfe von Abbildung 2 jeweils näherungsweise das Volumen des Wassers fünf Stunden nach Beobachtungsbeginn sowie den Zeitraum an, in dem das Volumen mindestens 450 m³ beträgt.

V(5) ≈ 490 m³
V(t) ≥ 450³ für 1,4 h ≤ t ≤ 5,5 h

b) Bestimmen Sie anhand des Graphen der Funktion V näherungsweise die momentane Änderungsrate des Wasservolumens zwei Stunden nach Beobachtungsbeginn.

Die momentanen Änderungsrate des Wasservolumens zwei Stunden nach dem Beobachtungsbeginn entspricht der Steigung der Tangente T an den Graphen G_V zum Zeitpunkt t = 2.

$m_T \approx \frac{90}{1} = 90$ ⇒ Die momentane Änderungsrate des Wasservolumens beträgt etwa 90 $\frac{m^3}{h}$.

c) Erläutern Sie, was es im Sachzusammenhang bedeutet, wenn für ein t ∈ [0;10] die Beziehung V(t + 6) = V(t) – 350 gilt.

V(t):	Wasservolumen zu einem betrachteten Zeitpunkt **t**.
V(t + 6):	Wasservolumen sechs Stunden nach einem betrachteten Zeitpunkt **t**.
V(t) – 350:	Ein um 350 m³ geringeres Wasservolumen als zum betrachteten Zeitpunkt **t**.

Bedeutung im Sachzusammenhang:
Nimmt man einen beliebigen Zeitpunkt t, so sind 6 Stunden später 350 m³ weniger Wasser im Becken.

Entscheiden Sie mithilfe von Abbildung 2, ob für t = 5 diese Beziehung gilt, und begründen Sie Ihre Entscheidung.

V(t + 6) = V(t) – 350
V(5 + 6) = V(11) ≈ 200 (siehe Graph)
V(5) ≈ 490 (siehe Aufgabe a)
V(5) – 350 ≈ 490 – 350 ≈ 140

Da 200 ≠ 140 ist die Beziehung V(t + 6) = V(t) – 350 zum Zeitpunkg t = 5 falsch!

In einem anderen Becken ändert sich das Volumen des darin enthaltenen Wassers ebenfalls durch Zu- und Abfluss. Die momentane Änderungsrate des Volumens wird für 0 ≤ t ≤ 12 modellhaft durch die in ℝ definierte Funktion $g : t \mapsto 0{,}4 \cdot (2t^3 - 39t^2 + 180t)$ beschrieben. Dabei ist t die seit Beobachtungsbeginn vergangene Zeit in Stunden und g(t) die momentane Änderungsrate des Volumens in $\frac{m^3}{h}$.

d) Begründen Sie, dass die Funktionswerte von g für 0 < t < 7,5 positiv und für 7,5 < t < 12 negativ sind.

Schritt 1: Nullstellen berechnen
g(t) = 0
$0{,}4 \cdot (2t^3 - 39t^2 + 180t) = 0 \quad |:0{,}4$
$2t^3 - 39t^2 + 180t = 0 \qquad$ t ausklammern
$t(2t^2 - 39t + 180) = 0$

t = 0 $2t^2 - 39t + 180 = 0$
               Lösungsformel für quadratische Gleichungen ("Mitternachtsformel")

$D = (-39)^2 - 4 \cdot 2 \cdot 180$
$D = 81$
$t_{1/2} = \frac{39 \pm \sqrt{81}}{4}$

$t_1 = 12$ und $t_2 = 7{,}5$

Schritt 2: Vorzeichentabelle erstellen

t	0	0 < t < 7,5	7,5	7,5 < t < 12	12
g(t)	0	+	0	−	0

z.B. g(1) = 143 > 0   z.B. g(10) = −100 < 0

Alternative Lösungsmöglichkeit
$\underbrace{t}_{\text{immer} > 0} \underbrace{(2t^2 - 39t + 180)}_{\text{Funktionsterm einer Parabel p(x)}} = 0$

$p(x) = 2t^2 - 39t + 180$ ist wegen des positiven Faktors 2 vor t^2 eine nach oben geöffnete Parabel.

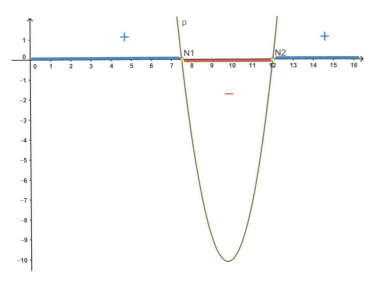

e) Erläutern Sie die Bedeutung des Werts des Integrals $\int_a^b g(t)\,dt$ für

$0 \leq a < b \leq 12$ im Sachzusammenhang.

> Beschreibt die Funktion g die **momentane Änderungsrate** einer Größe in Abhängigkeit von der Zeit t, so errechnet das bestimmte Integral
>
> $\int_{t_1}^{t_2} g(t)\,dt$ die **Gesamtänderung** der Größe im Intervall $[t_1, t_2]$

Das Integral gibt den Wert der Veränderung des Wasservolumens in Kubikmeter vom Zeitpunkt a bis b an.
(Ein positiver Wert des Integrals bedeutet einen Zufluss im Zeitraum [a; b], ein negativer Wert einen Abfluss)

Berechnen Sie das Volumen des Wassers, das sich 7,5 Stunden nach Beobachtungsbeginn im Becken befindet, wenn zu Beobachtungsbeginn 150 m³ Wasser im Becken waren.

Ansatz: $150 + \int_0^{7,5} g(t)\,dt$

- 7,5 Stunden
- Beobachtungsbeginn
- 150 m³ Wasser, die bereits zu Beobachtungsbeginn im Becken waren

$$150 + \int_0^{7,5} 0,4\,(2t^3 - 39t^2 + 180t)\,dt =$$

$$= 150 + 0,4\left[\tfrac{1}{2}t^4 - 13t^3 + 90t^2\right]_0^{7,5}$$

$$= 150 + 0,4\left[\left(\tfrac{1}{2}\cdot 7,5^4 - 13\cdot 7,5^3 + 90\cdot 7,5^2\right) - \left(\tfrac{1}{2}\cdot 0^4 - 13\cdot 0^3 + 90\cdot 0^2\right)\right]$$

$$= 150 + 464{,}0625 \approx 614$$

Antwort: 7,5 Stunden nach Beobachtungsbeginn befinden sich ca. 614 m³ Wasser im Becken.

Begründen Sie, dass es sich hierbei um das maximale Wasservolumen im Beobachtungszeitraum handelt.

Bis zum Zeitpunkt **t** = 7,5 h fließt Wasser zu. Ab 7,5 h fließt nur noch Wasser ab (wie in Aufgabe d gezeigt wurde). Das maximale Wasservolumen im Becken wird also zum Zeitpunkt **t** = 7,5 h erreicht.

> **Ausführlichere Erklärung**
>
> Aus der Angabe von Teilaufgabe d ist bekannt, dass die Funktionswerte von g für 0 < t < 7,5 positiv und für 7,5 < t < 12 negativ sind. Der Graph der Stammfunktion G hat also bei t = 7,5 h einen Hochpunkt.
> Eine positive momentane Änderungsrate des Wasservolumens bedeutet, eine Zunahme des Wasservolumens in $\tfrac{m^3}{h}$ zu einem Zeitpunkt **t**, während eine negative Änderungsrate des Wasservolumens eine Abnahme in $\tfrac{m^3}{h}$ zu einem Zeitpunkt **t** bedeutet.
> Somit fließt zwischen 0 < t < 7,5 Wasser zu und zwischen 7,5 < 0 < 12 Wasser ab. Das maximale Wasservolumen im Becken wird also zum Zeitpunkt **t** = 7,5 h erreicht.

Lösung Analysis 2017 B2

1 $f(x) = 2e^{-x} \cdot (2e^{-x} - 1)$ $x \in \mathbb{R}$

a) Zeigen Sie, dass für den Term der Ableitungsfunktion f′ von f gilt:
$f'(x) = 2e^{-x} \cdot (1 - 4e^{-x})$.

1. Möglichkeit: Berechnung mit der Produktregel

$f(x) = \underbrace{2e^{-x}}_{u(x)} \cdot \underbrace{(2e^{-x} - 1)}_{v(x)}$

Produktregel
$f(x) = u(x) \cdot v(x)$ $f'(x) = u'(x) \cdot v(x) + u(x) \cdot v'(x)$

$u(x) = 2 \cdot e^{-x}$
$u'(x) = -2 \cdot e^{-x}$ $(= 2 \cdot e^{-x} \cdot (-1))$
$v(x) = 2e^{-x} - 1$ nachdifferenzieren Kettenregel
$v'(x) = -2e^{-x}$
$f'(x) = u' \cdot v + u \cdot v'$
$f'(x) = -2e^{-x} \cdot (2e^{-x} - 1) + 2e^{-x} \cdot (-2e^{-x})$ | $2e^{-x}$ ausklammern
$ = 2e^{-x} \cdot [(-1)(2e^{-x} - 1) + (-2e^{-x})]$ | In der Klammer [...] ausmultiplizieren und zusammenfassen
$ = 2e^{-x} \cdot [-2e^{-x} + 1 - 2e^{-x}]$
$ = 2e^{-x} \cdot [1 - 4e^{-x}]$

2. Möglichkeit: ohne Produktregel
$f(x) = 2e^{-x} \cdot (2e^{-x} - 1)$ | „ausmultiplizieren"
$f(x) = 4e^{-2x} - 2e^{-x}$
$f'(x) = 4e^{-2x} \cdot (-2) - 2 \cdot e^{-x} \cdot (-1)$
$ = -8e^{-2x} + 2e^{-x}$ | Reihenfolge tauschen um auf die gewünschte Lösung zu kommen
$ = 2e^{-x} - 8e^{-2x}$ | $2e^{-x}$ ausklammern
$ = 2e^{-x}(1 - 4e^{-x})$

1. Potenzgesetz
$e^x \cdot e^x = e^{2x}$

b) Bestimmen Sie rechnerisch Lage und Art des Extrempunkts von G_f.

1. Lage des Extrempunkts
$f'(x) = 0$
$\underbrace{2e^{-x}}_{>0}(1 - 4e^{-x}) = 0$
$\ 1 - 4e^{-x} = 0$ | $+ 4e^{-x}$
$\ 1 = 4e^{-x}$ | $: 4$
$\ \tfrac{1}{4} = e^{-x}$ | $\ln()$
$\ \ln \tfrac{1}{4} = -x$ | $\cdot (-1)$
$-\ln \tfrac{1}{4} = x = \ln 4$

 In der Lösung ist x = ln 4 gegeben. Dies ist gleich zur berechneten Lösung, da:

1. Möglichkeit:
$-\ln \frac{1}{4} = \ln \left(\frac{1}{4}\right)^{-1} = \ln 4$

3. ln - Gesetz:
$\ln a^b = b \cdot \ln a$

2. Möglichkeit:
$-\ln \frac{1}{4} = -(\ln 1 - \ln 4) = -(0 - \ln 4) = +\ln 4$
$\Rightarrow \ln \frac{1}{4} = \ln 4$

2. ln - Gesetz:
$\ln \frac{a}{b} = \ln a - \ln b$

2. Art des Extrempunkts - Monotonietabelle erstellen

x	$-\infty < x < \ln 4$	ln 4	$\ln 4 < x < \infty$
f'(x)	−	0	+
G_f	↘	TP	↗

z.B x = 0
$f'(x) = 2e^{-x}(1 - 4e^{-x})$
$f'(0) = \underbrace{+ \cdot -}_{-}$
$f'(0) = 2(1 - 4) = -6$

z.B. x = 10
$f'(x) = 2e^{-x}(1 - 4e^{-x})$
$f'(10) = \underbrace{+ \cdot +}_{+}$
$f'(10) = 2e^{-10}(1 - 4e^{-10}) > 0$

$\Rightarrow$ x = ln 4 ist die Stelle des Tiefpunkts

3. y-Wert berechnen:
$f(\ln 4) = 2e^{-\ln 4} \cdot (2e^{-\ln 4} - 1) \overset{TR}{=} -\frac{1}{4}$

$e^{\ln x} = x$
$e^{-\ln x} = e^{\ln(x^{-1})} = x^{-1} = \frac{1}{x}$

Nicht verwechseln!
$e^{-\ln x} \neq -x$!

Berechnung:
$f(\ln 4) = 2 \cdot e^{\ln 4^{-1}} \cdot (2 \cdot e^{\ln 4^{-1}} - 1)$
$= 2 \cdot 4^{-1} \cdot (2 \cdot 4^{-1} - 1)$
$= 2 \cdot \frac{1}{4} \cdot (2 \cdot \frac{1}{4} - 1)$
$= \frac{1}{2} \cdot (-\frac{1}{2}) = \frac{1}{4}$

$\Rightarrow$ TP (ln 4 | $-\frac{1}{4}$)

Anmerkung
Man könnte auch mithilfe der 2. Ableitung zeigen, dass der Graph bei x = ln 4 einen Tiefpunkt hat (f'(ln 4) = 0 und f''(ln 4) > 0). Jedoch wäre die Berechnung von f''(x) aufwändiger.

c) $F(x) = 2e^{-x} - 2e^{-2x}$

Zeigen Sie, dass F Stammfunktion von f ist.

$\boxed{F'(x) = f(x)}$ $\quad F'(x) = -2e^{-x} + 4e^{-2x} = 2e^{-x}(2e^{-x} - 1) = f(x)$

Zeigen Sie, dass $\lim\limits_{x \to \infty} F(x) = 0$

$\lim\limits_{x \to \infty} \underbrace{2e^{-x}}_{\to 0} - \underbrace{2e^{-2x}}_{\to 0} = 0$

$e^{-x} = \dfrac{1}{e^x}$

$\lim\limits_{x \to \infty} e^{-x} = \dfrac{1}{\underbrace{e^x}_{\infty}} \to 0$

d) Begründen Sie ohne weitere Rechnung, dass F keine größeren Werte als 0,5 annehmen kann und bei $x = \ln 4$ eine Wendestelle besitzt.
f ist die Ableitungsfunktion von F.

Teil 1: maximaler Wert 0,5

1. Möglichkeit: Monotonietabelle mithilfe von Abbildung 1

x	$-\infty < x < \ln 2$	$\ln 2$	$\ln 2 < x < \infty$
$F'(x) = f(x)$	+	0	−
G_F	↗	HP ($\ln 2 \mid 0{,}5$)	↘

G_F hat bei $x = \ln 2$ ein absolutes Maximum.
⇨ $F(\ln 2) = 0{,}5$ ist der größte Funktionswert von F.

2. Möglichkeit:
für $-\infty < x < \ln 2$ gilt $f(x) > 0$
⇨ Der Graph von F verläuft streng monoton steigend.

Bei $\ln 2 < x < \infty$ gilt $f(\ln 2) < 0$
⇨ Der Graph von F verläuft streng monoton fallend.

Bei $x = \ln 2$ gilt $f(\ln 2) = 0$
⇨ Der Graph von F hat bei $\ln 2$ ein absolutes Maximum mit einem y-Wert von 0,5.

3. Möglichkeit:
$x = \ln 2$ ist Nullstelle mit VZW von + nach −
⇨ bei $x = \ln 2$ hat G_G einen HP mit $F(\ln 2) = 0{,}5$ und der Information, dass $x = \ln 2$ die <u>einzige</u> Nullstelle von $f(x) = F'(x)$ ist.

⇨ F nimmt keine größeren Werte als 0,5 an.

Teil 2: Begründung, dass F bei x = ln 4 eine Wendestelle hat

Aus Teilaufgabe 1b ist bekannt, dass x = ln 4 ein Tiefpunkt der Funktion f ist.
⇨ f′(x = ln 4) = 0 und f′(x) hat bei x = ln 4 einen Vorzeichenwechsel von − nach + (siehe Monotonietabelle)
⇨ f′(x) = F″(x)
  Das heißt, F″(x) hat bei x = ln 4 eine Nullstelle mit VZW.
⇨ F hat bei x = ln 4 eine Wendestelle.

Berechnen Sie die y-Koordinate des zugehörigen Wendepunkts. (Teil 3)

$$y = F(\ln 4) = 2e^{-\ln 4} - 2e^{-2\ln 4} = 2 \cdot \frac{1}{4} - 2 \cdot \frac{1}{16} = \frac{1}{2} - \frac{1}{8} = \frac{3}{8}$$

e) Zeichnen Sie den Graphen von F unter Berücksichtigung der bisherigen Ergebnisse sowie des Funktionswerts F(0) im Bereich −0,3 ≤ x ≤ 3,5 in Abbildung 1 ein.

$$F(0) = 2 \cdot e^0 - 2 \cdot e^{-2 \cdot 0} = 2 \cdot 1 - 2 \cdot 1 = 0$$

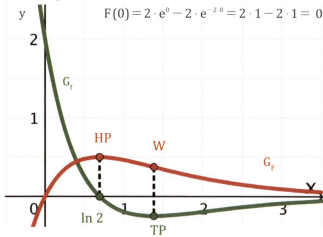

f) Berechnen Sie, um wie viel Prozent der Flächeninhalt des Dreiecks OPQ vom Inhalt des Flächenstücks abweicht.

O (0 | 0), P (ln 2 | 0) und Q (0 | 2) sind Eckpunkte eines Dreiecks.

Flächeninhalt: $A_{OPQ} = \frac{1}{2} \cdot g \cdot h = \frac{1}{2} \cdot \overline{OP} \cdot \overline{OQ} = \frac{1}{2} \cdot (\ln 2 - 0) \cdot (2 - 0)$
$= \frac{1}{2} \cdot \ln 2 \cdot 2 = \ln 2$

Lösung B2 - Analysis 2017

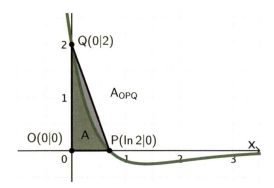

Flächeninhalt A zwischen G_f und den Koordinatenachsen:

$$\int_0^{\ln 2} f(x)\,dx = [F(x)]_0^{\ln 2} \quad \text{Stammfunktion in Teilaufgabe c gegeben}$$

$$= [2e^{-x} - 2e^{-2x}]_0^{\ln 2} = (2\underbrace{e^{-\ln 2}}_{\frac{1}{2}} - 2\underbrace{e^{-2\ln 2}}_{\frac{1}{4}}) - (2\underbrace{e^{-0}}_{1} - 2\underbrace{e^{-2\cdot 0}}_{1})$$

$$= (2\cdot\tfrac{1}{2} - 2\cdot\tfrac{1}{4}) - (2\cdot 1 - 2\cdot 1) = (1 - \tfrac{1}{2}) - 0 = \tfrac{1}{2}$$

> ⚠️ $e^{-\ln 2} = e^{\ln 2^{-1}} = 2^{-1} = \tfrac{1}{2}$
> $e^{-2\ln 2} = e^{\ln 2^{-2}} = 2^{-2} = \tfrac{1}{4}$

Prozentuale Abweichung des Flächeninhalts A_{OPQ} vom Flächeninhalt A:

Flächeninhalt A: $\tfrac{1}{2}$
Flächeninhalt A_{OPQ}: $\ln 2$

$$\frac{A_{OPQ} - A}{A} \cdot 100\,\% = \frac{\ln 2 - \tfrac{1}{2}}{\tfrac{1}{2}} \cdot 100\,\% = 38{,}63\,\%$$

Die Fläche des Dreiecks ist um 38,63 % größer als der Inhalt des eingeschlossenen Flächenstücks.

> In dieser Aufgabe musste die Stammfunktion nicht berechnet werden, da sie in Teilaufgabe c bereits gegeben war. Wir wollen hier ergänzend zeigen, wie man diese Stammfunktion berechnen könnte, falls dies in einer anderen Abiturprüfung vielleicht einmal gefragt werden sollte:
>
> $\int 2e^{-x}\cdot(2e^{-x}-1)\,dx =$ $\boxed{\int e^{ax+b}\,dx = \tfrac{1}{a}e^{ax+b}}$
>
> $= \int (4e^{-2x} - 2e^{-x})\,dx$
>
> $= \tfrac{4}{-2}e^{-2x} - \tfrac{2}{-1}e^{-x} = -2e^{-2x} + 2e^{-x} = 2e^{-x} - 2e^{-2x}$

g) Begründen Sie, dass F_0 mit F übereinstimmt

$$F_0(x) = \int_0^x f(t)\,dt = F(x) - F(0) = 2e^{-x} - 2e^{-2x} - (\underbrace{2e^{-0} - 2e^{-2 \cdot 0}}_{= 0 \text{ siehe Aufgabe e}})$$

$$= 2e^{-x} - 2e^{-2x} = F(x)$$

⇨ $F_0(x) = F(x)$

Interpretieren Sie geometrisch den Wert $F_0(2) \approx 0{,}234$ mithilfe von in Abbildung 1 geeignet zu markierenden Flächenstücken.

$F_0(2) \approx 0{,}234$ ist die Flächenbilanz, welche der Graph von $f(x)$ und die x-Achse im Intervall zwischen 0 und 2 einschließen.

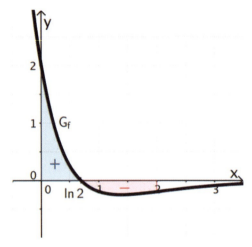

Zwischen 0 und $\ln 2$ ist der Graph oberhalb der x-Achse. Der Flächeninhalt ist ein bisschen weniger als 2 Kästchen ≙ 0,49 FE. Zwischen $\ln 2$ und 2 ist der Flächeninhalt zwischen dem Graph und der x-Achse ca. 1 Kästchen ≙ 0,25 FE.

Die Flächenbilanz ist also ca. 0,49 FE – 0,25 FE = 0,24 FE $\approx 0{,}234 = F_0(2)$

h) Geben Sie den Term einer in ℝ definierten Funktion an, die eine Stammfunktion, aber keine Integralfunktion von f ist.

> **Unterschied zwischen Stammfunktion und Integralfunktion**
>
> Jede Integralfunktion ist eine Stammfunktion, aber nicht jede Stammfunktion ist eine Integralfunktion.
> Eine Integralfunktion hat mindestens eine Nullstelle, da
>
> $$I_a(a) = \int_a^a f(t)\,dt = 0.$$ Aber nicht jede Stammfunktion hat eine Nullstelle.

Ziel ist es jetzt, den Graphen von F so zu verschieben, dass dieser keinen Punkt mit der x-Achse gemeinsam hat.
z.B. $F_1(x) = 2e^{-x} - 2e^{-2x} - 1 < 0$
da F(x) die Wertemenge W =]–∞; 0,5] hat.

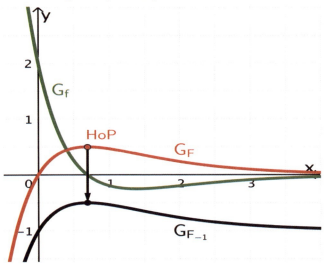

Bi 211	Tl 207	Pb 207
$B(x) = e^{-2x}$	$F(x)$	$P(x) = 1 - B(x) - F(x)$

2. Für jede der drei Funktionen bezeichnet $x \geq 0$ die seit Beobachtungsbeginn vergangene Zeit in der Einheit 6 Minuten.
Beispielsweise bedeutet $P(1) \approx 0{,}400$, dass sechs Minuten nach Beginn der Beobachtung etwa 40,0 % aller Kerne im Gefäß Pb 207-Kerne sind.

a) Bestimmen Sie jeweils auf zehntel Prozent genau die Anteile der drei Kernsorten zwölf Minuten nach Beobachtungsbeginn.

Zwölf Minuten entspricht x = 2

$B(2) = e^{-2 \cdot 2} = e^{-4} = \dfrac{1}{e^4} \approx 1{,}8\,\%$

$F(2) \; \underset{\text{siehe Teilaufgabe 1g Teil 1 und 2}}{=} \; F_0(2) \approx 0{,}234 = 23{,}4\,\%$

(Rechnung $F(2) = 2 \cdot e^{-2} - 2 \cdot e^{-4} = \dfrac{2}{e^2} - \dfrac{2}{e^4} = 0{,}234$)

$P(2) = 1 - B(2) - F(2) = 100\,\% - 1{,}8\,\% - 23{,}4\,\% \approx 74{,}8\,\%$

b) Ermitteln Sie unter Verwendung von Ergebnissen aus Aufgabe 1 den Zeitpunkt **auf Sekunden genau**, zu dem der Anteil von Tl 207-Kernen im Gefäß am größten ist.

Der Zeitpunkt, zu dem der Anteil von TI 207-Kernen maximal ist, bedeutet: „Für welchen Wert von x nimmt F den größten Funktionswert an?"
Nach Teilaufgabe 1 d hat F bei x = ln 2 ein absolutes Maximum.

x = ln 2 ≈ 0,6931
0,6931 · 6 min = 4,15888 min = 4,15888 · 60 s = 249,53 s ≈ 250 s

Antwort: Zum Zeitpunkt 4 Minuten und 10 Sekunden nach Beobachtungsbeginn ist der Anteil an TI 207-Kernen im Gefäß am größten.

c) Begründen Sie rechnerisch, dass zu keinem Zeitpunkt die Anteile der Kernsorten gleich sind.

Wenn P(x) = 1 − B(x) − F(x)
⇒ P(x) + B(x) + F(x) = 1

Während der gesamten Zeitspanne sind immer gleich viele Kerne vorhanden. Es wandeln sich nur Kernsorten in andere um.

Wenn zu irgend einem Zeitpunkt x von jeder Sorte genau gleich viele Kerne vorhanden sind, dann müsste zu diesem Zeitpunkt der Anteil aller drei sorten jeweils ein Drittel sein. (B(x) = F(x) = P(x) = $\frac{1}{3}$). Man berechnet nun, für welches x gilt B(x) = $\frac{1}{3}$ und zeigt anschließend, dass für dieses x gilt F(x) ≠ $\frac{1}{3}$.

B(x) = $\frac{1}{3}$

e^{-2x} = $\frac{1}{3}$ | ln ( )

−2x = ln ($\frac{1}{3}$) | : (− 2)

x = $-\frac{1}{2}$ ln ($\frac{1}{3}$) = $-\frac{1}{2}$(ln 1 − ln 3) = $-\frac{1}{2}$(0 − ln 3) = $\frac{1}{2}$ ln 3 $\stackrel{TR}{\approx}$ 0,55

F($\frac{1}{2}$ ln 3) $\stackrel{TR}{\approx}$ 0,488 ≠ $\frac{1}{3}$

⇒ Zu keinem Zeitpunkt ist B(x) = F(x) = $\frac{1}{3}$. Also sind die Anteile der drei Kernsorten zu keinem Zeitpunkt gleich groß.

d) Weisen Sie mithilfe des Terms der Funktion P nach, dass $\lim\limits_{x \to \infty} P(x) = 1$ gilt, und interpretieren Sie diesen Grenzwert im Sachzusammenhang.

$\lim\limits_{x \to \infty} (1 - e^{-2x} - 2e^{-x} + 2e^{-2x}) =$

$\lim\limits_{x \to \infty} (1 + \underbrace{e^{-2x}}_{\to 0} - \underbrace{2e^{-x}}_{\to 0}) = 1$

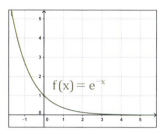

Antwort: Nach sehr langer Zeit haben sich alle Kerne in Pb 207 umgewandelt. Das heißt, der Anteil von Pb 207 geht gegen 1 (100 %).

Stochastik 2017

Aufgabengruppe B1

Das elektronische Stabilitätsprogramm (ESP) eines Autos kann Schleuderbewegungen und damit Unfälle verhindern.

1 Gehen Sie bei den folgenden Aufgaben davon aus, dass 40 % aller Autos mit ESP ausgerüstet sind.
200 Autos werden nacheinander zufällig ausgewählt; die Zufallsgröße X beschreibt die Anzahl der ausgewählten Autos mit ESP.

a) Bestimmen Sie die Wahrscheinlichkeit dafür, dass von den ausgewählten Autos mindestens 70 mit ESP ausgerüstet sind.

b) Bestimmen Sie die Wahrscheinlichkeiten folgender Ereignisse.

A: „Das fünfte ausgewählte Auto ist das erste mit ESP."

B: „Die Zufallsgröße X nimmt einen Wert an, der von ihrem Erwartungswert höchstens um eine Standardabweichung abweicht."

2 In einem Parkhaus befinden sich insgesamt 100 Parkplätze.

a) Im Parkhaus sind 20 Parkplätze frei; vier Autofahrer suchen jeweils einen Parkplatz. Formulieren Sie in diesem Sachzusammenhang zu den folgenden Termen jeweils eine Aufgabenstellung, deren Lösung sich durch den Term berechnen lässt. α) $20 \cdot 19 \cdot 18 \cdot 17$ β) $\binom{20}{4}$

Das Parkhaus ist nun mit 100 Autos besetzt, von denen 40 mit ESP ausgerüstet sind.

b) Sieben von diesen 100 Autos sind Kleinwagen und nicht mit ESP ausgerüstet, 90 sind keine Kleinwagen. Betrachtet werden folgende Ereignisse.

E: „Ein im Parkhaus zufällig ausgewähltes Auto ist mit ESP ausgerüstet."

K: „Bei einem im Parkhaus zufällig ausgewählten Auto handelt es sich um einen Kleinwagen."

Geben Sie die Bedeutung von $P_K(E)$ im Sachzusammenhang an und ermitteln Sie diese Wahrscheinlichkeit.

(Fortsetzung nächste Seite)

c) 30 der im Parkhaus stehenden Autos werden zufällig ausgewählt. Bestimmen Sie die Wahrscheinlichkeit dafür, dass darunter genau 40% mit ESP ausgerüstet sind.

Stochastik 2017

Aufgabengruppe B2

Ein Großhändler bietet Samenkörner für Salatgurken in zwei Qualitätsstufen an. Ein Samenkorn der höheren Qualität A keimt mit einer Wahrscheinlichkeit von 95 %, eines der Qualität B mit einer Wahrscheinlichkeit von 70 %. Ein Anbaubetrieb kauft Samenkörner beider Qualitätsstufen, 65 % aller gekauften Samenkörner sind von der Qualität A.

a) In einem Gedankenexperiment werden die eingekauften Samenkörner zusammengeschüttet und gemischt. Bestimmen Sie mithilfe eines beschrifteten Baumdiagramms

α) die Wahrscheinlichkeit dafür, dass ein zufällig ausgewähltes Samenkorn keimt;

β) die Wahrscheinlichkeit dafür, dass ein zufällig ausgewähltes Samenkorn, das nach der Saat keimt, von der Qualität B ist.

b) Der Anbaubetrieb sät 200 Samenkörner der Qualität B. Bestimmen Sie die Wahrscheinlichkeiten folgender Ereignisse:

E: „Von den gesäten Samenkörnern keimen genau 140."

F: „Von den gesäten Samenkörnern keimen mehr als 130 und weniger als 150."

c) Beschreiben Sie im Sachzusammenhang die Bedeutung des Terms $1 - P(X \geq 275)$, wobei X eine binomial verteilte Zufallsgröße mit den Parametern $n = 300$ und $p = 0{,}95$ bezeichnet.

d) Keimt ein Samenkorn, so wächst daraus eine Pflanze heran, die aufgrund schädlicher Einflüsse jedoch in manchen Fällen keine Gurken trägt. Bei einem gekeimten Samenkorn der Qualität A entsteht mit einer Wahrscheinlichkeit von 85 % eine fruchttragende Pflanze, bei einem gekeimten Samenkorn der Qualität B mit einer Wahrscheinlichkeit von 75 %. Vereinfachend wird davon ausgegangen, dass – unabhängig von der Qualität der Samenkörner – von jeder fruchttragenden Pflanze gleich viele Gurken geerntet werden können.

(Fortsetzung nächste Seite)

Ein Samenkorn der Qualität A kostet 17 Cent, eines der Qualität B 12 Cent. Entscheiden Sie durch Rechnung, ob es für einen Anbaubetrieb finanziell günstiger ist, sich auf Samenkörner der Qualität A zu beschränken, oder ob es finanziell günstiger ist, sich auf Samenkörner der Qualität B zu beschränken, wenn er alle Gurken zum selben Preis verkauft.

e) Der Großhändler behauptet, dass sich die Wahrscheinlichkeit für das Keimen eines Samenkorns der Qualität B durch eine veränderte Aufbereitung des Saatguts auf mehr als 70 % erhöht hat. Deshalb soll die Nullhypothese „Die Wahrscheinlichkeit für das Keimen eines Samenkorns der Qualität B ist höchstens 70 %." auf einem Signifikanzniveau von 5 % getestet werden. Dazu werden 100 der verändert aufbereiteten Samenkörner der Qualität B zufällig ausgewählt und gesät. Bestimmen Sie die zugehörige Entscheidungsregel.

Lösung Stochastik 2017

B1

1 a) Bestimmen Sie die Wahrscheinlichkeit dafür, dass von den ausgewählten Autos mindestens 70 mit ESP ausgerüstet sind.

Ansatz:
Wir entnehmen aus der Angabe die Werte $n = 200$; $p = 0{,}4$; $k \geq 70$
Die Wahrscheinlichkeit lässt sich mithilfe der kumulativen Binomialverteilung ermitteln.

> **„mindestens" k**
> $P_p^n(x \geq k) = 1 - P_p^n(x \leq k-1)$

$P_{0{,}4}^{200}(x \geq 70) = 1 - P_{0{,}4}^{200}(x \leq 69)$

Tafelwerk oder TR liefern uns:
$1 - 0{,}06390 = 0{,}93610 = 93{,}61\,\%$

b) Bestimmen Sie die Wahrscheinlichkeiten folgender Ereignisse.

A: „Das fünfte ausgewählte Auto ist das erste mit ESP."

B: „Die Zufallsgröße X nimmt einen Wert an, der von ihrem Erwartungswert höchstens um eine Standardabweichung abweicht."

Zu A:
Da das fünfte Auto als erstes ESP haben soll, dürfen die ersten vier Autos kein ESP haben: ~~ESP~~ ~~ESP~~ ~~ESP~~ ~~ESP~~ ESP

$\Rightarrow P(A) = 0{,}6^4 \cdot 0{,}4^1 = 0{,}05184 = 5{,}184\,\%$

Zu B:
$n = 200$; $p = 0{,}4$

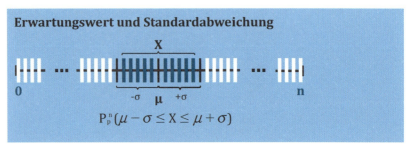

Schritt 1: Erwartungswert und Standardabweichung bestimmen

Erwartungswert: $\mu = E(X) = 200 \cdot 0{,}4 = 80$ $\boxed{\mu = E(X) = n \cdot p}$

Standardabweichung: $\sigma = \sqrt{200 \cdot 0{,}4 \cdot 0{,}6} \approx 6{,}93$ $\boxed{\sigma = \sqrt{n \cdot p \cdot (1-p)}}$

Schritt 2: Bereich aufstellen

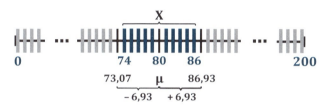

$P_{0{,}4}^{200}(73{,}07 \leq X \leq 86{,}93) =$

zu 74 aufrunden | zu 86 abrunden

⚠ Immer zu **μ** hinrunden. X ist ganzzahlig!

$= P_{0{,}4}^{200}(74 \leq X \leq 86)$

Schritt 3: Wahrscheinlichkeit berechnen

$P_{0{,}4}^{200}(74 \leq X \leq 86) = P_{0{,}4}^{200}(X \leq 86) - P_{0{,}4}^{200}(X \leq 73)$
TW oder TR

$= 0{,}82607 - 0{,}17423 = 0{,}65184 \approx 65{,}2\,\%$

2 a) Im Parkhaus sind 20 von 100 Parkplätzen frei und vier Autofahrer suchen jeweils einen Parkplatz. Formulieren Sie im Sachzusammenhang zu folgenden Termen jeweils eine Aufgabenstellung, deren Lösung sich durch den Term berechnen lässt.

α) $20 \cdot 19 \cdot 18 \cdot 17$

Die vier Autos (A1, A2, A3, A4) erreichen nacheinander den Parkplatz. Der erste Fahrer hat somit 20 mögliche Parkplätze, der zweite 19, usw.

$20 \cdot 19 \cdot 18 \cdot 17$ gibt also die Anzahl der möglichen Parkverteilungen an, wenn die Autos unterschieden werden.

Die rechts dargestellten Belegungen 1) und 2) sind in diesem Fall zwei verschiedene Möglichkeiten.

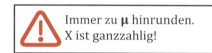

Stochastik 2017 - Lösung B1

Eine mögliche Aufgabenstellung könnte lauten:
„Wie viele Möglichkeiten gibt es, dass sich die vier Autos auf 20 Parkplätze verteilen, wenn die Autos unterschieden werden?"

β) $\binom{20}{4}$

Dieser Term beschreibt die Situation, dass vier **nicht** unterscheidbare Autos die 20 Parkplätze belegen.

Die zwei nebenstehenden Belegungen beschreiben jetzt also die gleiche Situation, nämlich dass die ersten vier Parkplätze belegt sind.

| 1) | A1 | A2 | A3 | A4 | frei | frei | ... |
| 2) | A4 | A3 | A2 | A1 | frei | frei | ... |

Eine mögliche Aufgabenstellung könnte lauten:
„Wie viele Möglichkeiten gibt es, vier der 20 Parkplätze zu belegen, wenn die Autos nicht unterschieden werden."

b) Sieben von diesen 100 Autos sind Kleinwagen und nicht mit ESP ausgerüstet, 90 sind keine Kleinwagen. Betrachtet werden folgende Ereignisse.

E: „Ein im Parkhaus zufällig ausgewähltes Auto ist mit ESP ausgerüstet."

K: „Bei einem im Parkhaus zufällig ausgewählten Auto handelt es sich um einen Kleinwagen."

Geben Sie die Bedeutung von $P_K(E)$ im Sachzusammenhang an und ermitteln Sie diese Wahrscheinlichkeit.

$P_K(E)$ gibt die Wahrscheinlichkeit dafür an, dass ein Kleinwagen (Bedingung) mit ESP ausgestattet ist.

Nach der Formel für bedingte Wahrscheinlichkeiten können wir $P_K(E)$ wie folgt berechnen:

$$P_K(E) = \frac{P(K \cap E)}{P(K)}$$

bedingte Wahrscheinlichkeit:
$$P_A(B) = \frac{P(A \cap B)}{P(A)}$$

Die benötigten Wahrscheinlichkeiten $P(K \cap E)$ und $P(K)$ können zum Beispiel mit einer Vierfeldertafel berechnet werden:

	E	Ē	
K	$\frac{3}{100}$	$\frac{7}{100}$	$\frac{10}{100}$
K̄	$\frac{37}{100}$	$\frac{53}{100}$	$\frac{90}{100}$
	$\frac{40}{100}$	$\frac{60}{100}$	1

Die fehlenden Wahrscheinlichkeiten lassen sich durch einfache Addition und Subtraktion berechnen.

Benötigt für die Lösung der Aufgabe wird nur der **grau unterlegte** Wert. Der Rest ist zur Vollständigkeit angegeben.

Mit Hilfe des unterlegten Wertes folgt:

$$P_K(E) = \frac{P(K \cap E)}{P(K)} = \frac{\frac{3}{100}}{\frac{10}{100}} = 0{,}3 = 30\%$$

c) 30 der im Parkhaus stehenden Autos werden zufällig ausgewählt. Bestimmen Sie die Wahrscheinlichkeit dafür, dass darunter genau 40% mit ESP ausgerüstet sind.

Wir befinden uns im Fall „Ziehen ohne Zurücklegen", weshalb sich die Wahrscheinlichkeit p nach jedem Auto ändert. Ohne festes p können wir nicht auf die Bernoullikette zurückgreifen, sondern müssen die hypergeometrische Verteilung verwenden.

Hypergeometrische Verteilung (Bienenwabe)

$$P(g) = \frac{\binom{G}{g} \cdot \binom{B}{b}}{\binom{A}{a}}$$

Bestand: G, B
Ziehung: g, b, a

100 Autos stehen im Parkhaus (A = 100). 40 davon sind „gute" Autos und mit ESP ausgestattet (G = 40). Übrig bleiben 60 „böse" Autos ohne ESP (B = 60). Von den 100 Autos sollen 30 Autos zufällig ausgewählt werden (a = 30). 40% von den ausgewählten Autos sollen zu den „Guten" gehören (g = 0,4 · 30 = 12). Die restlichen ausgewählten Autos sollen zu den „Bösen" gehören (b = 18).

$$P = \frac{\binom{40}{12} \cdot \binom{60}{18}}{\binom{100}{30}} = 0{,}176 = 17{,}6\,\%$$

Anmerkung:

Die Bezeichnungen „gut" und „böse" beziehen sich auf die Beispielgeschichte von Sepp und Resi aus unserem Kursbuch.

Lösung Stochastik 2017

B2

1 a) In einem Gedankenexperiment werden die eingekauften Samenkörner zusammengeschüttet und gemischt. Bestimmen Sie mithilfe eines beschrifteten Baumdiagramms

α) die Wahrscheinlichkeit dafür, dass ein zufällig ausgewähltes Samenkorn keimt;

β) die Wahrscheinlichkeit dafür, dass ein zufällig ausgewähltes Samenkorn, das nach der Saat keimt, von der Qualität B ist.

Zunächst vervollständigen wir das Baumdiagramm. Dazu legen wir fest:

A: „Ein Samenkorn hat Qualität A"   B: „Ein Samenkorn hat Qualität B"
k: „Samenkorn keimt"   ($\bar{k}$: „Samenkorn keimt nicht")

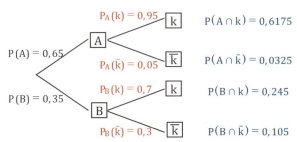

Die fehlenden Wahrscheinlichkeiten lassen sich einfach durch Subtraktion von der 1 berechnen (z.B. 1 - 0,65 = 0,35). Die Schnittwahrscheinlichkeiten erhalten wir mit der 1. Pfadregel.

α) P(k) erhalten wir durch Anwendung der 2. Pfadregel.

> **1. Pfadregel:** „Werte entlang eines Pfades werden multipliziert."
> $P(A \cap B) = P(A) \cdot P_A(B)$

> **2. Pfadregel:** „Passende Wahrscheinlichkeiten werden addiert."
> $P(B) = P(A \cap B) + P(\overline{A} \cap B)$

$P(k) = P(A \cap k) + P(B \cap k) = 0{,}6175 + 0{,}245 = 0{,}8625 = 86{,}25\%$

β) $P_k(B)$ ist eine bedingte Wahrscheinlichkeit, welche sich nach der bekannten Formel leicht berechnen lässt:
$P_k(B) = \frac{0,245}{0,8625} = 0,2841 = 28,41\%$

$$P_A(B) = \frac{P(A \cap B)}{P(A)}$$

b) Der Anbaubetrieb sät 200 Samenkörner der Qualität B. Bestimmen Sie die Wahrscheinlichkeiten folgender Ereignisse:

E: „Von den gesäten Samenkörnern keimen genau 140."

F: „Von den gesäten Samenkörnern keimen mehr als 130 und weniger als 150."

Wir finden eine Binomialverteilung vor, mit den Werten n = 200 und p = 0,7. Die Zufallsgröße X beschreibt die Anzahl der keimenden Samenkörnern unter den gesäten Samenkörnern der Qualität B.

$P(E) = P_{0,7}^{200}(X = 140)$
$= \binom{200}{140} \cdot 0,7^{140} \cdot 0,3^{60}$
$= 0,0615 = 6,15\%$

Bernoulli-Kette
$$P_p^n(X = k) = \binom{n}{k} p^k \cdot (1-p)^{n-k}$$

$P(F) = P_{0,7}^{200}(130 < X < 150) = P_{0,7}^{200}(X \leq 149) - P_{0,7}^{200}(X \leq 130)$
$\underset{\text{TW oder TR}}{=} 0,93045 - 0,07279 = 0,85766 = 85,766\%$

c) Beschreiben Sie im Sachzusammenhang die Bedeutung des Terms $1 - P(X \geq 275)$, wobei X eine binomial verteilte Zufallsgröße mit den Parametern n = 300 und p = 0,95 bezeichnet.

Die Werte n = 300 und p = 0,95 geben an, dass wir 300 Samenkörner betrachten (Stichprobenlänge) und dass die Zufallsgröße X die Anzahl der keimenden Samenkörner der Qualität A beschreibt ($P_A(k) = 0,95$).
Der Term $P(X \geq 275)$ beschreibt die Wahrscheinlichkeit, dass von 300 Samenkörnern der Qualität A mindestens 275 keimen.

$$1 - P(X \geq 275) = P(X \leq 274)$$

$1 - P(X \geq 275)$ gibt davon die Gegenwahrscheinlichkeit an. Der Term beschreibt also die Wahrscheinlichkeit, dass unter 300 Samen der Qualität A weniger als 275 (höchstens 274) Samen keimen.

d) Entscheiden Sie durch Rechnung, ob es für einen Anbaubetrieb finanziell günstiger ist, sich auf Samenkörner der Qualität A zu beschränken, oder ob es finanziell günstiger ist, sich auf Samenkörner der Qualität B zu beschränken, wenn er alle Gurken zum selben Preis verkauft.

Um zu einer Entscheidung zu kommen, muss man herausfinden, mit welcher Wahrscheinlichkeit bei einem Samen der Qualität A später eine Gurke geerntet werden kann und wie groß diese Wahrscheinlichkeit bei Samen der Qualität B ist. Für beide Qualitätsstufen fertigen wir deshalb ein Baumdiagramm an:

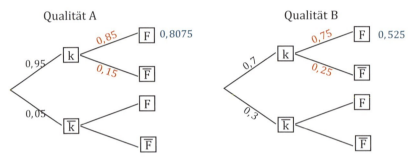

Eine Gurke wächst nur in dem Fall, wenn der Samen sowohl keimt als auch die Planze fruchttragend ist $(P(k \cap F))$.

A: $P(\text{"Gurke"}) = P(k \cap F) = 0{,}8075$
B: $P(\text{"Gurke"}) = P(k \cap F) = 0{,}525$

Für den Anbaubetrieb sind nicht die Kosten pro Samenkorn, sondern die Kosten pro geernteter Gurke entscheidend.
Bei einem Samen der Qualitätsstufe A wachsen für 17 Cent durchschnittlich 0,8075 Gurken, damit ergibt sich für den Preis einer Gurke:

$$\frac{\text{Preis eines Samenkorns}}{\text{Anzahl der Gurken pro Samenkorn}} = \frac{17\,\text{Cent}}{0{,}8075} \approx 21{,}05\,\text{Cent}$$

Bei einem Samen der Qualitätsstufe B wachsen für 12 Cent durchschnittlich 0,525 Gurken, damit ergibt sich für den Preis einer Gurke:

$$\frac{\text{Preis eines Samenkorns}}{\text{Anzahl der Gurken pro Samenkorn}} = \frac{12\,\text{Cent}}{0{,}525} \approx 22{,}86\,\text{Cent}$$

Somit ist es für den Anbaubetrieb günstiger ausschließlich Samen der besseren Qualität A zu verwenden.

e) Es soll die Nullhypothese „Die Wahrscheinlichkeit für das Keimen eines Samenkorns der Qualität B ist höchstens 70 %." auf einem Signifikanzniveau von 5 % getestet werden. Dazu werden 100 der verändert aufbereiteten Samenkörner der Qualität B zufällig ausgewählt und gesät. Bestimmen Sie die zugehörige Entscheidungsregel.

Hypothesentest (rechtsseitiger Test)

Schritt 1: Werte ermitteln
n = 100, α ≤ 5 % = 0,05, H_0: p ≤ 0,70 (wegen „höchstens" 70 % der Samen)

Schritt 2: Annahme- und Ablehnungsbereich aufstellen
Weil H_0 : p ≤ 0,70 liegt ein rechtsseitiger Test vor, da bei kleinen Werten H_0 angenommen wird.

Annahmebereich von H_0:   A = {0; 1; … ; k}
Ablehnungsbereich von H_0:   Ā = {k+1; …; 100}

Schritt 3: Ziel ist es jetzt, **k** so zu bestimmen, dass α ≤ 5 % gilt:

$\alpha = P^{100}_{0,7}(X \in \bar{A}) \leq 5\%$
$P^{100}_{0,7}(X \geq k+1) = 1 - P^{100}_{0,7}(X \leq k) \leq 0,05$
Umformung: $0,95 \leq P^{100}_{0,7}(X \leq k)$

Den gesuchten Wert liefert uns nun ein Blick ins Tafelwerk oder alternativ die Nutzung des Taschenrechners. Genauere Erklärung dazu im Kursbuch unter Hypothesentest.

TW oder TR liefert: $k = 77 \Rightarrow k + 1 = 78$

Schritt 4: Entscheidungsregel formulieren
Man entscheidet sich gegen die Nullhypothese, wenn von 100 Samenkörnern mindestens 78 keimen.

Geometrie 2017

Aufgabengruppe B1

In einem kartesischen Koordinatensystem sind die Punkte A (0 | 0 | 1), B(2 | 6 | 1), C (– 4 | 8 | 5) und D(– 6 | 2 | 5) gegeben. Sie liegen in einer Ebene E und bilden ein Viereck ABCD, dessen Diagonalen sich im Punkt M schneiden.

a) Begründen Sie, dass die Gerade AB parallel zur x_1x_2-Ebene verläuft.

b) Weisen Sie nach, dass das Viereck ABCD ein Rechteck ist. Bestimmen Sie die Koordinaten von M.

(Teilergebnis: M (– 2 | 4 | 3) *)*

c) Ermitteln Sie eine Gleichung der Ebene E in Normalenform.

(mögliches Ergebnis: $E : 3x_1 - x_2 + 5x_3 - 5 = 0$*)*

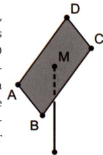

Ein Solarmodul wird an einem Metallrohr befestigt, das auf einer horizontalen Fläche senkrecht steht. Das Solarmodul wird modellhaft durch das Rechteck ABCD dargestellt. Das Metallrohr lässt sich durch eine Strecke, der Befestigungspunkt am Solarmodul durch den Punkt M beschreiben (vgl. Abbildung). Die horizontale Fläche liegt im Modell in der x_1x_2-Ebene des Koordinatensystems; eine Längeneinheit entspricht 0,8 m in der Realität.

d) Um einen möglichst großen Energieertrag zu erzielen, sollte die Größe des Neigungswinkels φ des Solarmoduls gegenüber der Horizontalen zwischen 30° und 36° liegen. Prüfen Sie, ob diese Bedingung erfüllt ist.

e) Auf das Solarmodul fällt Sonnenlicht, das im Modell durch parallele Geraden dargestellt wird, die senkrecht zur Ebene E verlaufen. Das Solarmodul erzeugt auf der horizontalen Fläche einen rechteckigen Schatten. Zeigen Sie unter Verwendung einer geeignet beschrifteten Skizze, dass der Flächeninhalt des Schattens mithilfe des Terms $|\vec{AB}| \cdot \dfrac{|\vec{AD}|}{\cos \varphi} \cdot (0,8 \text{ m})^2$ berechnet werden kann.

(Fortsetzung nächste Seite)

f) Um die Sonneneinstrahlung im Laufe des Tages möglichst effektiv zur Energiegewinnung nutzen zu können, lässt sich das Metallrohr mit dem Solarmodul um die Längsachse des Rohrs drehen. Die Größe des Neigungswinkels φ gegenüber der Horizontalen bleibt dabei unverändert. Betrachtet wird der Eckpunkt des Solarmoduls, der im Modell durch den Punkt A dargestellt wird. Berechnen Sie den Radius des Kreises, auf dem sich dieser Eckpunkt des Solarmoduls bei der Drehung des Metallrohrs bewegt, auf Zentimeter genau.

Geometrie 2017

Aufgabengruppe B2

Ein geschlossenes Zelt, das auf horizontalem Untergrund steht, hat die Form einer Pyramide mit quadratischer Grundfläche. Die von der Zeltspitze ausgehenden Seitenkanten werden durch vier gleich lange Stangen gebildet. Das Zelt ist 6 m hoch, die Seitenlänge des Zeltbodens beträgt 5 m.
Das Zelt wird in einem kartesischen Koordinatensystem (vgl. Abbildung 1) modellhaft durch eine Pyramide ABCDS mit der Spitze S (2,5 | 2,5 | 6) dargestellt. Der Punkt A liegt im Koordinatenursprung, C hat die Koordinaten (5 | 5 | 0). Der Punkt B liegt auf der x_1-Achse, D auf der x_2-Achse. Das Dreieck CDS liegt in der Ebene E : $12x_2 + 5x_3 = 60$. Eine Längeneinheit im Koordinatensystem entspricht einem Meter in der Realität.

Abb. 1

a) Geben Sie die Koordinaten der Punkte B und D an und zeichnen Sie die Pyramide in ein Koordinatensystem ein.

b) Ermitteln Sie eine Gleichung der Ebene F, in der das Dreieck DAS liegt, in Normalenform.

(mögliches Ergebnis: F : $12x_1 - 5x_3 = 0$)

c) Jeweils zwei benachbarte Zeltwände schließen im Inneren des Zelts einen stumpfen Winkel ein. Ermitteln Sie die Größe dieses Winkels.

d) Im Zelt ist eine Lichtquelle so aufgehängt, dass sie von jeder der vier Wände einen Abstand von 50 cm hat. Ermitteln Sie die Koordinaten des Punkts, der im Modell die Lichtquelle darstellt.

e) Bestimmen Sie eine Gleichung der Symmetrieachse g des Dreiecks CDS.

(Fortsetzung nächste Seite)

f) Ein Teil der Zeltwand, die im Modell durch das Dreieck CDS dargestellt wird, kann mithilfe zweier vertikal stehender Stangen der Länge 1,80m zu einem horizontalen Vordach aufgespannt werden (vgl. Abbildung 2). Die dadurch entstehende 1,40m breite Öffnung in der Zeltwand wird im Modell durch ein Rechteck dargestellt, das symmetrisch zu g liegt. Dabei liegt eine Seite dieses Rechtecks auf der Strecke [CD]. Berechnen Sie den Flächeninhalt des Vordachs.

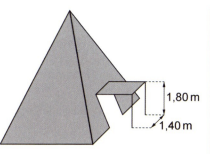

Abb. 2

Geometrie 2017 - Aufgabengruppe B1

Lösung Geometrie 2017 B1

In einem kartesischen Koordinatensystem sind die Punkte A (0 | 0 | 1), B(2 | 6 | 1), C (– 4 | 8 | 5) und D(– 6 | 2 | 5) gegeben. Sie liegen in einer Ebene E und bilden ein Viereck ABCD, dessen Diagonalen sich im Punkt M schneiden.

a) Begründen Sie, dass die Gerade AB parallel zur $x_1 x_2$-Ebene verläuft.

1. Möglichkeit: Koordinatenvergleich

Eine Gleichung der $x_1 x_2$-Ebene in Koordinatenform ist $x_3 = 0$.
Die Punkte A (0 | 0 | 1) und B(2 | 6 | 1) haben die gleiche x_3-Koordinate $x_3 = 1$ und liegen offensichtlich nicht in der $x_1 x_2$-Ebene. Folglich verläuft die Gerade AB im Abstand 1 LE (Längeneinheit) parallel zur $x_1 x_2$-Ebene.

2. Möglichkeit: Lagebeziehung Gerade - Ebene prüfen

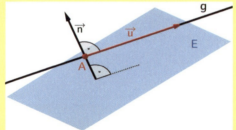

Parallele Gerade zu einer Ebene

Parallelität nachweisen:

Mit $\vec{u} \perp \vec{n} \Leftrightarrow \vec{u} \circ \vec{n} = 0$
und $A \notin g$
folgt $g \parallel E$

Eine Gerade g verläuft (echt) parallel zu einer Ebene E, wenn ein Richtungsvektor $\vec{u}$ der Geraden und ein Normalenvektor $\vec{n}$ der Ebene zueinander senkrecht sind, und kein Punkt der Geraden in der Ebene liegt.

Die Gerade AB verläuft durch die Punkte A (0 | 0 | 1) und B(2 | 6 | 1). Eine Gleichung der Geraden AB in Parameterform ist gegeben durch:

$AB: \vec{X} = \vec{A} + \lambda \cdot \vec{AB}; \lambda \in \mathbb{R}$

Der Verbindungsvektor $\vec{AB}$ ist ein möglicher Richtungsvektor der Geraden AB.

$\vec{AB} = \vec{B} - \vec{A} = \begin{pmatrix} 2 \\ 6 \\ 1 \end{pmatrix} - \begin{pmatrix} 0 \\ 0 \\ 1 \end{pmatrix} = \begin{pmatrix} 2 \\ 6 \\ 0 \end{pmatrix}$

Verbindungsvektor
$\vec{AB} = \vec{B} - \vec{A}$
„Spitze minus Fuß"

Der Vektor $\vec{n} = \begin{pmatrix} 0 \\ 0 \\ 1 \end{pmatrix}$ ist beispielsweise ein Normalenvektor der x_1x_2-Ebene.

Der Richtungsvektor $\vec{AB}$ der Gerade AB und der Normalenvektor $\vec{n}$ der x_1x_2-Ebene sind zueinander senkrecht, wenn das Skalarprodukt der Vektoren gleich Null ist.

$\vec{AB} \circ \vec{n} = 0 \Leftrightarrow \vec{AB} \perp \vec{n}$

Zueinander senkrechte Vektoren

$\vec{a} \perp \vec{b} \Leftrightarrow \vec{a} \circ \vec{b} = 0$

$\vec{AB} \circ \vec{n} = \begin{pmatrix} 2 \\ 6 \\ 0 \end{pmatrix} \circ \begin{pmatrix} 0 \\ 0 \\ 1 \end{pmatrix}$
$= 2 \cdot 0 + 6 \cdot 0 + 0 \cdot 0$
$= 0$

Skalarprodukt im $\mathbb{R}^3$

$\vec{a} \circ \vec{b} = \begin{pmatrix} a_1 \\ a_2 \\ a_3 \end{pmatrix} \circ \begin{pmatrix} b_1 \\ b_2 \\ b_3 \end{pmatrix}$
$= a_1 \cdot b_1 + a_2 \cdot b_2 + a_3 \cdot b_3$

Damit kann die Gerade AB echt parallel zur x_1x_2-Ebene verlaufen oder in der x_1x_2-Ebene liegen.

Alle Punkte in der x_1x_2-Ebene haben die x_3-Koordinate $x_3 = 0$. Eine Gleichung der x_1x_2-Ebene in Koordinatenform lautet somit $x_3 = 0$.

Da der Punkt A(0|0|1) mit $x_3 = 1$ nicht in der x_1x_2-Ebene liegt, verläuft die Gerade AB echt parallel zur x_1x_2-Ebene.

b) Weisen Sie nach, dass das Viereck ABCD ein Rechteck ist. Bestimmen Sie die Koordinaten von M.

(Teilergebnis: M $(-2 | 4 | 3)$ *)*

Teil 1: Weisen Sie nach, dass das Viereck ABCD ein Rechteck ist.

Nachweis eines Rechtecks

Nachzuweisen sind entweder

- zwei gegenüberliegende gleich lange parallele Seiten und ein rechter Innenwinkel oder
- gleich lange Diagonalen, die sich gegenseitig halbieren.

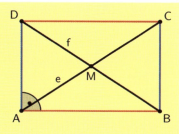

Geometrie 2017 - Lösung B1

1. Möglichkeit: Zwei Seiten und einen Innenwinkel überprüfen

Das Viereck ABCD ist ein Rechteck, wenn zwei gegenüberliegende Seiten gleich lang und parallel sind, und außerdem zwei anliegende Seiten einen rechten Winkel einschließen.

Beispielsweise ist zu überprüfen, dass

$\overrightarrow{AD} = \overrightarrow{BC}$ und $\overrightarrow{AD} \perp \overrightarrow{AB}$ gilt.

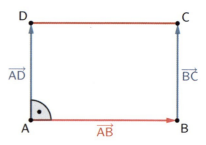

Verbindungsvektoren $\overrightarrow{AD}$, $\overrightarrow{BC}$ und $\overrightarrow{AB}$ berechnen:

$$\overrightarrow{AD} = \vec{D} - \vec{A} = \begin{pmatrix} -6 \\ 2 \\ 5 \end{pmatrix} - \begin{pmatrix} 0 \\ 0 \\ 1 \end{pmatrix} = \begin{pmatrix} -6 \\ 2 \\ 4 \end{pmatrix}$$

Verbindungsvektor
$\overrightarrow{AB} = \vec{B} - \vec{A}$
„Spitze minus Fuß"

$$\overrightarrow{BC} = \vec{C} - \vec{B} = \begin{pmatrix} -4 \\ 8 \\ 5 \end{pmatrix} - \begin{pmatrix} 2 \\ 6 \\ 1 \end{pmatrix} = \begin{pmatrix} -6 \\ 2 \\ 4 \end{pmatrix} \qquad \overrightarrow{AB} = \vec{B} - \vec{A} = \begin{pmatrix} 2 \\ 6 \\ 1 \end{pmatrix} - \begin{pmatrix} 0 \\ 0 \\ 1 \end{pmatrix} = \begin{pmatrix} 2 \\ 6 \\ 0 \end{pmatrix}$$

Also ist $\overrightarrow{AD} = \overrightarrow{BC}$ und daraus lässt sich schlussfolgern, dass die beiden gegenüberliegenden Seiten [AD] und [BC] des Vierecks ABCD gleich lang und parallel sind.

Rechten Winkel bei Punkt A nachweisen:

Die Seiten [AB] und [AD] sind zueinander senkrecht, wenn das Skalarprodukt der Vektoren $\overrightarrow{AB}$ und $\overrightarrow{AD}$ gleich Null ist.

$\overrightarrow{AB} \circ \overrightarrow{AD} = 0 \Leftrightarrow \overrightarrow{AB} \perp \overrightarrow{AD}$

Zueinander senkrechte Vektoren
$\vec{a} \perp \vec{b} \Leftrightarrow \vec{a} \circ \vec{b} = 0$

$$\overrightarrow{AB} \circ \overrightarrow{AD} = \begin{pmatrix} 2 \\ 6 \\ 0 \end{pmatrix} \circ \begin{pmatrix} -6 \\ 2 \\ 4 \end{pmatrix}$$
$$= 2 \cdot (-6) + 6 \cdot 2 + 0 \cdot 4$$
$$= 0$$

Skalarprodukt im $\mathbb{R}^3$
$$\vec{a} \circ \vec{b} = \begin{pmatrix} a_1 \\ a_2 \\ a_3 \end{pmatrix} \circ \begin{pmatrix} b_1 \\ b_2 \\ b_3 \end{pmatrix}$$
$$= a_1 \cdot b_1 + a_2 \cdot b_2 + a_3 \cdot b_3$$

Mit $\vec{AD} = \vec{BC}$ und $\vec{AD} \perp \vec{AB}$ ist nachgewiesen, dass das Viereck ABCD ein Rechteck ist.

2. Möglichkeit: Diagonalen überprüfen

Das Viereck ABCD ist ein Rechteck, wenn die Diagonalen [AC] und [BD] gleich lang sind.

Es ist also zu überprüfen, dass

$|\vec{AC}| = |\vec{BD}|$ gilt.

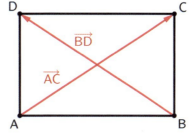

Verbindungsvektoren $\vec{AC}$ und $\vec{BC}$ berechnen:

$\vec{AC} = \vec{C} - \vec{A} = \begin{pmatrix} -4 \\ 8 \\ 5 \end{pmatrix} - \begin{pmatrix} 0 \\ 0 \\ 1 \end{pmatrix} = \begin{pmatrix} -4 \\ 8 \\ 4 \end{pmatrix}$

$\vec{BD} = \vec{D} - \vec{B} = \begin{pmatrix} -6 \\ 2 \\ 5 \end{pmatrix} - \begin{pmatrix} 2 \\ 6 \\ 1 \end{pmatrix} = \begin{pmatrix} -8 \\ -4 \\ 4 \end{pmatrix}$

Verbindungsvektor

$\vec{AB} = \vec{B} - \vec{A}$

„Spitze minus Fuß"

Längen der Diagonalen [AC] und [BD] berechnen und überprüfen:

$\overline{AC} = |\vec{AC}| = \sqrt{(-4)^2 + 8^2 + 4^2} = 4\sqrt{6}$

$\overline{BD} = |\vec{BD}| = \sqrt{(-8)^2 + (-4)^2 + 4^2} = 4\sqrt{6}$

Länge eines Vektors

$|\vec{P}| = \sqrt{p_1^2 + p_2^2 + p_3^2}$

Die Diagonalen [AC] und [BD] sind mit $4\sqrt{6}$ Längeneinheiten gleich lang. Folglich ist das Viereck ABCD ein Rechteck.

Anmerkung

Die vorgestellte Möglichkeiten für den Nachweis, dass ein Viereck ABCD ein Rechteck ist, schließen ein Quadrat als Sonderfall eines Rechtecks mit ein.

Soll ausdrücklich nachgewiesen werden, dass ein Viereck ABCD ein „echter" Quadrat ist, so ist noch zu bestätigen, dass die beiden Diagonalen zueinander senkrecht sind: $\vec{AC} \perp \vec{BD} \Leftrightarrow \vec{AC} \circ \vec{BD} = 0$.

Teil 2: Bestimmen Sie die Koordinaten von M.

Die Diagonalen [AC] und [BD] schneiden sich im Mittelpunkt M.

$$\vec{M} = \frac{1}{2}(\vec{A} + \vec{C}) = \frac{1}{2}\left[\begin{pmatrix} 0 \\ 0 \\ 1 \end{pmatrix} + \begin{pmatrix} -4 \\ 8 \\ 5 \end{pmatrix}\right] = \begin{pmatrix} -2 \\ 4 \\ 3 \end{pmatrix}$$

Mittelpunkt M einer Strecke [AB]

$$\vec{M} = \frac{1}{2}(\vec{A} + \vec{B})$$

$$\vec{M} = \frac{1}{2}(\vec{B} + \vec{D}) = \frac{1}{2}\left[\begin{pmatrix} 2 \\ 6 \\ 1 \end{pmatrix} + \begin{pmatrix} -6 \\ 2 \\ 5 \end{pmatrix}\right] = \begin{pmatrix} -2 \\ 4 \\ 3 \end{pmatrix}$$

M müsste nur einmal berechnet werden, da ein Rechteck vorliegt!

$\Rightarrow M(-2 \mid 4 \mid 3)$

c) Ermitteln Sie eine Gleichung der Ebene E in Normalenform.
(mögliches Ergebnis: $E : 3x_1 - x_2 + 5x_3 - 5 = 0$)

Gleichung einer Ebene in Normalenform
Jede Ebene lässt sich durch eine Gleichung in Normalenform beschreiben. Ist A ein beliebiger Punkt der Ebene E und $\vec{n}$ ein Normalenvektor von E, so erfüllt jeder Punkt X der Ebene E folgende Gleichungen:

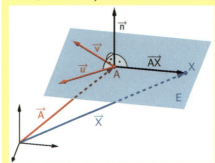

Vektordarstellung

$E: \vec{n} \circ (\vec{X} - \vec{A}) = 0$

Koordinatendarstellung

$E: n_1 x_1 + n_2 x_2 + n_3 x_3 + n_0 = 0$

mit $n_0 = -(\vec{n} \circ \vec{A})$
$= -n_1 a_1 - n_2 a_2 - n_3 a_3$

Das Vektorprodukt $\vec{u} \times \vec{v}$ liefert einen Normalenvektor $\vec{n}$ der Ebene E.

Das Vektorprodukt (Kreuzprodukt) zweier linear unabhängiger Vektoren, beispielsweise der Verbindungsvektoren $\vec{AB}$ und $\vec{AC}$, liefert einen Normalenvektor $\vec{n}$ der Ebene E. Als Aufpunkt wählt man einen der Punkte A, B, C oder D des Vierecks ABCD.

Der Ansatz kann mithilfe der Normalenform in Vektordarstellung oder in Koordinatendarstellung erfolgen. Die Aufgabenstellung nennt als mögliches Ergebnis eine Gleichung der Ebene E in Koordinatendarstellung.

Die linear unabhängigen Verbindungsvektoren $\vec{AB}$ und $\vec{AC}$ sind aus den Aufgaben a und b bereits bekannt.

$\vec{AB} = \begin{pmatrix} 2 \\ 6 \\ 0 \end{pmatrix}$ $\vec{AC} = \begin{pmatrix} -4 \\ 8 \\ 4 \end{pmatrix}$

Lineare Unabhängigkeit zweier Vektoren
Zwei Vektoren $\vec{a}$ und $\vec{b}$ heißen linear unabhängig, wenn sie nicht parallel zueinander sind bzw. wenn $\vec{a} \neq k \cdot \vec{b}$; $k \in \mathbb{R}$ gilt.

Normalenvektor $\vec{n}$ der Ebene E ermitteln:

$$\vec{AB} \times \vec{AC} = \begin{pmatrix} 2 \\ 6 \\ 0 \end{pmatrix} \times \begin{pmatrix} -4 \\ 8 \\ 4 \end{pmatrix}$$

$$= \begin{pmatrix} 6 \cdot 4 & - & 0 \cdot 8 \\ 0 \cdot (-4) & - & 2 \cdot 4 \\ 2 \cdot 8 & - & 6 \cdot (-4) \end{pmatrix}$$

$$= \begin{pmatrix} 24 \\ -8 \\ 40 \end{pmatrix} = 4 \cdot \begin{pmatrix} 3 \\ -1 \\ 5 \end{pmatrix}$$

Vektorprodukt im $\mathbb{R}^3$

$$\vec{a} \times \vec{b} = \begin{pmatrix} a_1 \\ a_2 \\ a_3 \end{pmatrix} \times \begin{pmatrix} b_1 \\ b_2 \\ b_3 \end{pmatrix}$$

$$= \begin{pmatrix} a_2 \cdot b_3 - a_3 \cdot b_2 \\ a_3 \cdot b_1 - a_1 \cdot b_3 \\ a_1 \cdot b_2 - a_2 \cdot b_1 \end{pmatrix}$$

Der Vektor $\vec{n} = \begin{pmatrix} 3 \\ -1 \\ 5 \end{pmatrix}$ ist ein Normalenvektor der Ebene E.

Damit lässt sich die Gleichung der Ebene E in Normalenform formulieren. Es wird der Punkt A(0 | 0 | 1) als Aufpunkt gewählt.

1. Möglichkeit: Ansatz mit Vektordarstellung

E: $\vec{n} \circ (\vec{X} - \vec{A}) = 0$

E: $\begin{pmatrix} 3 \\ -1 \\ 5 \end{pmatrix} \circ \left[\vec{X} - \begin{pmatrix} 0 \\ 0 \\ 1 \end{pmatrix} \right] = 0$

Durch Ausmultiplizieren des Skalarprodukt erhält man die Koordinatendarstellung der Ebenengleichung.

$$\begin{pmatrix} 3 \\ -1 \\ 5 \end{pmatrix} \circ \left[\vec{X} - \begin{pmatrix} 0 \\ 0 \\ 1 \end{pmatrix} \right] = 0$$

$3 \cdot (x_1 - 0) + (-1) \cdot (x_2 - 0) + 5 \cdot (x_3 - 1) = 0$

$3x_1 - x_2 + 5x_3 - 5 = 0$

Die Ebenengleichung E: $3x_1 - x_2 + 5x_3 - 5 = 0$ entspricht dem möglichen Ergebnis der Angabe.

Geometrie 2017 - Lösung B1

2. Möglichkeit: Ansatz mit Koordinatendarstellung

Mit $\vec{n} = \begin{pmatrix} 3 \\ -1 \\ 5 \end{pmatrix}$ ergibt sich:

$E: n_1 x_1 + n_2 x_2 + n_3 x_3 + n_0 = 0$
$E: 3x_1 - x_2 + 5x_3 + n_0 = 0$

Setzt man die Koordinaten des Aufpunkts A(0 | 0 | 1) in Ebenengleichung ein, lässt sich n_0 berechnen.

$3 \cdot 0 - 0 + 5 \cdot 1 + n_0 = 0$
$5 + n_0 = 0$
$n_0 = -5 \quad \Rightarrow \quad E: 3x_1 - x_2 + 5x_3 - 5 = 0$

d) Um einen möglichst großen Energieertrag zu erzielen, sollte die Größe des Neigungswinkels φ des Solarmoduls gegenüber der Horizontalen zwischen 30° und 36° liegen. Prüfen Sie, ob diese Bedingung erfüllt ist.

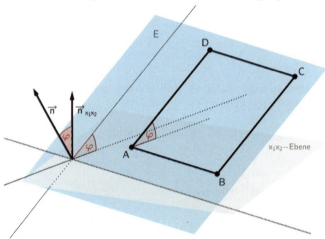

Der Neigungswinkels φ des Solarmoduls (Viereck ABCD) gegenüber der Horizontalen entspricht dem Schnittwinkel der Ebene E und der $x_1 x_2$-Ebene. Dieser Schnittwinkel ist gleich dem spitzen Winkel, den ein Normalvektor $\vec{n}$ der Ebene E und ein Normalvektor $\vec{n}_{x_1 x_2}$ der $x_1 x_2$-Ebene festlegen.

Schnittwinkel zweier Ebenen

$\cos \alpha = \dfrac{|\vec{n_1} \circ \vec{n_2}|}{|\vec{n_1}| \cdot |\vec{n_2}|} \quad (0° \leq \alpha \leq 90°)$

$\vec{n_1}, \vec{n_2}$: Normalenvektoren

Aus der Lösung zu Aufgabe c ist ein Normalenvektor der Ebene E bereits bekannt. Er kann ebenso dem möglichen Ergebnis der Ebenengleichung von E entnommen werden (vgl. Angabe).

$$E: 3x_1 - x_2 + 5x_3 - 5 = 0 \Rightarrow \vec{n} = \begin{pmatrix} 3 \\ -1 \\ 5 \end{pmatrix}$$

Ein Normalenvektor der x_1x_2-Ebene ist beispielsweise $\vec{n}_{x_1x_2} = \begin{pmatrix} 0 \\ 0 \\ 1 \end{pmatrix}$.

Damit lässt sich der Neigungswinkel φ wie folgt berechnen:

$$\cos\varphi = \frac{|\vec{n} \circ \vec{n}_{x_1x_2}|}{|\vec{n}| \cdot |\vec{n}_{x_1x_2}|} = \frac{\left|\begin{pmatrix} 3 \\ -1 \\ 5 \end{pmatrix} \circ \begin{pmatrix} 0 \\ 0 \\ 1 \end{pmatrix}\right|}{\sqrt{3^2 + (-1)^2 + 5^2} \cdot \sqrt{0^2 + 0^2 + 1^2}} = \frac{5}{\sqrt{35}}$$

$$\varphi = \cos^{-1}\left(\frac{5}{\sqrt{35}}\right) \approx 32{,}31°$$

Das Solarmodul ist gegenüber der Horizontalen um ca. 32,31° geneigt. Die Bedingung für einen möglichst großen Energieertrag ist also erfüllt.

e) Auf das Solarmodul fällt Sonnenlicht, das im Modell durch parallele Geraden dargestellt wird, die senkrecht zur Ebene E verlaufen. Das Solarmodul erzeugt auf der horizontalen Fläche einen rechteckigen Schatten. Zeigen Sie unter Verwendung einer geeignet beschrifteten Skizze, dass der Flächeninhalt des Schattens mithilfe des Terms $|\vec{AB}| \cdot \frac{|\vec{AD}|}{\cos\varphi} \cdot (0{,}8\,\text{m})^2$ berechnet werden kann.

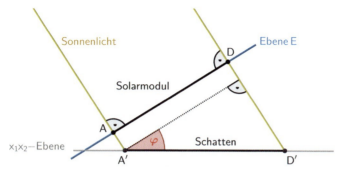

Skizze: Senkrecht auf das Solarmodul einfallendes Sonnenlicht erzeugt auf der horizontalen Fläche (x_1x_2-Ebene) einen rechteckigen Schatten.

Das senkrecht auf das Solarmodul (Viereck ABCD) einfallende Sonnenlicht bildet die gegenüber der Horizontalen geneigten Strecken [AD] und [BC] verlängert ab. Aus Aufgabe a ist bekannt, dass die Gerade AB parallel zur x_1x_2-Ebene verläuft. Demnach werden die Seiten [AB] und [CD] in wahrer Länge abgebildet.

Aus den senkrecht einfallenden Sonnenstrahlen, der Strecke [AD] und der Schattenlänge [A'D'] lässt sich ein rechtwinkliges Dreieck konstruieren, in dem der Neigungswinkel φ des Solarmoduls gegenüber der Horizontalen auftritt (vgl. Aufgabe c).

Unter Berücksichtigung des Kosinus gilt:

$$\cos\varphi = \frac{\overline{AD}}{\overline{A'D'}} \Leftrightarrow \overline{A'D'} = \frac{\overline{AD}}{\cos\varphi}$$

Damit ergibt sich der Flächeninhalt des Schattens (in FE) zu:

$$\begin{aligned}A_{Schatten} &= \overline{A'B'} \cdot \overline{A'D'} \quad &|\,\overline{A'B'} = \overline{AB}\\ &= \overline{AB} \cdot \overline{A'D'} \quad &|\,\overline{A'D'} = \frac{\overline{AD}}{\cos\varphi}\\ &= \overline{AB} \cdot \frac{\overline{AD}}{\cos\varphi}\\ &= |\overrightarrow{AB}| \cdot \frac{|\overrightarrow{AD}|}{\cos\varphi}\end{aligned}$$

Eine Längeneinheit entspricht 0,8 m (vgl. Angabe). Also entspricht eine Flächeneinheit (FE) $(0,8\,\text{m})^2$.

$$\Rightarrow A_{Schatten} = |\overrightarrow{AB}| \cdot \frac{|\overrightarrow{AD}|}{\cos\varphi} \cdot (0,8\,\text{m})^2$$

Anmerkung
Der Nachweis muss sich auf die zu beschriftende Skizze beziehen.

f) Um die Sonneneinstrahlung im Laufe des Tages möglichst effektiv zur Energiegewinnung nutzen zu können, lässt sich das Metallrohr mit dem Solarmodul um die Längsachse des Rohrs drehen. Die Größe des Neigungswinkels φ gegenüber der Horizontalen bleibt dabei unverändert. Betrachtet wird der Eckpunkt des Solarmoduls, der im Modell durch den Punkt A dargestellt wird. Berechnen Sie den Radius des Kreises, auf dem sich dieser Eckpunkt des Solarmoduls bei der Drehung des Metallrohrs bewegt, auf Zentimeter genau.

Die Lotgerade l durch den Punkt M auf die x_1x_2-Ebene beschreibt die Längsachse des Metallrohrs. Das Lot des Punktes A auf die Lotgerade l legt den Lotfußpunkt F fest. Dieser ist der Mittelpunkt des Kreises, auf dem sich der Punkt A bei der Drehung bewegt.

Für den Radius r des Kreises, auf dem sich der Punkt A bewegt, gilt:

$r = |\overrightarrow{AF}|$

1. Möglichkeit: Lotfußpunkt mit Hilfe des Skalarprodukts bestimmen

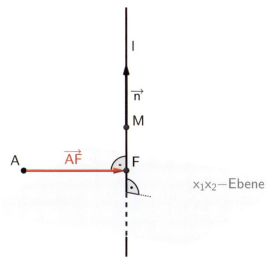

Die Lotgerade l ist durch den Punkt M und einen Normalenvektor $\vec{n}$ der x_1x_2-Ebene eindeutig bestimmt. Der Verbindungsvektor $\overrightarrow{AF}$ und der Normalenvektor $\vec{n}$ sind zueinader senkrecht. Folglich ist das Skalarprodukt der Vektoren gleich Null. Mit dieser Bedingung lässt sich $\overrightarrow{AF}$ berechnen.

Gleichung der Lotgeraden l formulieren:

Beispielsweise ist $\vec{n} = \begin{pmatrix} 0 \\ 0 \\ 1 \end{pmatrix}$ ein Normalenvektor der x_1x_2-Ebene.

Mit M(-2 | 4 | 3) ergibt sich eine Gleichung der Lotgeraden l zu:

$l: \vec{X} = \vec{M} + \mu \cdot \vec{n}$

$l: \vec{X} = \begin{pmatrix} -2 \\ 4 \\ 3 \end{pmatrix} + \mu \cdot \begin{pmatrix} 0 \\ 0 \\ 1 \end{pmatrix}; \mu \in \mathbb{R}$

Lotgerade l durch einen Punkt P auf eine Ebene E

$l: \vec{X} = \vec{P} + \mu \cdot \vec{n}; \mu \in \mathbb{R}$

$\vec{n}$: Normalenvektor der Ebene E.

Da der Punkt F auf der Lotgeraden l liegt, kann der Verbindungsvektor $\overrightarrow{AF}$ in Abhängigkeit des Parameters µ der Gleichung der Lotgeraden l beschrieben werden.

$$F \in l: \vec{F} = \begin{pmatrix} -2 \\ 4 \\ 3 \end{pmatrix} + \mu \cdot \begin{pmatrix} 0 \\ 0 \\ 1 \end{pmatrix} = \begin{pmatrix} -2 \\ 4 \\ 3+\mu \end{pmatrix}$$

Mit A(0 | 0 | 1) folgt:

$$\overrightarrow{AF} = \vec{F} - \vec{A} = \begin{pmatrix} -2 \\ 4 \\ 3+\mu \end{pmatrix} - \begin{pmatrix} 0 \\ 0 \\ 1 \end{pmatrix} = \begin{pmatrix} -2 \\ 4 \\ 2+\mu \end{pmatrix}$$

Verbindungsvektor
$\overrightarrow{AB} = \vec{B} - \vec{A}$
„Spitze minus Fuß"

Damit lässt sich das Skalarprodukt der zueinander senkrechten Vektoren $\overrightarrow{AF}$ und $\vec{n}$ formulieren. Die Gleichung wird nach dem Parameter µ aufgelöst. Der Wert des Parameters µ legt den Verbindungsvektor $\overrightarrow{AF}$ fest.

$$\overrightarrow{AF} \perp \vec{n} \Leftrightarrow \overrightarrow{AF} \circ \vec{n} = 0$$

Zueinander senkrechte Vektoren
$\vec{a} \perp \vec{b} \Leftrightarrow \vec{a} \circ \vec{b} = 0$

$$\overrightarrow{AF} \circ \vec{n} = 0$$
$$\begin{pmatrix} -2 \\ 4 \\ 2+\mu \end{pmatrix} \circ \begin{pmatrix} 0 \\ 0 \\ 1 \end{pmatrix} = 0$$
$$(-2) \cdot 0 + 4 \cdot 0 + (2+\mu) \cdot 1 = 0$$
$$2 + \mu = 0$$
$$\mu = -2$$

Skalarprodukt im $\mathbb{R}^3$
$$\vec{a} \circ \vec{b} = \begin{pmatrix} a_1 \\ a_2 \\ a_3 \end{pmatrix} \circ \begin{pmatrix} b_1 \\ b_2 \\ b_3 \end{pmatrix}$$
$$= a_1 \cdot b_1 + a_2 \cdot b_2 + a_3 \cdot b_3$$

Verbindungsvektor $\overrightarrow{AF}$ und Radius r berechnen:

$$\overrightarrow{AF} = \begin{pmatrix} -2 \\ 4 \\ 2+\mu \end{pmatrix} = \begin{pmatrix} -2 \\ 4 \\ 2+(-2) \end{pmatrix} = \begin{pmatrix} -2 \\ 4 \\ 0 \end{pmatrix}$$

Eine Längeneinheit im Modell entsricht 0,8 m in der Realität (vgl. Angabe).

$$r = |\overrightarrow{AF}| \cdot 0.8\,m = \sqrt{(-2)^2 + 4^2 + 0^2} \cdot 0{,}8\,m \approx 3{,}58\,m$$

Der Radius des Kreises, auf dem sich der Punkt A bei der Drehung des Metallrohrs bewegt, misst ca. 3,58 m.

2. Möglichkeit: Lotfußpunkt mit Hilfe einer Hilfsebene bestimmen

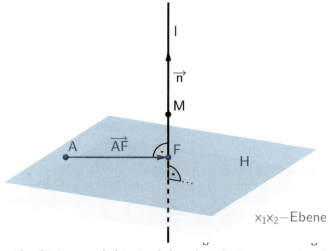

Sie schneidet die Lotgerade l im Lotfußpunkt F des Lotes von A auf l.

In diesem Fall verläuft die Hilfsebene H parallel zur x_1x_2-Ebene und mit $A(0 \mid 0 \mid 1) \in H$ folgt: $H: x_3 = 1$.

Der Verbindungsvektor $\vec{AF}$ lässt sich in Abhängigkeit des Parameters μ der Gleichung der Lotgeraden l beschreiben (vgl. 1. Möglichkeit).

$$l: \vec{X} = \begin{pmatrix} -2 \\ 4 \\ 3 \end{pmatrix} + \mu \cdot \begin{pmatrix} 0 \\ 0 \\ 1 \end{pmatrix}; \mu \in \mathbb{R} \qquad \vec{AF} = \begin{pmatrix} -2 \\ 4 \\ 2+\mu \end{pmatrix}$$

Schneidet man die Lotgerade l mit der Hilfsebene H, liefert dies genau den Wert des Parameters μ, der den Verbindungsvektor $\vec{AF}$ festlegt. Hierfür wird die x_3-Koordinate $x_3 = 3 + \mu$ des Ortsvektors $\vec{X}$ der Lotgeraden l in die Gleichung der Hilfsebene H eingesetzt.

$l \cap H: 3 + \mu = 1$
$\qquad \mu = -2$

Anmerkung
Im vorliegenden Fall wird die Hilfsebene ausschließlich durch die Angabe der x_3-Koordinate beschrieben. Deshalb genügt es, die x_3-Koordinate des Ortsvektors $\vec{X}$ der Lotgeraden l in H einzusetzen, um den Parameter μ zu bestimmen.

Die Berechnung des Verbindungsvektors $\vec{AF}$ sowie des Radius r erfolgt wie bereits beschrieben (vgl. 1. Möglichkeit).

Lösung Geometrie 2017 B1

a) Geben Sie die Koordinaten der Punkte B und D an und zeichnen Sie die Pyramide in ein Koordinatensystem ein.

Teil 1: Koordinaten der Punkte B und D

Die Pyramide ABCDS hat die quadratische Grundfläche ABCD mit der Seitenlänge 5 LE (Längeneinheiten). Der Punkt B liegt auf der x_1-Achse, D auf der x_2-Achse (vgl. Angabe). Die Benennung der Eckpunkte des Quadrats erfolgt gegen den Uhrzeigersinn.

Anhand der Koordinaten der Punkte A(0|0|0) und C(5|5|0) ergeben sich die Koordinaten der Punkte B und D zu B(5|0|0) und D(0|5|0).

Teil 2: Zeichnung der Pyramide ABCDS

Für die Zeichnung ist es hilfreich, den Diagonalenschnittpunkt M der quadratischen Grundfläche ABCD zu markieren. Die Spitze S(2,5|2,5|6) liegt 6 LE vertikal über M.

Auf der x_1-Achse entspricht 1 LE der Diagonalenlänge eines Kästchens.

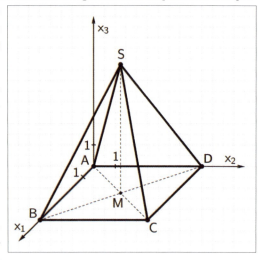

b) Ermitteln Sie eine Gleichung der Ebene F, in der das Dreieck DAS liegt, in Normalenform.

(mögliches Ergebnis: $F : 12x_1 - 5x_3 = 0$)

Das Vektorprodukt (Kreuzprodukt) zweier linear unabhängiger Vektoren, beispielsweise der Ortsvektoren $\vec{D}$ und $\vec{S}$, liefert einen Normalenvektor $\vec{n}$ der Ebene F. Als Aufpunkt wählt man einen der Punkte A, D oder S des Dreiecks DAS.

Der Ansatz kann mithilfe der Normalenform in Vektordarstellung oder in Koordinatendarstellung erfolgen. Die Aufgabenstellung nennt als mögliches Ergebnis eine Gleichung der Ebene F in Koordinatendarstellung.

Normalenvektor $\vec{n}$ der Ebene F ermitteln:

$$\vec{D} \times \vec{S} = \begin{pmatrix} 0 \\ 5 \\ 0 \end{pmatrix} \times \begin{pmatrix} 2{,}5 \\ 2{,}5 \\ 6 \end{pmatrix}$$

$$= \begin{pmatrix} 5 \cdot 6 & - & 0 \cdot 2{,}5 \\ 0 \cdot 2{,}5 & - & 0 \cdot 6 \\ 0 \cdot 2{,}5 & - & 5 \cdot 2{,}5 \end{pmatrix}$$

$$= \begin{pmatrix} 30 \\ 0 \\ -12{,}5 \end{pmatrix} = 2{,}5 \cdot \begin{pmatrix} 12 \\ 0 \\ -5 \end{pmatrix}$$

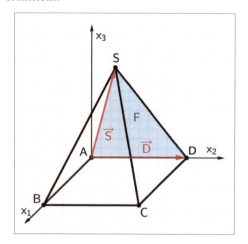

Der Vektor $\vec{n} = \begin{pmatrix} 12 \\ 0 \\ -5 \end{pmatrix}$ ist ein Normalenvektor der Ebene F.

Damit lässt sich die Gleichung der Ebene F in Normalenform formulieren. Es wird der Punkt A(0 | 0 | 0) als Aufpunkt gewählt.

1. Möglichkeit: Ansatz mit Vektordarstellung

$F: \vec{n} \circ (\vec{X} - \vec{A}) = 0$

$F: \begin{pmatrix} 12 \\ 0 \\ -5 \end{pmatrix} \circ \vec{X} = 0$

Normalenform in Vektordarstellung

$E: \vec{n} \circ (\vec{X} - \vec{A}) = 0$

$\vec{n}$: Normalenvektor der Ebene E
$\vec{A}$: Stützvektor der Ebene E

Durch Ausmultiplizieren des Skalarprodukts erhält man die Koordinatendarstellung der Ebenengleichung.

$\begin{pmatrix} 12 \\ 0 \\ -5 \end{pmatrix} \circ \vec{X} = 0$

$12 \cdot x_1 + 0 \cdot x_2 + (-5) \cdot x_3 = 0$

$12x_1 - 5x_3 = 0$

Skalarprodukt im $\mathbb{R}^3$

$\vec{a} \circ \vec{b} = \begin{pmatrix} a_1 \\ a_2 \\ a_3 \end{pmatrix} \circ \begin{pmatrix} b_1 \\ b_2 \\ b_3 \end{pmatrix}$

$= a_1 \cdot b_1 + a_2 \cdot b_2 + a_3 \cdot b_3$

Die Ebenengleichung F: $12x_1 - 5x_3 = 0$ entspricht dem möglichen Ergebnis der Angabe.

2. Möglichkeit: Ansatz mit Koordinatendarstellung

Mit $\vec{n} = \begin{pmatrix} 12 \\ 0 \\ -5 \end{pmatrix}$ ergibt sich:

Normalenform in Koordinatendarstellung

$E: n_1 x_1 + n_2 x_2 + n_3 x_3 + n_0 = 0$

$\vec{n}$: Normalenvektor der Ebene E

$F: n_1 x_1 + n_2 x_2 + n_3 x_3 + n_0 = 0$
$F: 12 x_1 - 5 x_3 + n_0 = 0$

Setzt man die Koordinaten des Aufpunkts A(0 | 0 | 1) in Ebenengleichung ein, lässt sich n_0 berechnen.

$12 \cdot 0 - 5 \cdot 0 + n_0 = 0$

$\qquad n_0 = 0 \Rightarrow F: 12 x_1 - 5 x_3 = 0$

c) Jeweils zwei benachbarte Zeltwände schließen im Inneren des Zelts einen stumpfen Winkel ein. Ermitteln Sie die Größe dieses Winkels.

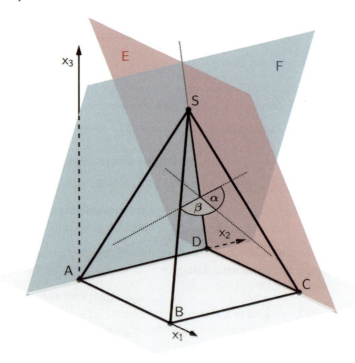

Stumpfer Winkel β, den die Ebene E (Dreieck CDS) und die Ebene F (Dreieck DAS) im Innern des Zelts (Pyramide ABCDS) einschließen und Schnittwinkel α der Ebenen E und F.

Der Schnittwinkel α der Ebenen E und F ist gleich dem spitzen Winkel, den die Normalenvektoren $\vec{n_E}$ und $\vec{n_F}$ festlegen.

Schnittwinkel zweier Ebenen

$$\cos\alpha = \frac{|\vec{n_1} \circ \vec{n_2}|}{|\vec{n_1}| \cdot |\vec{n_2}|} \quad (0° \leq \alpha \leq 90°)$$

$\vec{n_1}, \vec{n_2}$: Normalenvektoren

Der stumpfe Winkel β ergibt sich als Suplementärwinkel zum Schnittwinkel α (Ergänzungswinkel zu 180°).

$\beta = 180° - \alpha$

Die Normalenvektoren $\vec{n_E}$ und $\vec{n_F}$ können den bekannten Ebenengleichungen entnommen werden (vgl. Angabe).

$$E: 12x_2 + 5x_3 = 60 \Rightarrow \vec{n_E} = \begin{pmatrix} 0 \\ 12 \\ 5 \end{pmatrix} \qquad F: 12x_1 - 5x_3 = 0 \Rightarrow \vec{n_F} = \begin{pmatrix} 12 \\ 0 \\ -3 \end{pmatrix}$$

Damit lässt sich der Schnittwinkel α wie folgt berechnen:

$$\cos\alpha = \frac{|\vec{n_E} \circ \vec{n_F}|}{|\vec{n_E}| \cdot |\vec{n_F}|} = \frac{\left|\begin{pmatrix} 0 \\ 12 \\ 5 \end{pmatrix} \circ \begin{pmatrix} 12 \\ 0 \\ -5 \end{pmatrix}\right|}{\sqrt{0^2 + 12^2 + 5^2} \cdot \sqrt{12^2 + 0^2 + (-5)^2}} = \frac{25}{169}$$

$$\alpha = \cos^{-1}\left(\frac{25}{169}\right) \approx 81,48°$$

Und für den stumpfen Winkel gilt somit: $\beta = 180° - 81,48° = 98,51°$.

Jeweils zwei benachbarte Zeltwände schließen im Innern des Zelts einen stumpfen Winkel von ca. 98,51° ein.

d) Im Zelt ist eine Lichtquelle so aufgehängt, dass sie von jeder der vier Wände einen Abstand von 50 cm hat. Ermitteln Sie die Koordinaten des Punkts, der im Modell die Lichtquelle darstellt.

Die Pyramide ABCDS ist eine gerade Pyramide (vgl. Angabe). Das bedeutet, dass die Spitze S über dem Diagonalenmittelpunkt M der quadratischen Grundfläche ABCD liegt.

Damit eine Lichtquelle von jeder der vier Zeltwände den gleichen Abstand hat, muss der Punkt, der im Modell die Lichtquelle darstellt, auf der Strecke [MS] liegen. Es kann also beispielsweise der Abstand des Punktes von der Ebene E (oder F) betrachtet werden.

Geometrie 2017 - Lösung B2

1. Möglichkeit: Festen Abstand Punkt - Ebene beschreiben

Die Strecke [MS] ist die Höhe der Pyramide ABCDS. Sie steht senkrecht auf der x_1x_2-Ebene.

Damit lassen sich die Koordinaten des Punktes P (Lichtquelle) bis auf die x_3-Koordinate festlegen. Der Wert, den die x_3-Koordinate von P annehmen kann, wird durch die x_3-Koordinate der Punkte M und S begrenzt.

$\Rightarrow P(2,5 \mid 2,5 \mid p_3)$ mit $p_3 \in \,]0;6[$

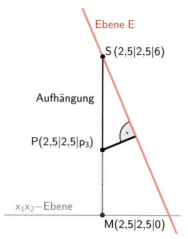

Im Folgenden wird der Abstand d(P;E) des Punktes P (Lichtquelle) von der Ebene E (Zeltwand) betrachtet. Dieser Abstand soll 50 cm betragen. Eine Längeneinheit entspricht einem Meter (vgl. Angabe).

Also gilt für den Abstand des Punktes P von der Ebene E: $d(P;E) = 0,5$.

> **Anmerkung**
> Dieser Lösungsansatz ist nur möglich, weil bereits zwei Koordinaten des Punktes P bekannt sind.

Abstand d(P;E) des Punktes P von der Ebene E beschreiben:

Der Abstand lässt sich mithilfe der Hesseschen Normalenform (HNF) der Ebene E formulieren. Hierfür wird die Gleichung der Ebene E durch den Betrag des Normalenvektors $\vec{n_E}$ dividiert.

$$E: 12x_2 + 5x_3 = 60 \Rightarrow \vec{n_E} = \begin{pmatrix} 0 \\ 12 \\ 5 \end{pmatrix} \quad |\vec{n_E}| = \sqrt{0^2 + 12^2 + 5^2} = 13$$

$$E_{HNF}: \frac{12x_2 + 5x_3 - 60}{|\vec{n_E}|} = 0$$

$$E_{HNF}: \frac{12x_2 + 5x_3 - 60}{13} = 0$$

Abstand Punkt - Ebene

$$E_{HNF}: \frac{n_1x_1 + n_2x_2 + n_3x_3 + n_0}{\sqrt{n_1^2 + n_2^2 + n_3^2}} = 0$$

$$d(P;E) = \left| \frac{n_1p_1 + n_2p_2 + n_3p_3 + n_0}{\sqrt{n_1^2 + n_2^2 + n_3^2}} \right|$$

Damit lässt sich der Abstand d(P;E) des Punktes P(2,5 | 2,5 | p_3) von der Ebene E wie folgt formulieren:

$$d(P;E) = \left|\frac{12p_2 + 5p_3 - 60}{13}\right| = \left|\frac{12 \cdot 2,5 + 5p_3 - 60}{13}\right| = \left|\frac{5p_3 - 30}{13}\right|$$

Die Bedingung d(P;E) = 0,5 liefert:

$$\left|\frac{5p_3 - 30}{13}\right| = 0,5 \quad | \cdot 13$$
$$|5p_3 - 30| = 6,5$$

Die Betragsgleichung wird durch Fallunterscheidung gelöst. Für den Fall $5p_3 - 30 > 0$ können die Betragsstriche entfallen. Für den Fall $5p_3 - 30 < 0$ wird der Term $-(5p_3 - 30)$ berücksichtigt, um die Funktionsweise des Betrags zu beschreiben.

1. Fall: $5p_3 - 30 > 0$ 2. Fall: $5p_3 - 30 < 0$

$5p_3 - 30 = 6,5 \quad |+30$ $-(5p_3 - 30) = 6,5$
$\quad 5p_3 = 36,5 \quad |:5$ $\quad -p_3 + 30 = 6,5 \quad |-30$
$\quad\quad p_3 = 7,3$ $\quad\quad 5p_3 = 28,5 \quad |:5$
     $\quad\quad p_3 = 4,7$

Mit $p_3 \in \,]0;6[$ ist P(2,5 | 2,5 | 4,7) der gesuchte Punkt.

> **Anmerkung**
> Der Wert $p_3 = 7,3$ ist im Sachzusammenhang falsch. Denn der Punkt (2,5 | 2,5 | 7,3) liegt oberhalb der Pyramidenspitze S auf der Geraden MS und hat den Abstand d = 0,5 von der Ebene E.

Damit die Lichtquelle von jeder der vier Zeltwände einen Abstand von 50 cm hat, ist diese 4,7 Meter über dem Mittelpunkt der Diagonalen der quadratischen Grundfläche des Zelts anzubringen.

2. Möglichkeit: Tangens und Sinus im rechtwinkligen Dreieck anwenden

Mithilfe der Skizze aus Aufgabe a kann aus dem Diagonalenmittelpunkt M der quadratischen Grundfläche ABCD, dem Mittelpunkt $M_{[CD]}$ der Strecke [CD] und der Pyramidenspitze S das rechtwinklige Dreieck $MM_{[CD]}S$ konstruiert werden. Das Maß des Winkels $MSM_{[CD]}$ wird mit ε bezeichnet (vgl. Skizze).

Zunächst lässt sich mithilfe des Tangens im rechtwinkligen Dreieck $MM_{[CD]}S$ die Größe des Winkels ε berechnen.

Anschließend kann mithilfe des Sinus im rechtwinkligen Dreieck und bei bekanntem Abstand $d = 0{,}5$ die Länge der Strecke [PS] ermittelt werden.

Die x_3-Koordinate des Punktes P (Lichtquelle) ergibt sich damit zu: $p_3 = \overline{MS} - \overline{PS}$.

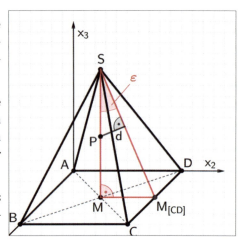

Die Längen der Strecken [MS] und $[MM_{[CD]}]$ folgen aus den Koordinaten der gegebenen Punkte S und C der Pyramide ABCDS mit quadratischer Grundfläche ABCD.

$S(2{,}5 \mid 2{,}5 \mid 6) \Rightarrow \overline{MS} = 6 \qquad C(5 \mid 5 \mid 0) \Rightarrow \overline{MM_{[CD]}} = 2{,}5$

Größe des Winkels ε berechnen:

$$\tan \varepsilon = \frac{\overline{MM_{[CD]}}}{\overline{MS}} = \frac{2{,}5}{6} = \frac{5}{12} \qquad \varepsilon = \tan^{-1}\left(\frac{5}{12}\right) \approx 22{,}62°$$

Länge der Strecke [PS] berechnen:

$$\sin \varepsilon = \frac{d}{\overline{PS}} \Leftrightarrow \overline{PS} = \frac{d}{\sin \varepsilon} = \frac{0{,}5}{\sin 22{,}62°} \approx 1{,}3$$

Lage des Punktes P bestimmen:

$p_3 = \overline{MS} - \overline{PS} = 6 - 1{,}3 = 4{,}7 \Rightarrow P(2{,}5 \mid 2{,}5 \mid 4{,}7)$

e) Bestimmen Sie eine Gleichung der Symmetrieachse g des Dreiecks CDS.

Die Seitenkanten der Pyramide ABCDS sind gleich lang (vgl. Angabe). Deshalb sind die Seitenflächen der Pyramide gleichschenklige Dreiecke., deren Basis jeweils eine Seite der quadratischen Grundfläche ABCD bildet. Die Symmetrieachse eines gleichschenkligen Dreiecks verläuft durch den Mittelpunkt der Basis.

Die Symmetrieachse g des gleichschenkligen Dreiecks CDS verläuft also durch den Mittelpunkt $M_{[CD]}$ der Basis [CD] sowie durch die Pyramidenspitze S.

Damit lässt sich die Symmetrieachse g des Dreiecks CDS beispielsweise wie folgt in Parameterform angeben:

$g: \vec{X} = \vec{S} + \lambda \cdot \overrightarrow{M_{[CD]}S}; \; \lambda \in \mathbb{R}$

Ortsvektor des Mittelpunkts $M_{[CD]}$ der Strecke [CD] bestimmen:

$\overrightarrow{M_{[CD]}} = \frac{1}{2} \cdot (\vec{C} + \vec{D}) = \frac{1}{2} \cdot \left[\begin{pmatrix} 5 \\ 5 \\ 0 \end{pmatrix} + \begin{pmatrix} 0 \\ 5 \\ 0 \end{pmatrix} \right] = \begin{pmatrix} 2,5 \\ 5 \\ 0 \end{pmatrix}$

Mittelpunkt M einer Strecke [AB]
$\vec{M} = \frac{1}{2}(\vec{A} + \vec{B})$

Der Verbindungsvektor $\overrightarrow{M_{[CD]}S}$ ist ein möglicher Richtungsvektor der Geradengleichung der Symmetrieachse g.

$\overrightarrow{M_{[CD]}S} = \vec{S} - \overrightarrow{M_{[CD]}} = \begin{pmatrix} 2,5 \\ 2,5 \\ 6 \end{pmatrix} - \begin{pmatrix} 2,5 \\ 5 \\ 0 \end{pmatrix} = \begin{pmatrix} 0 \\ -2,5 \\ 6 \end{pmatrix}$

Verbindungsvektor
$\vec{AB} = \vec{B} - \vec{A}$
„Spitze minus Fuß"

Eine Gleichung der Symmetrieachse g lautet somit:

$g: \vec{X} = \begin{pmatrix} 2,5 \\ 2,5 \\ 6 \end{pmatrix} + \lambda \cdot \begin{pmatrix} 0 \\ -2,5 \\ 6 \end{pmatrix}; \; \lambda \in \mathbb{R}$

f) Ein Teil der Zeltwand, die im Modell durch das Dreieck CDS dargestellt wird, kann mithilfe zweier vertikal stehender Stangen der Länge 1,80m zu einem horizontalen Vordach aufgespannt werden (vgl. Abbildung 2). Die dadurch entstehende 1,40m breite Öffnung in der Zeltwand wird im Modell durch ein

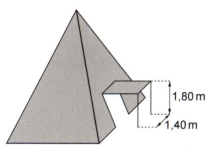

Rechteck dargestellt, das symmetrisch zu g liegt. Dabei liegt eine Seite dieses Rechtecks auf der Strecke [CD]. Berechnen Sie den Flächeninhalt des Vordachs.

Der Flächeninhalt des Vordachs entspricht dem Flächeninhalt der rechteckigen Öffnung. Die Breite der Öffnung ist mit 1,40 m bekannt. Die Länge der Öffnung ist noch zu bestimmen. Eine Längeneinheit im Koordinatensystem entspricht einem Meter in der Realität (vgl. Angabe)

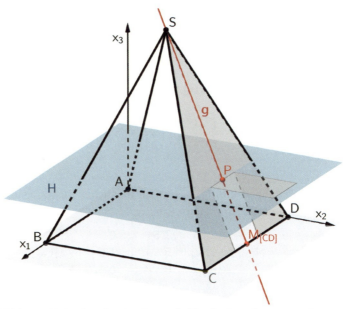

Die Hilfebene H, in der das horizontale Vordach aufgespannt ist, verläuft im Abstand 1,8 LE parallel zur x_1x_2-Ebene. Die Symmetrieachse g des Dreiecks CDS schneidet die Hilfsebene H im Punkt P. Die Länge der Strecke $[M_{[CD]}P]$ entspricht der Länge der Öffnung in der Zeltwand.

Der Flächeninhalt des Vordachs ergibt sich folglich zu:

$A_{\text{Vordach}} = A_{\text{Öffnung}} = 1,4 \cdot \overline{M_{[CD]}P}$

Eine Gleichung der Hilfsebene H in Normalenform ist $H: x_3 = 1,8$. Eine Gleichung der Symmetrieachse g ist aus Aufgabe d bekannt.

$g: \vec{X} = \begin{pmatrix} 2,5 \\ 2,5 \\ 6 \end{pmatrix} + \lambda \cdot \begin{pmatrix} 0 \\ -2,5 \\ 6 \end{pmatrix}; \ \lambda \in \mathbb{R}$

Um den Schnittpunkt P der Hilfsebene H und der Symmetrieachse g zu berechnen, wird die x_3-Koordinate $x_3 = 6 + 6\lambda$ des Ortsvektors $\vec{X}$ der Gleichung von g in die Gleichung der Hilfsebene H eingesetzt. Die Lösung der Gleichung ist der Wert des Parameters λ für die Bestimmung des Ortsvektors $\vec{P}$.

$g \cap H: 6 + 6\lambda = 1,8$
$\qquad\qquad\ 6\lambda = -4,2$
$\qquad\qquad\ \ \lambda = -0,7$

Anmerkung
Da die Hilfsebene H ausschließlich durch die x_3-Koordinate beschrieben wird, genügt es, die x_3-Koordinate des Ortsvektors $\vec{X}$ von g in H einzusetzen.

In die Gleichung der Symmetrieachse g eingesetzt, liefert der Parameterwert $\lambda = -0{,}7$ den Ortsvektor $\vec{P}$.

$$P \in g: \vec{P} = \begin{pmatrix} 2{,}5 \\ 2{,}5 \\ 6 \end{pmatrix} - 0{,}7 \cdot \begin{pmatrix} 0 \\ -2{,}5 \\ 6 \end{pmatrix} = \begin{pmatrix} 2{,}5 \\ 4{,}25 \\ 1{,}8 \end{pmatrix}$$

Verbindungsvektor $\overrightarrow{M_{[CD]}P}$ und Länge der Strecke $[M_{[CD]}P]$ berechnen:

$$\overrightarrow{M_{[CD]}P} = \vec{P} - \overrightarrow{M_{[CD]}} = \begin{pmatrix} 2{,}5 \\ 4{,}25 \\ 1{,}8 \end{pmatrix} - \begin{pmatrix} 2{,}5 \\ 0 \\ 0 \end{pmatrix} = \begin{pmatrix} 0 \\ -0{,}75 \\ 1{,}8 \end{pmatrix}$$

$$\overline{M_{[CD]}P} = \sqrt{0^2 + (-0{,}75)^2 + 1{,}8^2} = 1{,}95$$

Länge eines Vektors
$|\vec{P}| = \sqrt{p_1^2 + p_2^2 + p_3^2}$

Abschließend wird der Flächeninhalt des Vordachs berechnet.

$$A_{\text{Vordach}} = 1{,}4 \cdot \overline{M_{[CD]}P} = 1{,}4 \cdot 1{,}95 = 2{,}73$$

Das Vordach hat einen Flächeninhalt von 2,73 m².

Analysis 2016

Aufgabengruppe A1

BE

1 Gegeben ist die Funktion $f: x \mapsto \sqrt{1 - \ln x}$ mit maximaler Definitionsmenge D.

2   **a)** Bestimmen Sie D.

2   **b)** Bestimmen Sie den Wert $x \in D$ mit $f(x) = 2$.

3   **2** Zeigen Sie, dass der Graph der in $\mathbb{R}$ definierten Funktion $g: x \mapsto x^2 \cdot \sin x$ punktsymmetrisch bezüglich des Koordinatenursprungs ist, und geben Sie den Wert des Integrals $\int_{-\pi}^{\pi} x^2 \cdot \sin x \, dx$ an.

3   **3** Skizzieren Sie im Bereich $-1 \leq x \leq 4$ den Graphen einer in $\mathbb{R}$ definierten Funktion f mit den folgenden Eigenschaften:
- f ist nur an der Stelle $x = 3$ nicht differenzierbar.
- $f(0) = 2$ und für die Ableitung f' von f gilt: $f'(0) = -1$.
- Der Graph von f ist im Bereich $-1 < x < 3$ linksgekrümmt.

4 Gegeben ist eine in $\mathbb{R}$ definierte ganzrationale Funktion f dritten Grades, deren Graph G_f an der Stelle $x = 1$ einen Hochpunkt und an der Stelle $x = 4$ einen Tiefpunkt besitzt.

3   **a)** Begründen Sie, dass der Graph der Ableitungsfunktion f' von f eine Parabel ist, welche die x-Achse in den Punkten $(1 | 0)$ und $(4 | 0)$ schneidet und nach oben geöffnet ist.

2   **b)** Begründen Sie, dass 2,5 die x-Koordinate des Wendepunkts von G_f ist.

5 Die Abbildung zeigt den Graphen der in ℝ definierten Funktion f.

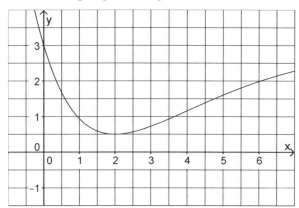

a) Bestimmen Sie mithilfe der Abbildung einen Näherungswert für $\int_3^5 f(x)\,dx$

Die Funktion F ist die in ℝ definierte Stammfunktion f mit F(3) = 0.

b) Geben Sie mithilfe der Abbildung einen Näherungswert für die Ableitung von F an der Stelle x = 2 an.

c) Zeigen Sie, dass $F(b) = \int_3^b f(x)\,dx$ mit b ∈ ℝ gilt.

Analysis 2016

Aufgabengruppe A2

Diese Aufgaben dürfen nur in Verbindung mit den zur selben Aufgabengruppe gehörenden Aufgaben im Prüfungsteil B bearbeitet werden.

BE

1 Gegeben ist die Funktion $f: x \mapsto \dfrac{\ln x}{x^2}$ mit maximalem Definitionsbereich D.

3   **a)** Geben Sie D sowie die Nullstelle von f an und bestimmen Sie $\lim\limits_{x \to 0} f(x)$.

4   **b)** Ermitteln Sie die x-Koordinate des Punkts, in dem der Graph von f eine waagrechte Tangente hat.

2 Geben Sie jeweils den Term und den Definitionsbereich einer Funktion an, die die angegebene(n) Eigenschaft(en) besitzt.

2   **a)** Der Punkt (2 | 0) ist ein Wendepunkt des Graphen von g.

2   **b)** Der Graph der Funktion h ist streng monoton fallend und rechtsgekrümmt.

3 Abbildung 1 zeigt den graphen der in ℝ definierten Funktion F.

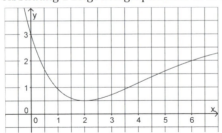

Abb. 1

2   **a)** Bestimmen Sie mithilfe der Abbildung einen Näherungswert für

Die Funktion F ist die in ℝ definierte Stammfunktion f mit F(3) = 0. $\int_3^5 f(x)\,dx$

1   **b)** Geben Sie mithilfe der Abbildung einen Näherungswert für die Ableitung von F an der Stelle x = 2 an.

2   **c)** Zeigen Sie, dass $F(b) = \int_3^b f(x)\,dx$ mit $b \in \mathbb{R}$ gilt.

4 Abbildung 2 zeigt den Graphen G_k einer in $\mathbb{R}$ definierten Funktion k. Skizzieren Sie in Abbildung 2 den Graphen der zugehörigen Ableitungsfunktion k'. Berücksichtigen Sie dabei insbesondere einen Näherungswert für die Steigung des Graphen G_k an dessen Wendepunkt $(0\,|\,-3)$ sowie die Nullstelle von k'.

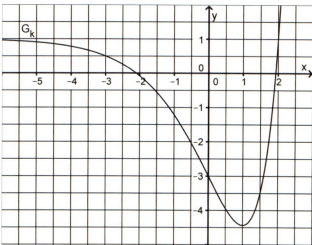

Abb. 2

Lösungen Analyis 2016 A1

Aufgabe 1
Gegeben ist die Funktion $f(x) = \sqrt{1 - \ln x}$ mit maximaler Definitionsmenge D.
a) Bestimmen Sie D.

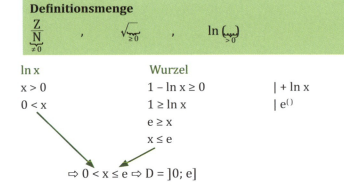

ln x	Wurzel	
x > 0	$1 - \ln x \geq 0$	$\mid + \ln x$
0 < x	$1 \geq \ln x$	$\mid e^{()}$
	$e \geq x$	
	$x \leq e$	

$\Rightarrow 0 < x \leq e \Rightarrow D =]0; e]$

b) Bestimmen Sie den Wert $x \in D$ mit $f(x) = 2$.

$f(x) = \sqrt{1 - \ln x}$ mit $D =]0; e]$
$2 = \sqrt{1 - \ln x}$ $\mid ()^2$
$4 = 1 - \ln x$ $\mid + \ln x; -4$
$\ln x = -3$ $\mid e^{()}$
$x = e^{-3} = \dfrac{1}{e^3} < e$ $\Rightarrow \dfrac{1}{e^3} \in D$

Aufgabe 2
Zeigen Sie, dass der Graph der in $\mathbb{R}$ definierten Funktion $g: x \mapsto x^2 \cdot \sin x$ punktsymmetrisch bezüglich des Koordinatenursprungs ist, und geben Sie den Wert des Integrals $\int_{-\pi}^{\pi} x^2 \cdot \sin x \, dx$ an.

$g(x) = x^2 \cdot \sin x$

Bestimmung des Symmetrieverhaltens
- $f(-x)$ berechnen
- wenn $f(-x) = f(x)$: G_f ist achsensymmetrisch zur y-Achse.
- Wenn $f(-x) = -f(x)$: G_f ist punktsymmetrisch zum Ursprung.

Sinusfunktion

Der Graph der Sinusfunktion sin(x) ist punktsymmetrisch zum Ursprung.

Es gilt somit: $\sin(-x) = -\sin(x)$

$g(-x) = (-x)^2 \cdot \sin(-x) = x^2 \cdot (-\sin x) = -x^2 \cdot \sin x = -g(x)$

⇨ G_g ist damit punktsymmetrisch zum Ursprung.

⇨ Wegen der Punktsymmetrie gilt: $\int_{-\pi}^{\pi} x^2 \cdot \sin x \, dx = 0$

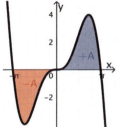

Fläche oberhalb des Graphen
=
Fläche unterhalb des Graphen

Aufgabe 3

Skizzieren Sie im Bereich $-1 \leq x \leq 4$ den Graphen einer in ℝ definierten Funktion **f** mit den folgenden Eigenschaften:
- f ist nur an der Stelle x = 3 nicht differenzierbar.
- $f(0) = 2$ und für die Ableitung f' von f gilt: $f'(0) = -1$.
- Der Graph von f ist im Bereich $-1 < x < 3$ linksgekrümmt.

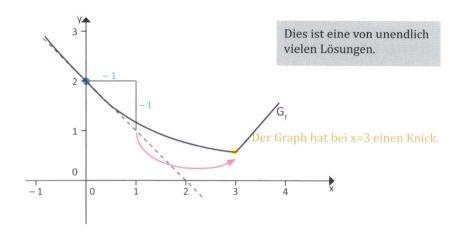

Dies ist eine von unendlich vielen Lösungen.

Der Graph hat bei x=3 einen Knick.

Aufgabe 4

Gegeben ist eine in ℝ definierte ganzrationale Funktion f dritten Grades, deren Graph G_f an der Stelle x = 1 einen Hochpunkt und an der Stelle x = 4 einen Tiefpunkt besitzt.

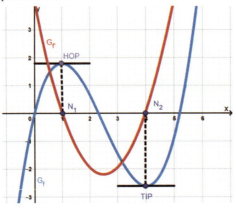

Ganzrationale Funktion 3. Grades
$f(x) = ax^3 + bx^2 + cx + d$
mit HP (1| f(1)) & TP (4| f(4)).

a) Begründen Sie, dass der Graph der Ableitungsfunktion f′ von f eine Parabel ist, welche die x-Achse in den Punkten (1 | 0) und (4 | 0) schneidet und nach oben geöffnet ist.

Die Ableitung $f'(x) = 3ax^2 + 2bx + c$ ist eine Funktion 2. Grades, da sich der Grad einer ganzrationalen Funktion beim Ableiten um eins verkleinert.
⇨ Die Graph der Ableitung ergibt eine Parabel.

An den Extremstellen $x_1 = 1$ und $x_2 = 4$ von f gilt: $f'(x_{1/2}) = 0$.
⇨ Der Graph von f′ schneidet die x-Achse bei (1 | 0) und (4 | 0), den Nullstellen von f′.

Zwischen dem Hochpunkt (HP) und dem Tiefpunkt (TP) des Graphen von f fällt dieser, somit ist f′ für x ∈]1;4[negativ und für x ∈ ℝ \ [1;4] positiv.
⇨ Der Graph von f′ ist eine nach oben geöffnete Parabel.

b) Begründen Sie, dass 2,5 die x-Koordinate des Wendepunkts von G_f ist.

Der x-Wert des Scheitels einer Parabel befindet sich immer genau zwischen den x-Werten der Nullstellen dieser Funktion (wenn vorhanden), also bei $x = \frac{1+4}{5} = 2,5$ und somit ist $(f')'(2,5) = f''(2,5) = 0$ mit einem VZW von Minus nach Plus.
⇨ G_f hat einen Wendepunkt (WP) bei x = 2,5.

Aufgabe 5

Die Abbildung zeigt den Graphen der in ℝ definierten Funktion f.

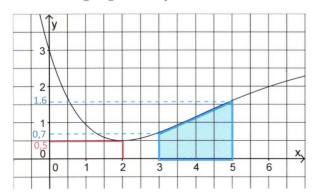

a) Bestimmen Sie mit Hilfe der Abbildung einen Näherungswert für $\int_3^5 f(x)\,dx$.

Näherung über ein Trapez: $\int_3^5 f(x)\,dx \approx \dfrac{0{,}7 + 1{,}6}{2} \cdot (5 - 3) = 0{,}7 + 1{,}6 = 2{,}3$

b) Geben Sie mithilfe der Abbildung einen Näherungswert für die Ableitung von F an der Stelle x = 2 an.

$F'(2) = f(2) \approx 0{,}5$

c) Zeigen Sie, dass $F(b) = \int_3^b f(x)\,dx$ mit $b \in \mathbb{R}$ gilt.

$\int_3^b f(x)\,dx = \left[F(x)\right]_3^b = F(b) - F(3) = F(b)$

nach dem HDI unter Verwendung von F(3) = 0

Lösung Analysis 2016 A2

1 Gegeben ist die Funktion $f: x \mapsto \dfrac{\ln x}{x^2}$ mit maximalem Definitionsbereich D.

a) Geben Sie D sowie die Nullstelle von f an und bestimmen Sie $\lim\limits_{x \to 0} f(x)$.

Teil 1: Maximaler Definitionsbereich D

Die natürliche Logarithmusfunktion $x \to \ln x$ ist in $\mathbb{R}^+$ definiert. Damit ist bereits ausgeschlossen, dass der Nennerterm x^2 den Wert Null annehmen kann. Also hat die Funktion f den maximalen Definitionsbereich $D = \mathbb{R}^+$.

Teil 2: Nullstelle von f

$f(x) = 0 \Rightarrow \ln x = 0 \quad |\ln 1 = 0$

$\qquad\qquad\qquad x = 1$

Nullstelle eines Quotienten

Ein Quotient ist gleich Null, wenn nur der Zähler gleich Null ist.

Teil 3: Grenzwertbestimmung $\lim\limits_{x \to 0} f(x)$

Die Grenzwertbetrachtung wird deutlicher, wenn man den Funktionsterm f(x) als Produkt formuliert.

$$\lim_{x \to 0} f(x) = \lim_{x \to 0} \dfrac{\ln x}{x^2} = \lim_{x \to 0} \left(\underbrace{\ln x}_{\to -\infty} \cdot \underbrace{\dfrac{1}{x^2}}_{\to +\infty} \right) = -\infty$$

b) Ermitteln Sie die x-Koordinate des Punkts, in welchem der Graph von f eine waagrechte Tangente hat.

Da die erste Ableitung f' die Steigung einer Tangente an den Graphen der Funktion f beschreibt, muss $f'(x) = 0$ gelten. Die Ableitungsfunktion f'(x) lässt sich mithilfe der Quotientenregel bilden.

Quotientenregel:

$$f(x) = \dfrac{u(x)}{v(x)} \Rightarrow f'(x) = \dfrac{u'(x) \cdot v(x) - u(x) \cdot v'(x)}{[v(x)]^2}$$

Hier: $u(x) = \ln x$ und $v(x) = x^2$

$\qquad\; u'(x) = \dfrac{1}{x}$ und $v'(x) = 2x$

$$f'(x) = \dfrac{\dfrac{1}{x} \cdot x^2 - \ln x \cdot 2x}{(x^2)^2} = \dfrac{x - \ln x \cdot 2x}{x^4} = \dfrac{x \cdot (1 - 2\ln x)}{x^4} = \dfrac{1 - 2\ln x}{x^3}$$

Um die Nullstelle von f' zu bestimmen, wird die Nullstelle des Zählerterms $1 - 2\ln x$ ermittelt.

$$f'(x) = 0 \Rightarrow 1 - 2\ln x = 0 \quad |+2\ln x$$
$$1 = 2\ln x \quad |:2$$
$$\frac{1}{2} = \ln x \quad |e^{(\ldots)} \text{ (zur Basis e potenzieren)}$$
$$e^{\frac{1}{2}} = e^{\ln x} \quad |a^{\log_a x} = x; \text{ hier: } e^{\ln x} = x$$
$$e^{\frac{1}{2}} = x \quad |a^{\frac{1}{n}} = \sqrt[n]{a}$$
$$\sqrt{e} = x$$

Die x-Koordinate des Punktes, indem der Graph von f eine waagrechte Tangente hat, ist $x = \sqrt{e}$.

2 Geben Sie jeweils den Term und den Definitionsbereich einer Funktion an, die die angegebene(n) Eigenschaft(en) besitzt.

a) Der Punkt (2 | 0) ist ein Wendepunkt des Graphen von g.

1. Möglichkeit: Ganzrationale Funktion

Die Funktion $f(x) = x^3$; $D_f = \mathbb{R}$ hat den Wendepunkt W(0 | 0). Dann hat die Funktion $g(x) = (x-2)^3$; $D_g = \mathbb{R}$ den Wendepunkt W(2 | 0).

2. Möglichkeit: Sinusfunktion

Die Funktion $f(x) = \sin x$; $D_f = \mathbb{R}$ hat den Wendepunkt W(0 | 0). Dann hat die Funktion $g(x) = \sin(x-2)$; $D_g = \mathbb{R}$ den Wendepunkt W(2 | 0).
Es gibt unendlich viele Möglichkeiten für diese Aufgabe!

> **Anmerkung:**
> Der Graph der Funktion g entsteht jeweils durch Verschiebung des Graphen der Funktion f um +2 in x-Richtung.

b) Der Graph der Funktion h ist streng monoton fallend und rechtsgekrümmt.

Der Graph G_f von $f(x) = e^x$; $D_f = \mathbb{R}$ ist streng monoton steigend und linksgekrümmt.
Der Graph G_h von $h(x) = -e^x$; $D_h = \mathbb{R}$ ist streng monoton fallend und rechtsgekrümmt. Der Graph G_h entsteht durch Spiegelung des Graphen der Funktion f an der x-Achse.

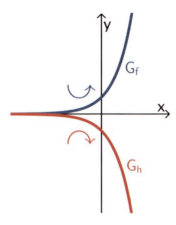

ausführlichere Lösung

Analysis 2016 - Lösung A2

3 Siehe Aufgabe 5 Aufgabengruppe 1

4 Abbildung 2 zeigt den Graphen G_k einer in $\mathbb{R}$ definierten Funktion k. **Skizzieren Sie** in Abbildung 2 den Graphen der zugehörigen Ableitungsfunktion k'. Berücksichtigen Sie dabei insbesondere einen Näherungswert für die Steigung des Graphen G_k an dessen Wendepunkt $(0\,|-3)$ sowie die Nullstelle von k'.

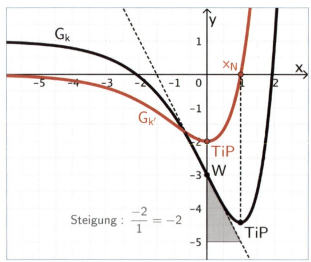

Abb. 2

Stochastik 2016

Aufgabengruppe A1

Diese Aufgaben dürfen nur in Verbindung mit den zur selben Aufgabengruppe gehörenden Aufgaben im Prüfungsteil B bearbeitet werden.

1 Die beiden Baumdiagramme gehören zum selben Zufallsexperiment mit den Ereignissen A und B.
Berechnen Sie die Wahrscheinlichkeit P(B) und ergänzen Sie anschließend an allen Ästen des rechten Baumdiagramms die zugehörigen Wahrscheinlichkeiten.

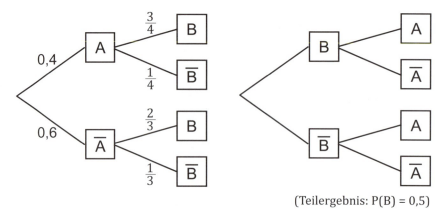

(Teilergebnis: P(B) = 0,5)

2 Bei einem Zufallsexperiment wird eine ideale Münze so lange geworfen, bis zum zweiten Mal Zahl (Z) oder zum zweiten Mal Wappen (W) oben liegt. Als Ergebnismenge wird festgelegt: {ZZ; WW; ZWZ; ZWW; WZZ; WZW}.

a) Begründen Sie, dass dieses Zufallsexperiment kein Laplace-Experiment ist.

b) Die Zufallsgröße X ordnet jedem Ergebnis die Anzahl der entsprechenden Münzwürfe zu. Berechnen Sie den Erwartungswert von X.

Stochastik 2016

Aufgabengruppe A2

Diese Aufgaben dürfen nur in Verbindung mit den zur selben Aufgabengruppe gehörenden Aufgaben im Prüfungsteil B bearbeitet werden.

BE

1 Bei einem Zufallsexperiment wird eine ideale Münze so lange geworfen, bis zum zweiten Mal Zahl (Z) oder zum zweiten Mal Wappen (W) oben liegt. Als Ergebnismenge wird festgelegt: {ZZ; WW; ZWZ; ZWW; WZZ; WZW}.

a) Begründen Sie, dass dieses Zufallsexperiment kein Laplace-Experiment ist. 2

b) Die Zufallsgröße X ordnet jedem Ergebnis die Anzahl der entsprechenden Münzwürfe zu. Berechnen Sie den Erwartungswert von X. 3

2 An einem P-Seminar nehmen acht Mädchen und sechs Jungen teil, darunter Anna und Tobias. Für eine Präsentation wird per Los aus den Teilnehmerinnen und Teilnehmern ein Team aus vier Personen zusammengestellt.

a) Geben Sie zu jedem der folgenden Ereignisse einen Term an, mit dem die Wahrscheinlichkeit des Ereignisses berechnet werden kann.
E1: „Anna und Tobias gehören dem Team an."
E2: „Das Team besteht aus gleich vielen Mädchen und Jungen." 3

b) Beschreiben Sie im Sachzusammenhang ein Ereignis, dessen Wahrscheinlichkeit durch den folgenden Term berechnet werden kann: 2

$$\frac{\binom{14}{4}-\binom{6}{4}}{\binom{14}{4}}$$

10

Lösung Stochastik 2016
A1

1 Berechnen Sie die Wahrscheinlichkeit P(B).

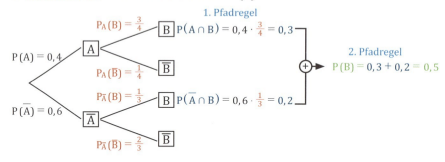

1. Pfadregel: „Werte entlang eines Pfades werden multipliziert."
$$P(A \cap B) = P(A) \cdot P_A(B)$$

2. Pfadregel: „Passende Wahrscheinlichkeiten werden addiert."
$$P(B) = P(A \cap B) + P(\overline{A} \cap B)$$

Ergänzen Sie anschließend an allen Ästen des rechten Baumdiagramms die zugehörigen Wahrscheinlichkeiten.

Um den rechten (umgekehrten) Baum zu ergänzen, benötigen wir für die zweiten Äste noch die bedingten Wahrscheinlichkeiten $P_B(A)$ und $P_{\overline{B}}(A)$ (und deren Gegenwahrscheinlichkeiten).

Bedingte Wahrscheinlichkeit:
$$P_B(A) = \frac{P(A \cap B)}{P(B)}$$

$$P_B(A) = \frac{P(A \cap B)}{P(B)} = \frac{0,3}{0,5} = 0,6$$

$$P_{\overline{B}}(A) = \frac{P(A \cap \overline{B})}{P(\overline{B})} = \frac{0,1}{0,5} = 0,2$$

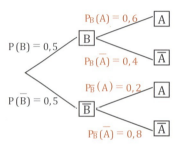

Baumdiagramm

Die Summe der Wahrscheinlichkeiten einer Abzweigung ist 1.

$$P_B(A) + P_B(\overline{A}) = 1$$

2 Bei einem Zufallsexperiment wird eine ideale Münze so lange geworfen, bis zum zweiten Mal Zahl (Z) oder zum zweiten Mal Wappen (W) oben liegt. Als Ergebnismenge wird festgelegt: {ZZ; WW; ZWZ; ZWW; WZZ; WZW}.

a) Begründen Sie, dass dieses Zufallsexperiment kein Laplace-Experiment ist.

Lösung: Ein Laplace-Experiment ist definiert als Experiment, bei dem alle möglichen Ausgänge dieselbe Wahrscheinlichkeit besitzen. Da wir wissen, dass die Wahrscheinlichkeiten für „Zahl" und „Wappen" gleich groß sind (P(Z) = P(W) = 0,5), können wir die Wahrscheinlichkeiten alle Ergebnisse leicht berechnen.

Ergebnis	ZZ	WW	ZWZ	ZWW	WZZ	WZW
Wahrscheinlichkeit	$\frac{1}{4}$	$\frac{1}{4}$	$\frac{1}{8}$	$\frac{1}{8}$	$\frac{1}{8}$	$\frac{1}{8}$

1. Pfadregel: $\frac{1}{2} \cdot \frac{1}{2}$ $\frac{1}{2} \cdot \frac{1}{2} \cdot \frac{1}{2}$

Da nicht alle möglichen Ergebnisse dieselbe Wahrscheinlichkeit besitzen, handelt es sich nicht um ein Laplace-Experiment.

> **Anmerkung**
>
> Bei einem Laplace-Experiment müssten hier alle Wahrscheinlichkeiten $\frac{1}{6}$ betragen. Es würde genügen $P(ZZ) = \frac{1}{4} \neq \frac{1}{6}$ auszurechnen. Für Teilaufgabe 2b benötigen wir die erstellte Wahrscheinlichkeitsverteilung.

b) Die Zufallsgröße X ordnet jedem Ergebnis die Anzahl der entsprechenden Münzwürfe zu. Berechnen Sie den Erwartungswert von X.

Lösung: Da die Münze entweder zweimal oder dreimal geworfen wird, gibt es für die Zufallsgröße X nur die beiden Werte X = 2 und X = 3. Wir benötigen also deren Wahrscheinlichkeiten.

$P(X = 2) = P(ZZ) + P(WW) = \frac{1}{4} + \frac{1}{4} = \frac{1}{2}$ 2. Pfadregel

$P(X = 3) = P(ZWZ) + P(ZWW) + P(WZW) + P(WZZ) = \frac{1}{8} + \frac{1}{8} + \frac{1}{8} + \frac{1}{8} = \frac{1}{2}$

> Da die Summe der Wahrscheinlichkeiten aller abgehenden Äste gleich 1 ist, müssten wir P(X = 3) nicht berechnen, da P(X = 3) = 1 − P(X = 2) = 1 − $\frac{1}{2}$ = $\frac{1}{2}$.

Die zugehörige Wahrscheinlichkeitsverteilung stellt sich wie folgt dar:

x_i	2	3
$p_i = P(X=x_i)$	$\frac{1}{2}$	$\frac{1}{2}$

Für den Erwartungswert gilt:

$E(X) = 2 \cdot \frac{1}{2} + 3 \cdot \frac{1}{2} = 2{,}5$

$$E(X) = x_1 \cdot p_1 + x_2 \cdot p_2 + \ldots + x_n \cdot p_n$$

Lösung Stochastik 2016
A2

1 Die Aufgabe ist identisch zu Teilaufgabe 2 der Aufgabengruppe 1.

2 An einem P-Seminar nehmen acht Mädchen und sechs Jungen teil, darunter Anna und Tobias. Für eine Präsentation wird per Los aus den Teilnehmerinnen und Teilnehmern ein Team aus vier Personen zusammengestellt.

a) Geben Sie zu jedem der folgenden Ereignisse einen Term an, mit dem die Wahrscheinlichkeit des Ereignisses berechnet werden kann.
E1: „Anna und Tobias gehören dem Team an."

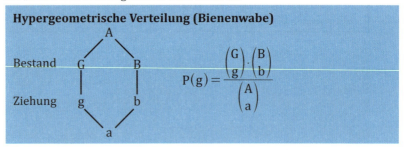

8 Mädchen und 6 Jungen = 14 Teilnehmer ($A = 14$) In jedem Team sind 4 Personen ($a = 4$). Anna und Tobias sind die „Guten" ($G = 2$), die beide dem Team angehören sollen ($g = 2$). Übrig bleiben 12 „böse" Teilnehmer ($B = 12$), von denen 2 noch dem Team von Anna und Tobias angehören ($b = 2$).

$$P(E1) = \frac{\binom{12}{2} \cdot \binom{2}{2}}{\binom{14}{4}} \left(= \frac{6}{91}\right)$$

würde als Ergebnis ausreichen · Wahrscheinlichkeit berechnen

Anmerkung
Die Bezeichnungen „gut" und „böse" beziehen sich auf die Beispielgeschichte von Sepp und Resi aus dem Kursbuch.

E2: „Das Team besteht aus gleich vielen Mädchen und Jungen."
⇒ Team: 4 Personen (2 Mädchen, 2 Jungen)

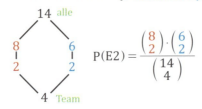

$$P(E2) = \frac{\binom{8}{2} \cdot \binom{6}{2}}{\binom{14}{4}}$$

b) Beschreiben Sie im Sachzusammenhang ein Ereignis, dessen Wahrscheinlichkeit durch den folgenden Term berechnet werden kann:

$$\frac{\binom{14}{4}-\binom{6}{4}}{\binom{14}{4}}$$

 Es handelt sich hier **nicht** um die Formel für die hypergeometrische Verteilung.

Durch folgende Erweiterungen lässt sich der Term in die Formel für die hypergeometrische Verteilung umformen:

$$\frac{\binom{14}{4}-\binom{6}{4}}{\binom{14}{4}} = \frac{\binom{14}{4}}{\binom{14}{4}} - \frac{\binom{6}{4}}{\binom{14}{4}} = 1 - \frac{\binom{6}{4}\cdot\overbrace{\binom{8}{0}}^{=1}}{\binom{14}{4}}$$

Mit dem Term, der von 1 abgezogen wird, lässt sich nach der Formel der hypergeometrischen Verteilung die Wahrscheinlichkeit dafür berechnen, dass ein 4er-Team nur aus Jungen $\binom{6}{4}$ und keinem Mädchen $\binom{8}{0}$ besteht.

Da wir diesen Term von 1 subtrahieren, erhalten wir das Gegenereignis, welches besagt, dass mindestens ein Mädchen im 4er-Team sein muss.

$$\boxed{P(\overline{E}) = 1 - P(E)}$$

Geometrie 2016
Aufgabengruppe A1

BE

1 Betrachtet wird der abgebildete Würfel ABCDEFGH.
Die Eckpunkte dieses Würfels besitzen in einem kartesischen Koordinatensystem die folgenden Koordinaten: D (0 | 0 | −2), E (2 | 0 | 0), F (2 | 2 | 0) und H (0 | 0 | 0).

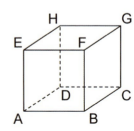

2 a) Zeichnen Sie in die Abbildung die Koordinatenachsen ein und bezeichnen Sie diese. Geben Sie die Koordinaten des Punkts A an.

3 b) Der Punkt P liegt auf der Kante [FB] des Würfels und hat vom Punkt H den Abstand 3. Berechnen Sie die Koordinaten des Punkts P.

2 Gegeben sind die Punkte A (−2 | 1 | 4) und B (−4 | 0 | 6).

2 a) Bestimmen Sie die Koordinaten des Punktes C so, dass gilt: $\vec{CA} = 2 \cdot \vec{AB}$.

3 b) Durch die Punkte A und B verläuft die Gerade g.
Betrachtet werden die Geraden, für welche die Bedingungen I und II gelten:

I   Jede dieser Geraden schneidet die Gerade g orthogonal.
II Der Abstand jeder dieser Geraden vom Punkt A beträgt 3.

Ermitteln Sie eine Gleichung für eine dieser Geraden.

10

Geometrie 2016
Aufgabengruppe A2

1 Gegeben sind die Ebene E: $2x_1 + x_2 + 2x_3 = 6$ sowie die Punkte P (1 | 0 | 2) und Q (5 | 2 | 6).

a) Zeigen Sie, dass die Gerade durch die Punkte P udn Q senkrecht zur Ebene E verläuft.

b) Die Punkte P und Q liegen symmetrisch zu einer Ebene F. Ermitteln Sie eine Gleichung von F.

2 Gegeben sind die Punkte A (−2 | 1 | 4) und B (−4 | 0 | 6).

a) Bestimmen Sie die Koordinaten des Punktes C so, dass gilt: $\vec{CA} = 2 \cdot \vec{AB}$.

b) Durch die Punkte A und B verläuft die Gerade g.
Betrachtet werden die Geraden, für welche die Bedingungen I und II gelten:

  I Jede dieser Geraden schneidet die Gerade g orthogonal.
  II Der Abstand jeder dieser Geraden vom Punkt A beträgt 3.

Ermitteln Sie eine Gleichung für eine dieser Geraden.

Lösung Geometrie 2016
A1

1 a) Zeichnen Sie in die Abbildung die Koordinatenachsen ein und bezeichnen Sie diese. Geben Sie die Koordinaten des Punkts A an.

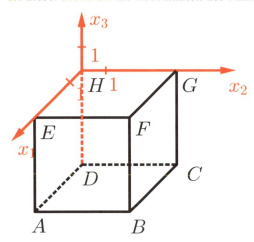

A (2 | 0 | –2)

Anmerkung
A hat die selbe x_1-Koordinate wie E und F, die selbe x_2-Koordinate wie E und die selbe x_3-Koordinate wie D.
Also ist A (2 | 0 | –2).

b) Der Punkt P liegt auf der Kante [FB] des Würfels und hat vom Punkt H den Abstand 3. Berechnen Sie die Koordinaten des Punkts P.

Da P auf der Kante [FB] liegt und diese parallel zur x_3-Achse verläuft, muss P die selben x_1- und x_2-Koordinaten haben, wie F und B. Die fehlende x_3-Koordinate nennen wir zunächst p_3. Also P (2 | 2 | p_3).
Nun soll der Abstand $|\overrightarrow{HP}|$ von H zu P 3 betragen:

$$|\overrightarrow{HP}| \stackrel{!}{=} 3$$

$$|\vec{P} - \vec{H}| \stackrel{\vec{H}=\vec{0}}{=} |\vec{P}| \stackrel{!}{=} 3$$

$$\sqrt{2^2 + 2^2 + p_3^2} \stackrel{!}{=} \quad |(...)^2$$

$$\underbrace{2^2 + 2^2}_{=8} + p_3^2 \stackrel{!}{=} 3 \quad |-8$$

$$p_3^2 \stackrel{!}{=} 3 - 8 = 1$$

$$p_3 = \pm 1$$

Verbindungsvektor
$\overrightarrow{AB} = \vec{B} - \vec{A}$
„Spitze minus Fuß"

Länge eines Vektors
$|\vec{P}| = \sqrt{p_1^2 + p_2^2 + p_3^2}$

Da P unterhalb der x_1x_2-Ebene liegen soll, muss λ = – 1 sein und somit P (2 | 2 | – 1).

2 a) Bestimmen Sie die Koordinaten des Punktes C so, dass gilt: $\overrightarrow{CA} = 2 \cdot \overrightarrow{AB}$.

Wir berechnen zunächst $\overrightarrow{AB} = \vec{B} - \vec{A} = \begin{pmatrix} -4 \\ 0 \\ 6 \end{pmatrix} - \begin{pmatrix} -2 \\ 1 \\ 4 \end{pmatrix} = \begin{pmatrix} -2 \\ -1 \\ 2 \end{pmatrix}$

Wegen $\overrightarrow{CA} = 2 \cdot \overrightarrow{AB}$
$\vec{A} - \vec{C} = 2 \cdot \overrightarrow{AB}$ $\quad | + \vec{C} - 2 \cdot \overrightarrow{AB}$

$\vec{C} = \vec{A} - 2\overrightarrow{AB} = \begin{pmatrix} -2 \\ 1 \\ 4 \end{pmatrix} - 2 \cdot \begin{pmatrix} -2 \\ -1 \\ 2 \end{pmatrix} = \begin{pmatrix} -2 \\ 1 \\ 4 \end{pmatrix} - \begin{pmatrix} -4 \\ -4 \\ 4 \end{pmatrix} = \begin{pmatrix} 2 \\ 3 \\ 0 \end{pmatrix}$

folgt: C (2 | 3 | 0).

b) Durch die Punkte A und B verläuft die Gerade g.
Betrachtet werden die Geraden, für welche die Bedingungen I und II gelten:

I Jede dieser Geraden schneidet die Gerade g orthogonal.

II Der Abstand jeder dieser Geraden vom Punkt A beträgt 3.

Ermitteln Sie eine Gleichung für eine dieser Geraden.

$h: \vec{X} = \vec{P} + t \cdot \vec{v}$, wobei nun der Aufpunkt P und der Richtungsvektor $\vec{v}$ geeignet gewählt werden müssen.

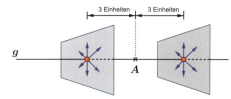

In rot sind die möglichen Aufpunkte dargestellt, in blau mögliche Richtungsvektoren der gesuchten Geraden h.

Nach (I) muss $g \perp h$ gelten, d.h. es muss $\vec{v} \perp \overrightarrow{AB}$ erfüllt sein.

$\overrightarrow{AB} \circ \vec{v} = 0$

$\begin{pmatrix} -2 \\ -1 \\ 2 \end{pmatrix} \circ \begin{pmatrix} v_1 \\ v_2 \\ v_3 \end{pmatrix} = 0$

senkrechte Vektoren
$\vec{v} \perp \overrightarrow{AB} \iff \vec{v} \circ \overrightarrow{AB} = 0$

$-2v_1 - v_2 + 2v_3 = 0$,
wobei die Koordinaten von $\overrightarrow{AB}$ bereits in Teilaufgabe a) berechnet wurden. Man muss nun v_1, v_2 und v_3 so wählen, dass die letzte Gleichung erfüllt ist – z.B. $v_1 = 1$, $v_2 = 0$ und $v_3 = 1$.

> Dabei können zwei der drei Variablen frei gewählt werden. Man muss die Gleichung dann nach der dritten Variable auflösen.

Damit auch Bedingung (II) erfüllt ist, sucht man einen Aufpunkt P, der 3 Einheiten von A entfernt ist.

Das wird erfüllt von
$$\vec{P} = \vec{A} + 3 \cdot \vec{AB}^0$$
$$= \vec{A} + 3 \cdot \frac{\vec{AB}}{|\vec{AB}|}$$

Anmerkung
Der Unterschied zwischen $\vec{AB}$ und $\vec{AB}^0$ ist, dass $\vec{AB}^0$ die Länge 1 hat.

oder
$$\vec{P'} = \vec{A} - 3 \cdot \vec{AB}^0$$
$$= \vec{A} - 3 \cdot \frac{\vec{AB}}{|\vec{AB}|}$$

Da $|\vec{AB}| = \sqrt{(-1)^2 + (-2)^2 + 2^2} = 3$ gilt, folgt

$$\vec{P} = \vec{A} + 3 \cdot \frac{\vec{AB}}{|\vec{AB}|} = \vec{A} + 3 \cdot \frac{\vec{AB}}{3} = \vec{A} + \vec{AB} = \vec{B}$$

bzw. $\vec{P'} = \vec{A} - \vec{AB} = \begin{pmatrix} -2 \\ 1 \\ 4 \end{pmatrix} - \begin{pmatrix} -2 \\ -1 \\ 2 \end{pmatrix} = \begin{pmatrix} 0 \\ 2 \\ 2 \end{pmatrix}$, womit wir zwei mögliche Geradengleichungen angeben können:

$$h_1 : \vec{X} = \begin{pmatrix} -4 \\ 0 \\ 6 \end{pmatrix} + t \cdot \begin{pmatrix} 1 \\ 0 \\ 1 \end{pmatrix}$$

$$h_2 : \vec{X} = \begin{pmatrix} 0 \\ 2 \\ 2 \end{pmatrix} + t \cdot \begin{pmatrix} 1 \\ 0 \\ 1 \end{pmatrix}$$

Lösung Geometrie 2016
A2

1 Gegeben sind die Ebene E: $2x_1 + x_2 + 2x_3 = 6$ sowie die Punkte P (1 | 0 | 2) und Q (5 | 2 | 6).

a) Zeigen Sie, dass die Gerade durch die Punkte P udn Q senkrecht zur Ebene E verläuft.

Der Vektor $\vec{n} = \begin{pmatrix} 2 \\ 1 \\ 2 \end{pmatrix}$,

den wir aus den Koeffizienten in der Ebenengleichung gewinnen, ist ein Normalenvektor der Ebene E und steht somit senkrecht auf E.

Da $\vec{PQ} = \vec{Q} - \vec{P} = \begin{pmatrix} 5 \\ 2 \\ 6 \end{pmatrix} - \begin{pmatrix} 1 \\ 0 \\ 2 \end{pmatrix} = \begin{pmatrix} 4 \\ 2 \\ 4 \end{pmatrix}$ folgt $\vec{PQ} = 2 \cdot \vec{n}$, womit die Behauptung gezeigt ist.

b) Die Punkte P und Q liegen symmetrisch zu einer Ebene F. Ermitteln Sie eine Gleichung von F.

Wir bestimmen zunächst den Mittelpunkt M der Verbindungsstrecke zwischen den Punkten P und Q. Dazu nutzen wir die Formel aus der Merkhilfe.

$\vec{M} = \frac{1}{2} \cdot (\vec{P} + \vec{Q}) = \begin{pmatrix} 3 \\ 1 \\ 4 \end{pmatrix}$.

Ein Punkt X ($x_1 | x_2 | x_3$), der in der Ebene F liegt, muss die folgende Gleichung erfüllen:

$$\vec{MX} \circ \vec{PQ} = 0$$

$$\begin{pmatrix} x_1 - 3 \\ x_2 - 1 \\ x_3 - 4 \end{pmatrix} \circ \begin{pmatrix} 4 \\ 2 \\ 4 \end{pmatrix} = 0$$

$$4(x_1 - 3) + 2(x_2 - 1) + 4(x_3 - 4) = 0$$

$$4x_1 + 2x_2 + 4x_3 = 30$$

$\Rightarrow$ E: $4x_1 + 2x_2 + 4x_3 = 30$

2 Siehe Aufgabengruppe 1.

Analysis 2016

Aufgabengruppe B1

BE

1 Gegeben ist die in $\mathbb{R}$ definierte Funktion f: $x \mapsto e^{\frac{1}{2}x} + e^{-\frac{1}{2}x}$. Der Graph von f wird mit G_f bezeichnet.

2 **a)** Bestimmen Sie die Koordinaten des Schnittpunkts von G_f mit der y-Achse und begründen Sie, dass G_f oberhalb der x-Achse verläuft.

3 **b)** Ermitteln Sie das Symmetrieverhalten von G_f sowie das Verhalten von f für $x \to {}^-\infty$ und für $x \to {}^+\infty$.

4 **c)** Zeigen Sie, dass für die zweite Ableitung f'' von f die Beziehung
$f''(x) = \frac{1}{4} \cdot f(x)$ für $\in \mathbb{R}$ gilt. Weisen Sie nach, dass G_f linksgekrümmt ist.

(Zur Kontrolle: $f'(x) = \frac{1}{2} \cdot \left(e^{\frac{1}{2}x} - e^{-\frac{1}{2}x}\right)$)

3 **d)** Bestimmen Sie Lage und Art des Extrempunkts von G_f.

3 **e)** Berechnen Sie die Steigung der Tangente g an G_f im Punkt P(2 | f(2)) auf eine Dezimale genau. Zeichnen Sie den Punkt P und die Gerade g in ein Koordinatensystem ein (Platzbedarf im Hinblick auf das Folgende: $-4 \leq x \leq 4$, $-1 \leq y \leq 9$).

4 **f)** Berechnen Sie f(4), im Hinblick auf eine der folgenden Aufgaben auf zwei Dezimalen genau, und zeichnen Sie unter Berücksichtigung der bisherigen Ergebnisse G_f im Bereich $-4 \leq x \leq 4$ in das Koordinatensystem aus Aufgabe 1e ein.

3 **g)** Zeigen Sie durch Rechnung, dass für $x \in \mathbb{R}$ die Beziehung
$\frac{1}{4} \cdot [f(x)]^2 - [f'(x)]^2 = 1$ gilt.

Die als Kurvenlänge $L_{a;b}$ bezeichnete Länge des Funktionsgraphen von f zwischen den Punkten (a | f(a)) und (b | f(b)) mit a < b lässt sich mithilfe der Formel $L_{a;b} = \int_a^b \sqrt{1 + [f'(x)]^2}\, dx$ berechnen.

4 **h)** Bestimmen Sie mithilfe der Beziehung aus Aufgabe 1g die Kurvenlänge $L_{0;b}$ des Graphen von f zwischen den Punkten (0 | f(0)) und (b | f(b)) mit b > 0.

(Ergebnis: $L_{0;b} = e^{\frac{1}{2}b} - e^{-\frac{1}{2}b}$)

(Fortsetzung nächste Seite)

2 Die Enden eines Seils werden an zwei vertikalen Masten, die 8,00 m voneinander entfernt sind, in gleicher Höhe über dem Erdboden befestigt. Der Graph G_f aus Aufgabe 1 beschreibt im Bereich $-4 \leq x \leq 4$ modellhaft den Verlauf des Seils, wobei die Fußpunkte F_1 und F_2 der Masten durch die Punkte $(-4\,|\,0)$ bzw. $(4\,|\,0)$ dargestellt werden (vgl. Abbildung). Eine Längeneinheit im Koordinatensystem entspricht einem Meter in der Realität.

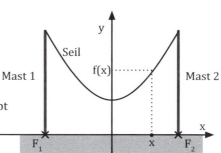

a) Der Höhenunterschied zwischen den Aufhängepunkten und dem tiefsten Punkt des Seils wird als Durchhang bezeichnet. Berechnen Sie auf der Grundlage des Modells den Durchhang des Seils auf Zentimeter genau.

b) Berechnen Sie auf der Grundlage des Modells die Größe des Winkels, den das Seil mit Mast 2 im Aufhängepunkt einschließt, sowie mithilfe der Kurvenlänge aus Aufgabe 1h die Länge des zwischen den Masten hängenden Seils auf Zentimeter genau.

Der Graph von f soll durch eine Parabel näherungsweise dargestellt werden. Dazu wird die in $\mathbb{R}$ definierte quadratische Funktion q betrachtet, deren Graph den Scheitelpunkt $(0\,|\,2)$ hat und durch den Punkt $(4\,|\,f(4))$ verläuft.

c) Ermitteln Sie den Term $q(x)$ der Funktion q, ohne dabei zu runden.

d) Für jedes $x \in \,]0;4[$ wird der Abstand der vertikal übereinander liegenden Punkte $(x\,|\,q(x))$ und $(x\,|\,f(x))$ der Graphen von q bzw. f betrachtet, wobei in diesem Bereich $q(x) > f(x)$ gilt. Der größte dieser Abstände ist ein Maß dafür, wie gut die Parabel den Graphen G_f im Bereich $0 < x < 4$ annähert. Beschreiben Sie die wesentlichen Schritte, mithilfe derer man diesen Abstand rechnerisch bestimmen kann.

Analysis 2016

Aufgabengruppe B2

BE

Im Rahmen eines W-Seminars modellieren Schülerinnen und Schüler einen Tunnelquerschnitt, der senkrecht zum Tunnelverlauf liegt. Dazu beschreiben sie den Querschnitt der Tunnelwand durch den Graphen einer Funktion in einem Koordinatensystem. Der Querschnitt des Tunnelbodens liegt dabei auf der x-Achse, sein Mittelpunkt M im Ursprung des Koordinatensystems; eine Längeneinheit im Koordinatensystem entspricht einem Meter in der Realität. Für den Tunnelquerschnitt sollen folgende Bedingungen gelten:

I   Breite des Tunnelbogens = 10 m
II Höhe des Tunnels an der höchsten Stelle: h = 5 m
III Der Tunnel ist auf einer Breite von mindestens 6 m mindestens 4 m hoch.

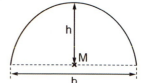

1 Eine erste Modellierung des Querschnitts der Tunnelwand verwendet die Funktion $p : x \mapsto -0{,}2\, x^2 + 5$ mit Definitionsbereich $D_p = [-5; 5]$.

6 **a)** Zeigen Sie, dass die Bedingungen I und II in diesem Modell erfüllt sind. Berechnen Sie die Größe des spitzen Winkels, unter dem bei dieser Modellierung die linke Tunnelwand auf den Tunnelboden trifft.

Die Schülerinnen und Schüler untersuchen nun den Abstand d(x) der Graphenpunkte P_x (x | p(x)) vom Ursprung des Koordinatensystems.

3 **b)** Zeigen Sie, dass $d(x) = \sqrt{0{,}04x^4 - x^2 + 25}$ gilt.

5 **c)** Es gibt Punkte des Querschnitts der Tunnelwand, deren Abstand zu M minimal ist. Bestimmen Sie die x-Koordinaten der Punkte P_x, für die d(x) minimal ist, und geben Sie davon ausgehend diesen minimalen Abstand an.

2 Eine zweite Modellierung des Querschnitts der Tunnelwand verwendet eine Kosinusfunktion vom Typ $k : x \mapsto 5 \cdot \cos(c \cdot x)$ mit $c \in \mathbb{R}$ und Definitionsbereich $D_k = [-5; 5]$, bei der offensichtlich Bedingung II erfüllt ist.

5 **a)** Bestimmen Sie c so, dass auch Bedingung I erfüllt ist, und berechnen Sie damit den Inhalt der Querschnittsfläche des Tunnels.

(zur Kontrolle: $c = \frac{\pi}{10}$, Inhalt der Querschnittsfläche: $\frac{100}{\pi}$ m^2)

2 **b)** Zeigen Sie, dass Bedingung III weder bei einer Modellierung mit p aus Aufgabe 1 noch bei einer Modellierung mit k erfüllt ist.

(Fortsetzung nächste Seite)

3 Eine dritte Modellierung des Querschnitts der Tunnelwand, bei der ebenfalls die Bedingungen I und II erfüllt sind, verwendet die Funktion
$f: x \mapsto \sqrt{25-x^2}$ mit Definitionsbereich $D_f = [-5; 5]$.

a) Begründen Sie, dass in diesem Modell jeder Punkt des Querschnitts der Tunnelwand von der Bodenmitte M den Abstand 5m hat.
Zeichnen Sie den Graphen von f in ein Koordinatensystem ein (Platzbedarf im Hinblick auf spätere Aufgaben: $-5 \leq x \leq 9$, $-1 \leq y \leq 13$) und begründen Sie, dass bei dieser Modellierung auch Bedingung III erfüllt ist.

Betrachtet wird nun die Integralfunktion $F: x \mapsto \int_0^x f(t)\,dt$ mit Definitionsbereich $D_F = [-5; 5]$.

b) Zeigen Sie mithilfe einer geometrischen Überlegung, dass $F(5) = \frac{25}{4}\pi$ gilt.
Einer der Graphen A, B und C ist der Graph von F. Entscheiden Sie, welcher dies ist, und begründen Sie Ihre Entscheidung, indem Sie erklären, warum die beiden anderen Graphen nicht infrage kommen.

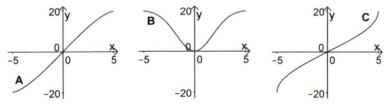

c) Berechnen Sie, um wie viel Prozent der Inhalt der Querschnittsfläche des Tunnels bei einer Modellierung mit f von dem in Aufgabe 2a berechneten Wert abweicht.

Der Tunnel soll durch einen Berg führen. Im betrachteten Querschnitt wird das Profil des Berghangs über dem Tunnel durch eine Gerade g mit der Gleichung $y = -\frac{4}{3}x + 12$ modelliert.

d) Zeigen Sie, dass die Tangente t an den Graphen von f im Punkt $R(4\,|\,f(4))$ parallel zu g verläuft. Zeichnen Sie g und t in das Koordinatensystem aus Aufgabe 3a ein.

e) Der Punkt R aus Aufgabe 3d entspricht demjenigen Punkt der Tunnelwand, der im betrachteten Querschnitt vom Hangprofil den kleinsten Abstand e in Metern hat. Beschreiben Sie die wesentlichen Schritte eines Verfahrens zur rechnerischen Ermittlung von e.

Lösung Analysis 2016 B1

1 $f(x) = e^{\frac{1}{2}x} + e^{-\frac{1}{2}x}$, $D = \mathbb{R}$

a) Teil 1: Bestimmen Sie die Koordinaten des Schnittpunkts von G_f mit der y-Achse.

> f(0) berechnen: $S_y(0 \mid f(0))$

$f(0) = e^{\frac{1}{2} \cdot 0} + e^{-\frac{1}{2} \cdot 0} = 1 + 1 = 2$
$\Rightarrow S_y = (0 \mid 2)$

Teil 2: Begründen Sie, dass G_f oberhalb der x-Achse verläuft.

> G_f oberhalb der x-Achse, wenn $f(x) > 0$

$f(x) = \underbrace{e^{\frac{1}{2}x}}_{>0} + \underbrace{e^{-\frac{1}{2}x}}_{>0} > 0$

b) Teil 1: Ermitteln Sie das Symmetrieverhalten von G_f.

> **Bestimmung des Symmetrieverhaltens**
> - $f(-x)$ berechnen
> - wenn $f(-x) = f(x)$: G_f ist achsensymmetrisch zur y-Achse.
> - Wenn $f(-x) = -f(x)$: G_f ist punktsymmetrisch zum Ursprung.

$f(-x) = e^{\frac{1}{2}(-x)} + e^{-\frac{1}{2}(-x)} = e^{-\frac{1}{2}x} + e^{\frac{1}{2}x}$
$\quad\quad = e^{\frac{1}{2}x} + e^{-\frac{1}{2}x} = f(x)$

$\Rightarrow f(-x) = f(x)$

$\Rightarrow G_f$ ist demnach achsensymmetrisch zur y-Achse.

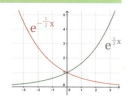

Teil 2: Untersuchen Sie das Verhalten von f für $x \to \infty$ und für $x \to -\infty$

$\lim\limits_{x \to +\infty} (\underbrace{e^{\frac{1}{2}x}}_{\to \infty} + \underbrace{e^{-\frac{1}{2}x}}_{\to 0}) = \infty + 0 = \infty$
$\quad\quad$
$\lim\limits_{x \to -\infty} (\underbrace{e^{\frac{1}{2}x}}_{\to 0} + \underbrace{e^{-\frac{1}{2}x}}_{\to \infty}) = 0 + \infty = \infty$

 Wegen der Achsensymmetrie von G_f gilt:
$\lim\limits_{x \to -\infty} f(x) = \lim\limits_{x \to +\infty} f(x) = +\infty$

c) Teil 1: Zeigen Sie, dass $f''(x) = \frac{1}{4} f(x)$ gilt für $x \in \mathbb{R}$.

$f'(x) = \frac{1}{2} e^{\frac{1}{2}x} - \frac{1}{2} e^{-\frac{1}{2}x}$

$f''(x) = \frac{1}{2} \cdot \frac{1}{2} e^{\frac{1}{2}x} - \frac{1}{2} \cdot \left(-\frac{1}{2}\right) e^{-\frac{1}{2}x} = \frac{1}{4} e^{\frac{1}{2}x} + \frac{1}{4} e^{-\frac{1}{2}x} = \frac{1}{4} \cdot \left[e^{\frac{1}{2}x} + e^{-\frac{1}{2}x} \right] = \frac{1}{4} f(x)$

Teil 2: Weisen Sie nach, dass G_f linksgekrümmt ist.

> G_f ist linksgekrümmt, wenn $f''(x) > 0$

$f(x) > 0$ gezeigt in Teilaufgabe a
Da $f(x) > 0$ und $f''(x) = \frac{1}{4} f(x)$ ⇨ $f''(x) > 0$.
⇨ G_f ist linksgekrümmt.

> **Anmerkung**
> Wenn man nicht auf diesen Zusammenhang kommt, so muss man nochmals zeigen, dass $f''(x) > 0$:
> $f''(x) = \underbrace{\frac{1}{4} e^{\frac{1}{2}x}}_{>0} + \underbrace{\frac{1}{4} e^{-\frac{1}{2}x}}_{>0} > 0$
>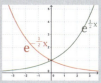

d) Bestimmen Sie Lage und Art des Extrempunkts von G_f.

> Wenn $f'(x_0) = 0$ und $f''(x_0) > 0$
> ⇨ G_f hat bei $x = x_0$ einen Tiefpunkt.

Schritt 1: $f'(x) = 0$

$$\frac{1}{2} e^{\frac{1}{2}x} - \frac{1}{2} e^{-\frac{1}{2}x} = 0 \quad | \cdot 2$$
$$e^{\frac{1}{2}x} - e^{-\frac{1}{2}x} = 0 \quad | + e^{-\frac{1}{2}x}$$
$$e^{\frac{1}{2}x} = e^{-\frac{1}{2}x} \quad | \ln(\ldots)$$
$$\frac{1}{2}x = -\frac{1}{2}x \quad | + \frac{1}{2}x$$
$$x = 0$$

Schritt 2: $f''(x) > 0$ für alle $x \in \mathbb{R}$.   (siehe Teilaufgabe c)

$$f''(0) = \frac{1}{4} \cdot \left(e^{\frac{1}{2} \cdot 0} + e^{-\frac{1}{2} \cdot 0} \right) = \frac{1}{4} \cdot (1+1) = \frac{1}{2} > 0$$

Schritt 3: $f(0) = 2$ (siehe Teilaufgabe a Teil 1)
⇨ TP $(0 \mid 2)$

e) Teil 1: Berechnen Sie die Steigung der Tangente g an G_f im Punkt $(2 \mid f(2))$ auf eine Dezimalstelle genau.

$m = f'(2) = \frac{1}{2} \left(e^{\frac{1}{2} \cdot 2} - e^{-\frac{1}{2} \cdot 2} \right) = \frac{1}{2} \cdot (e - e^{-1}) \approx 1{,}2$

Analysis 2016 - Lösung B1

Teil 2: Zeichnen Sie den Punkt P und die Gerade g in ein Koordinatensystem ein. (Zeichnung siehe Lösung zu folgender Teilaufgabe f)

 Es ist nicht nach der ganzen Tangentengleichung gefragt. Man muss nur eine Gerade, von der man die Steigung und einen Punkt kennt, einzeichnen.

f) Teil 1: Berechnen Sie f(4) auf zwei Dezimalstellen genau.
$f(4) = e^2 + e^{-2} \approx 7{,}52$

Teil 2: Zeichnen Sie unter Berücksichtigung der bisherigen Ergebnisse G_f im Bereich $-4 \leq x \leq 4$ in das Koordinatensystem ein.

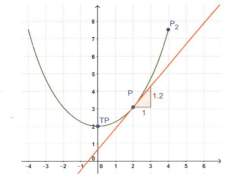

Eigenschaften von G_f:
- G_f oberhalb x-Achse (a)
- G_f ist achsensymmetrisch zur y-Achse (b)
- $f(x) \to +\infty$ für $x \to \pm\infty$ (b)
- TP (0 | 2) (d)
- G_f verläuft durch P(2 | f(2)) (e)
- G_f verläuft durch $P_2(4 | 7{,}52)$ (f)
- Die Tangente an der Stelle x = 2 hat die Steigung 1,2.

g) Zeigen Sie durch Rechnung, dass für $x \in \mathbb{R}$ die Beziehung $\frac{1}{4}[f(x)]^2 - [f'(x)]^2 = 1$ gilt.

$$[f(x)]^2 = [\underbrace{e^{\frac{1}{2}x}}_{a} + \underbrace{e^{-\frac{1}{2}x}}_{b}]^2 \overset{\text{1. binom. Formel}}{=} \underbrace{e^x}_{a^2} + \underbrace{2e^{\frac{1}{2}x} \cdot e^{-\frac{1}{2}x}}_{2ab} + \underbrace{e^{-x}}_{b^2}$$

1. Potenzgesetz
$e^{\frac{1}{2}x} \cdot e^{-\frac{1}{2}x} = e^{\frac{1}{2}x - \frac{1}{2}x} = e^0$

2. Potenzgesetz
$\left(e^{\frac{1}{2}x}\right)^2 = e^{2 \cdot \frac{1}{2}x} = e^x$

$$= e^x + 2 \cdot e^0 + e^{-x}$$
$$= e^x + 2 + e^{-x}$$

$$[f'(x)]^2 = [\frac{1}{2}(\underbrace{e^{\frac{1}{2}x}}_{a} - \underbrace{e^{-\frac{1}{2}x}}_{b})]^2 \overset{\text{2. binom. Formel}}{=} \frac{1}{4}(\underbrace{e^x}_{a^2} - \underbrace{2e^0}_{2ab} + \underbrace{e^{-x}}_{b^2})$$

$$= \frac{1}{4}(e^x - 2 + e^{-x})$$

$$\frac{1}{4}[f(x)]^2 - [f'(x)]^2 = \frac{1}{4}(e^x + 2 + e^{-x}) - \frac{1}{4}(e^x - 2 + e^{-x})$$
$$= \frac{1}{4}e^x + \frac{1}{2} + \frac{1}{4}e^{-x} - \frac{1}{4}e^x + \frac{1}{2} - \frac{1}{4}e^{-x} = 1$$

h) Berechnen Sie die Kurvenlänge mit gegebener Formel.

Die Länge der Kurve zwischen (a | f(a)) und (b | f(b)) mit a < b ist gegeben durch $L_{a,b} = \int_a^b \sqrt{1 + [f'(x)]^2}\, dx$

Mit der Funktion $f(x) = e^{\frac{1}{2}x} + e^{-\frac{1}{2}x}$ soll die Länge zwischen $P_1(0 | f(0))$ und $P_2(b | f(b))$ mit b > 0 berechnet werden.

Die Beziehung $\frac{1}{4}[f(x)]^2 - [f'(x)]^2 = 1$ aus Teilaufgabe g soll verwendet werden.

$\int_a^b \sqrt{1 + [f'(x)]^2}\, dx$ kann durch diese Beziehung ausgedrückt werden:

$\frac{1}{4}[f(x)]^2 - [f'(x)]^2 = 1 \qquad | + [f'(x)]^2$

$\qquad \frac{1}{4}[f(x)]^2 = 1 + [f'(x)]^2$

$L_{0,b} = \int_0^b \sqrt{1 + [f'(x)]^2}\, dx = \int_0^b \sqrt{\frac{1}{4}[f(x)]^2}\, dx$

$= \int_0^b \frac{1}{2}|f(x)|\, dx = \int_0^b \frac{1}{2} f(x)\, dx \qquad \boxed{\sqrt{a^2} = |a|}$

$\underbrace{}_{f(x) > 0 \text{ (Teilaufgabe a)}}$

$= \int_0^b \frac{1}{2}\left[e^{\frac{1}{2}x} + e^{-\frac{1}{2}x}\right] dx \qquad \boxed{\int e^{ax+b}\, dx = \frac{1}{a} e^{ax+b}}$

$= \left[\frac{1}{2}\left(e^{\frac{1}{2}x} + e^{-\frac{1}{2}x}\right)\right]_0^b = \left(e^{\frac{1}{2}b} - e^{-\frac{1}{2}b}\right) - \underbrace{(e^0 - e^0)}_{0} = e^{\frac{1}{2}b} - e^{-\frac{1}{2}b}$

2 a) Berechnen Sie den Durchhang des Seils auf Zentimeter genau.

⇨ Differenz der y-Werte von f(4) und f(0)

f(4) ≈ 7,52 (siehe Teilaufgabe f)   f(0) = 2 (siehe Teilaufgabe a)

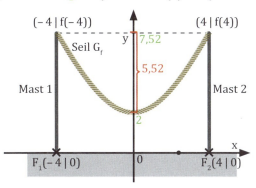

Durchhang:
f(4) − f(0) ≈ 7,52 − 2 ≈ 5,52
Der Durchhang beträgt 5,52 m.

b) Berechnen Sie die Größe des Winkels, den das Seil mit Mast 2 einschließt.

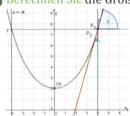

$\tan \alpha = f'(4) \Rightarrow \alpha = \tan^{-1}(f'(4))$ $\boxed{\tan \alpha = m}$

$f'(4) = \frac{1}{2}\left(e^{\frac{1}{2}\cdot 4} - e^{-\frac{1}{2}\cdot 4}\right) = \frac{1}{2}(e^2 - e^{-2})$

$\alpha = \tan^{-1}\left(\frac{1}{2}(e^2 - e^{-2})\right) \approx 74{,}59°$

$\beta = 90° - \alpha \approx 90° - 74{,}59° \approx 15{,}41°$

Der eingeschlossene Winkel beträgt etwa 15,41°. Berechnen Sie die Länge des Seils zwischen (– 4 | f(– 4)).

Idee: Formel aus Aufgabe h verwenden und damit die Länge vom Tiefpunkt (0 | f(0)) und dem Punkt (4 | f(4)) berechnen (b=4). Diese Länge muss dann verdoppelt werden.

$L_{0,4} = e^{\frac{1}{4}\cdot 4} - e^{-\frac{1}{2}\cdot 4} = e^2 - e^{-2}$

Gesamtlänge: $L = 2 \cdot L_{0,4} = 2 \cdot (e^2 - e^{-2}) \approx 14{,}51$

Das Seil ist ungefähr 14,51 m lang.

c) Ermitteln Sie den Term q(x) der Parabel, deren Graph den Scheitelpunkt (0 | 2) hat und durch den Punkt (4 | f(4)) verläuft, ohne zu runden.

Da der Scheitel bekannt ist, empfiehlt sich die Scheitelform der Parabel:

$\boxed{f(x) = a(x - x_s)^2 + y_s}$ Der TP (0 | 2) ist der Scheitel!
                                         ↑   ↑
                                        x_s y_s

$\Rightarrow f(x) = a(x - 0)^2 + 2 = a\,x^2 + 2$

Jetzt setzt man den Punkt (4 | f(4)) ein, um den Öffnungsfaktor a zu ermitteln. Da nicht gerundet werden darf, muss f(4) exakt bestimmt werden:

$f(4) = e^2 + e^{-2} \Rightarrow P(4 | e^2 - e^{-2})$ eingesetzt in $f(x) = a\,x^2 + 2$
              ↑   ↑   ↑   ↑
              x   y $e^2 - e^{-2}$ 4

$e^2 - e^{-2} = a \cdot 16 + 2 \quad |-2$

$e^2 - e^{-2} - 2 = a \cdot 16 \quad |:16 \qquad \Rightarrow$ gesuchte Parabel:

$\frac{e^2 + e^{-2} - 2}{16} = a \qquad\qquad\qquad q(x) = \frac{e^2 + e^{-2} - 2}{16} \cdot x^2 + 2$

d) Beschreiben Sie die wesentlichen Schritte, mithilfe derer man diesen Abstand rechnerisch bestimmen kann.

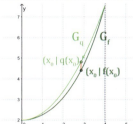

Schritt 1: Differenzfunktion d(x) = q(x) − f(x) aufstellen. (Für jeden x-Wert wird mit d(x) der Abstand der y-Werte von q(x) und f(x) beschrieben.)

Schritt 2: HP von d(x) bestimmen:
- d′(x) berechnen
- d′(x) = 0 ⇒ x = x_0
- d″(x) > 0 oder d′(x) hat VZW bei x = x_0
  $\underset{+\ \to\ -}{}$

Anmerkung
Im Graph wird deutlich, dass es nur eine Extremstelle (Maximum) gibt.

d) d(x_0) ausrechnen ⇒ HP (x_0 | d(x_0))

3. Mögliche Randextrema
   Da x ∈]0; 4[ist d(x) an x = 0 und x = 4 nicht definiert.
4. d(x_0) ist der größte Abstand von G_f und G_q.

Lösungen Analysis 2016
B 2

1 Eine erste Modellierung des Querschnitts der Tunnelwand verwendet die Funktion $p : x \mapsto -0{,}2\,x^2 + 5$ mit Definitionsbereich $D_p = [-5;\,5]$.

a) Zeigen Sie, dass die Bedingungen I und II in diesem Modell erfüllt sind. Berechnen Sie die Größe des spitzen Winkels, unter dem bei dieser Modellierung die linke Tunnelwand auf den Tunnelboden trifft.

1) Zeigen Sie, dass die Bedingung I (Breite des Tunnelbodens: b = 10 m) erfüllt ist.

Der Graph der quadratischen Funktion p ist eine nach unten geöffnete Parabel. Die Länge der Strecke $[N_1 N_2]$ zwischen den Schnittpunkten $N_1(x_1 | 0)$ und $N_2(x_2 | 0)$ der Parabel mit der x-Achse entspricht bei dieser Modellierung der Breite b des Tunnelbodens.

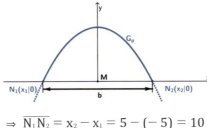

$$\begin{aligned} p(x) &= 0 \\ -0{,}2x^2 + 5 &= 0 \quad |-5 \\ x^2 &= 25 \quad |\sqrt{} \\ x_{1,2} &= \pm 5 \end{aligned}$$

$x_1 = -5; \quad x_2 = 5$

$\Rightarrow \overline{N_1 N_2} = x_2 - x_1 = 5 - (-5) = 10$

Bedingung I ist mit b=10 m erfüllt.

2) Zeigen Sie, dass die Bedingung II (Höhe des Tunnelbodens an der höchsten Stelle: h = 5 m) erfüllt ist.

1. Lösungsansatz: Scheitelpunkt der Parabel von p

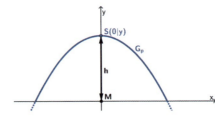

Die y-Koordinate des Scheitelpunkts S der nach unten geöffneten Parabel der quadratischen Funktion p entspricht bei dieser Modellierung der Höhe h des Tunnels an der höchsten Stelle.

Die quadratische Funktion p lässt sich ohne Rechenaufwand in der Scheitelpunktform darstellen:

Quadratische Funktion:
$f(x) = ax^2 + bx + c \,;\; a, b, c \in \mathbb{R}, a \neq 0$

Scheitelpunktform:
$f(x) = a(x - x_s)^2 + y_s$

Scheitelpunkt: $S(x_s \mid y_s)$

$p(x) = -0{,}2x^2 + 5 = -0{,}2(x-0)^2 + 5$

$\Rightarrow S(0 \mid 5)$ Bedingung II ist mit h=5 m erfüllt.

2. Lösungsansatz: Extrempunkt des Graphen von p bestimmen

Notwendige Bedingung für eine Extremstelle des Graphen der Funktion p: $p'(x)=0$

Erste Ableitung p' bilden: $p(x) = -0{,}2x^2 + 5\,;\; D_p = [-5;5]$
$\Rightarrow p'(x) = -0{,}2 \cdot 2 \cdot x^1 = -0{,}4x$

Nullstelle von p' ermitteln: $p'(x) = 0 \Leftrightarrow -0{,}4x = 0 \Leftrightarrow x = 0$

Nachweis, dass bei x=0 ein Hochpunkt vorliegt mit Hilfe der zweiten Ableitung:

$p''(x) = -0{,}4 \Rightarrow p''(0) = -0{,}4 < 0$
$\Rightarrow$ Hochpunkt $\text{HoP}(0 \mid p(0))$

negativ
Hochpunkt

$p(0) = -0{,}2 \cdot 0^2 + 5 = 5 \quad \Rightarrow \text{HoP}(0 \mid 5)$
Bedingung II ist mit h=5 m erfüllt.

3) Berechnen Sie die Größe des spitzen Winkels, unter dem die linke Tunnelwand auf den Tunnelboden trifft.

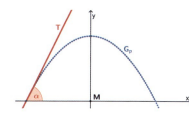

Der spitze Winkel, unter dem bei dieser Modellierung die linke Tunnelwand auf den Tunnelboden auftrifft, entspricht dem Steigungswinkel α der Tangente T an den Graphen der Funktion p im Punkt (-5|0).

Analysis 2016 - Lösung B2

> **Anwendung der Differentialrechnung:**
>
> Steigung m_T einer Tangente t an eine Funktion f im Punkt $P(x_0|f(x_0))$: $\quad m_T = f'(x_0)$
>
> Für den Steigungswinkel α der Tangente t gilt: $\tan(\alpha) = m$

Hier: $\quad m_T = p'(-5) \Rightarrow \tan(\alpha) = p'(-5)$

Steigungswinkel α berechnen:
$p'(x) = -0,4x \Rightarrow p'(-5) = -0,4 \cdot (-5) = 2$
$\Rightarrow \tan(\alpha) = 2 \Rightarrow \alpha \approx 63,43°$ $\quad$ TR: $\tan^{-1}(...)$

Bei dieser Modellierung trifft die linke Tunnelwand unter einem spitzen Winkel von ca. 63,43° auf den Tunnelboden auf.

b) Zeigen Sie, dass $d(x) = \sqrt{0,04x^4 - x^2 + 25}$ gilt. Dabei ist $d(x)$ der Abstand der Graphenpunkte $P_x(x \mid p(x))$ vom Ursprung des Koordinatensystems.

Die nebenstehende Skizze zeigt, dass sich $d(x)$ mithilfe des Satzes des Pythagoras berechnen lässt:

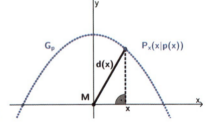

$[d(x)]^2 = x^2 + [p(x)]^2$
$\quad\quad\quad = x^2 + [-0,2x^2 + 5]^2$
$\quad\quad\quad = x^2 + [0,04x^4 - 2x^2 + 25]$
$\quad\quad\quad = 0,04x^4 - x^2 + 25$

$\Rightarrow d(x) = \sqrt{0,04x^4 - x^2 + 25}$

c) Bestimmen Sie die x-Koordinaten der Punkte P_x, für die $d(x)$ minimal ist, und geben Sie davon ausgehend diesen minimalen Abstand an.

> **Anmerkung**
> Die Wurzelfunktion wird minimal, wenn der Term unter der Wurzel (Radikand) minimal wird.
> Anstatt die komplizierte Wurzelfunktion abzuleiten, reicht es nur den einfachen Term unter der Wurzel zu betrachten.

$d(x) = \sqrt{\underbrace{0,04x^4 - x^2 + 25}_{v(x)}}$

1. Ableitung bilden:

$$v(x) = 0{,}04x^4 - x^2 + 25$$
$$v'(x) = 0{,}16x^3 - 2x$$

2. Nullstellen der Ableitung:

$$v'(x) = 0$$
$$0{,}16x^3 - 2x = 0$$
$$x(0{,}16x^2 - 2) = 0$$

$x_1 = 0$

$$0{,}16x^2 - 2 = 0 \quad |+2$$
$$0{,}16x^2 = 2 \quad |:0{,}16$$
$$x^2 = 12{,}5 \quad |\sqrt{}$$
$$x_{2,3} = \pm\tfrac{5\sqrt{2}}{2}$$

3. Überprüfung auf Minima & Maxima:

Wenn f'(x_0) = 0 und f''(x_0) > 0
⇒ G_f hat bei x = x_0 einen Tiefpunkt (Minimum). positiv ⇒ TP

Wenn f'(x_0) = 0 und f''(x_0) < 0
⇒ G_f hat bei x = x_0 einen Hochpunkt (Maximum). negativ ⇒ HP

$v''(x) = 0{,}48x^2 - 2$
$v''(0) = -2 \qquad < 0 \Rightarrow$ HoP
$v''(\pm\tfrac{5\sqrt{2}}{2}) = 4 \qquad > 0 \Rightarrow$ TiP

4. Bestimmung des minimalen Abstands:

$$d(\pm\tfrac{5\sqrt{2}}{2}) = \sqrt{0{,}04 \cdot (\pm\tfrac{5\sqrt{2}}{2})^4 - (\pm\tfrac{5\sqrt{2}}{2})^2 + 2{,}5} = \sqrt{18{,}75} \approx 4{,}3$$

⇒ d(x) ist minimal für $x = \pm\tfrac{5\sqrt{2}}{2}$. Der Abstand beträgt ungefähr 4,3 m.

Anmerkung

Wegen der Breite des Tunnels von 10 m und dessen maximalen Höhe von 5 m gilt:

$$d(5) = d(-5) = d(0) > 4{,}3$$

Demnach kommen die Randextrema nicht als Minima infrage.

2 Eine zweite Modellierung des Querschnitts der Tunnelwand verwendet eine Kosinusfunktion vom Typ $k : x \mapsto 5 \cdot \cos(c \cdot x)$ mit $c \in \mathbb{R}$ und Definitionsbereich $D_k = [-5; 5]$, bei der offensichtlich Bedingung II erfüllt ist.

a) Bestimmen Sie c so, dass auch Bedingungen I erfüllt ist und berechnen Sie damit den Inhalt der Querschnittsfläche des Tunnels.

1) c bestimmen über die Betrachtung der Nullstellen von k

Damit Bedingung I mit b = 10 m erfüllt ist, muss die Funktion k die Nullstellen $x = \pm 5$ besitzen: $k(-5) = k(5) = 0$

> **Nullstellen der Kosinusfunktion**
>
>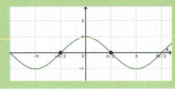
>
> Die Kosinusfunktion $x \mapsto \cos x$ besitzt für $x = (2k+1) \cdot \frac{\pi}{2}$ mit $k \in \mathbb{Z}$ Nullstellen (ungeradzahliges Vielfaches von $\frac{\pi}{2}$)

$$k(-5) = 5 \cdot \cos(-5c) = 0 \Leftrightarrow -5c = -\frac{\pi}{2}$$
$$k(5) = 5 \cdot \cos(5c) = 0 \Leftrightarrow 5c = \frac{\pi}{2}$$
$$\Rightarrow c = \frac{\pi}{10}$$

2) Flächenberechnung

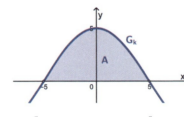

Der Inhalt der Querschnittsfläche des Tunnels entspricht dem Flächeninhalt A des Flächenstücks, das der Graph der Funktion k mit der x-Achse einschließt.

$$A = \int_{-5}^{5} 5\cos\left(\tfrac{\pi}{10}x\right) dx = 5 \int_{-5}^{5} \cos\left(\tfrac{\pi}{10}x\right) dx \qquad \int_a^b c \cdot f(x)\, dx = c \cdot \int_a^b f(x)\, dx$$

Berechnung einer Stammfunktion:

$5 \int \cos\left(\tfrac{\pi}{10}x\right) dx$

$= 5 \left(\tfrac{1}{\frac{\pi}{10}} \left(\sin\left(\tfrac{\pi}{10}x\right) \right) \right)$

$= 5 \left(\tfrac{10}{\pi} \left(\sin\left(\tfrac{\pi}{10}x\right) \right) \right) = \tfrac{50}{\pi} \sin\left(\tfrac{\pi}{10}x\right)$

> $\int \cos x\, dx = \sin x + C$
>
> **Lineare Substitution**
>
> $\int f(ax + b) = \tfrac{1}{a} F(ax+b) + C$

Berechnung des Integrals:

$$A = 5 \int_{-5}^{5} \cos\left(\tfrac{\pi}{10}x\right) dx = \left[\tfrac{50}{\pi} \sin\left(\tfrac{\pi}{10}x\right)\right]_{-5}^{5}$$

HDI:
$$\int_{a}^{b} f(x)\,dx = \left[F(x)\right]_{a}^{b} = F(b) - F(a)$$

$$= \left(\tfrac{50}{\pi} \sin\left(\tfrac{\pi}{10} \cdot 5\right)\right) - \left(\tfrac{50}{\pi} \sin\left(\tfrac{\pi}{10} \cdot (-5)\right)\right)$$

$$= \left(\tfrac{50}{\pi} \underbrace{\sin\left(\tfrac{\pi}{2}\right)}_{=1}\right) - \left(\tfrac{50}{\pi} \underbrace{\sin\left(-\tfrac{\pi}{2}\right)}_{=-1}\right) = \tfrac{100}{\pi}$$

Der Flächeninhalt der Querschnittsfläche des Tunnels beträgt $\tfrac{100}{\pi}$ m².

alternative Lösungen

b) Zeigen Sie, dass Bedingung III weder bei einer Modellierung mit p aus Aufgabe 1 noch bei einer Modellierung mit k erfüllt ist.

Bedingung III: Der Tunnel ist auf einer Breite von mindestens 6 m mindestens 4 m hoch.

Kann man zeigen, dass die Funktionswerte für $x = \pm 3$ sowohl für p als auch für k kleiner sind als 4, so ist die Aufgabe gelöst.
Denn damit ist gezeigt, dass auf einer Breite von 6 m die Tunnelwand nicht 4 m hoch ist.

$p(\pm 3) = -0{,}2 \cdot 3^2 + 5 = 3{,}2 < 4$
$k(\pm 3) = 5 \cos\left(\tfrac{\pi}{10} \cdot 3\right) \approx 2{,}94 < 4$

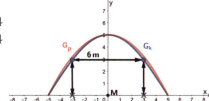

3 Eine dritte Modellierung des Querschnitts der Tunnelwand, bei der ebenfalls die Bedingungen I und II erfüllt sind, verwendet die Funktion
$f: x \mapsto \sqrt{25 - x^2}$ mit Definitionsbereich $D_f = [-5; 5]$.

a) Begründen Sie, dass in diesem Modell jeder Punkt des Querschnitts der Tunnelwand von der Bodenmitte M den Abstand 5 m hat.
Zeichnen Sie den Graphen von f in ein Koordinatensystem ein und begründen Sie, dass bei dieser Modellierung auch Bedingung III erfüllt ist.

1) Begründen des gegebenen Abstandes

Vgl. dazu Teilaufgabe 1b).

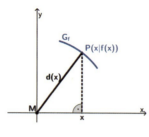

Der Abstand d(x) eines Graphenpunktes P(x|f(x)) von der Bodenmitte M kann mit Hilfe des Satzes von Pythagoras formuliert werden.

$$\begin{aligned} d(x)^2 &= x^2 + f(x)^2 \quad |\sqrt{} \\ d(x) &= \sqrt{x^2 + f(x)^2} \\ &= \sqrt{x^2 + (\sqrt{25-x^2})^2} \\ &= \sqrt{x^2 + 25 - x^2} \\ &= \sqrt{25} \\ &= 5 \end{aligned}$$

Folglich hat in diesem Modell jeder Punkt des Querschnitts der Tunnelwand von M den Abstand 5 m.

2) Zeichnen von f in ein Koordinatensystem

Die Ortslinie aller Punkte P, deren Abstand zu einem Punkt M mit d(P;M) = 5 konstant ist, ist ein Kreis mit dem Mittelpunkt M und dem Radius r = d(P;M) = 5. Da für $x \in D_f$ stets f(x) > 0 gilt, beschreibt der Graph der Funktion f einen Halbkreis mit dem Mittelpunkt M und dem Radius r = 5, der oberhalb der x-Achse verläuft.

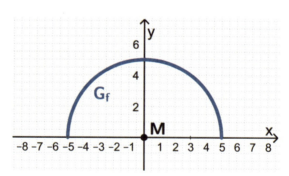

3) Begründung, dass Bedingung III erfüllt ist:

$$f(\pm 3) = \sqrt{25 - (\pm 3)^2} = \sqrt{25 - 9} = 4 \qquad \text{(vgl. Teilaufgabe 2b)}$$

b) Betrachtet wird nun die Integralfunktion

$$F: x \mapsto \int_0^x f(t)\, dt \quad \text{mit } D_f = [-5; 5]$$

Zeigen Sie mithilfe einer geometrischen Überlegung, dass $F(5) = \frac{25\pi}{4}$ gilt. Entscheiden Sie, welcher der in der Angabe abgebildeten Graphen A, B oder C den Graphen von F darstellt, indem Sie erklären, warum die beiden anderen nicht infrage kommen.

1)

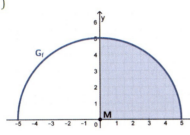

Zeigen, dass $F(5) = \frac{25\pi}{4}$ gilt:

Bekannt aus Teilaufgabe a): Der Graph von f ist ein Halbkreis mit Mittelpunkt M(0|0) und Radius r = 5. F(5) ist demnach der Flächeninhalt des Viertelkreises, den der Graph der Funktion f im ersten Quadranten mit den Koordinatenachsen einschließt.

$$F(5) = \int_0^5 f(t)\, dt = \tfrac{1}{4} A_{\text{Kreis}} = \tfrac{1}{4} r^2 \pi = \tfrac{1}{4} \cdot 5^2 \cdot \pi = \tfrac{25}{4}\pi$$

2) Entscheidung für einen Graphen

Begründung, weshalb Graph B nicht in Frage kommt:

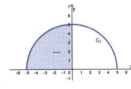

Betrachten des Verlaufs des Graphen B für $x \in [-5; 0[$. In diesem Intervall verläuft der Graph B oberhalb der x-Achse. Dies kann für die Integralfunktion F(x) jedoch nicht stimmen, da „nach links" integriert wird und die Integralfunktion somit negativ ist für $x \in [-5; 0[$. F(x) muss in dem gewählten Intervall unterhalb der x-Achse verlaufen.

Begründung, weshalb Graph C nicht in Frage kommt:

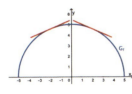

Betrachten des Krümmungsverhaltens des Graphen C. Für $x \in [-5; 0[$ ist der Graph C rechtsgekrümmt und für $x \in]0; 5]$ linksgekrümmt. Die Steigung einer Tangenten an den Graphen der Funktion f ist für x < 0 positiv und für x > 0 negativ. Die Ableitungsfunktion f´ beschreibt die Steigung einer Tangente an G_f.

Nach dem Hauptsatz der Differential- und Integralrechnung (HDI) gilt:
$$F''(x) = f'(x)$$

Damit lässt sich für das Krümmungsverhalten der Funktion F schlussfolgern:

$F''(x) > 0$ für $x < 0$
$\Rightarrow G_F$ ist für $x < 0$ linksgekrümmt

$F''(x) < 0$ für $x > 0$
$\Rightarrow G_F$ ist für $x > 0$ rechtsgekrümmt

Somit kann Graph C nicht der Graph von F sein.

Nach dem Ausschlussprinzip muss somit Graph A der Graph von F sein.

c) Berechnen Sie, um wie viel Prozent der Inhalt der Querschnittsfläche des Tunnels bei einer Modellierung mit f von dem in Aufgabe 2a berechneten Wert abweicht.

Aus Teilaufgabe b) ist der Flächeninhalt des Viertelkreises durch Modellierung mit f bekannt:
$$F(5) = \tfrac{25\pi}{4}$$

Für die Querschnittsfläche des Tunnels benötigt man einen Halbkreis:
$$A_f = 2 \cdot \tfrac{25\pi}{4} \, m^2 = 12{,}5\,\pi\, m^2$$

Aus Teilaufgabe 2a) ist bekannt:
$$A_k = \tfrac{100}{\pi}\, m^2$$

Für die prozentuale Abweichung gilt:
$$\frac{A_f - A_k}{A_k} \cdot 100\% = \frac{(\tfrac{25\pi}{2} - \tfrac{100}{\pi})\,m^2}{\tfrac{100}{\pi}\,m^2} \cdot 100\% \approx 23{,}4\,\%$$

d) Zeigen Sie, dass die Tangente t an den Graphen von f im Punkt R (4 | f (4)) parallel zu g: $x \mapsto -\frac{4}{3}x + 12$ verläuft. Zeichnen Sie g und t in das Koordinatensystem aus Aufgabe 3a ein.

1) Nachweis, dass die Tangente parallel zur Geraden g verläuft

> **Parallelität zweier Geraden:**
>
> Zwei Geraden verlaufen parallel, wenn sie dieselbe Steigungen haben.
>
> Die Tangente t an den Graphen der Funktion f im Punkt R(4|f(4)) verläuft parallel zur Geraden g, wenn gilt: $m_t = m_g$

g: $y = -\frac{4}{3}x + 12 \Rightarrow m_g = -\frac{4}{3}$

Steigung der Tangente: $\quad m_t = f'(4)$

Bestimmung der Ableitung:

$$f(x) = \sqrt{25 - x^2}$$

$$f'(x) = \frac{-2 \cdot x}{2\sqrt{25 - x^2}}$$

$$= -\frac{x}{\sqrt{25 - x^2}}$$

$\left[\sqrt{v(x)}\right]' = \dfrac{v'(x)}{2\sqrt{v(x)}}$

$\Rightarrow m_t = f'(4)$

$= -\dfrac{4}{\sqrt{25 - 4^2}} = -\dfrac{4}{3} = m_g \quad \Rightarrow t \parallel g$

2) Einzeichnen von g und t in das Koordinatensystem aus 3a)

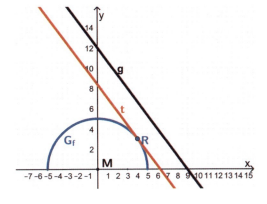

$f(4) = \sqrt{25 - 4^2}$
$= \sqrt{9} = 3$
$\Rightarrow R(4|3)$

e) Der Punkt R aus Aufgabe 3d entspricht demjenigen Punkt der Tunnelwand, der im betrachteten Querschnitt vom Hangprofil den kleinsten Abstand e in Metern hat. Beschreiben Sie die wesentlichen Schritte eines Verfahrens zur rechnerischen Ermittlung von e.

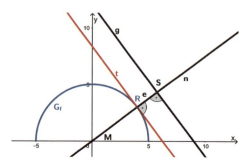

Gesucht ist die Länge der Strecke [RS].

ausführlichere Lösung

1. Schritt:	Gerade n durch die Punkte R und M bestimmen.
2. Schritt:	S als Schnittpunkt der Geraden n und g berechnen.
3. Schritt:	Mit dem Satz des Pythagoras den Abstand von R und S bestimmen.

Lösung B2 - Analysis 2016

Stochastik 2016
Aufgabengruppe B1

Ein Getränkehersteller führt eine Werbeaktion durch, um die Verkaufszahlen seiner Saftschorlen zu erhöhen. Bei 100000 der für die Werbeaktion produzierten zwei Millionen Flaschen wird auf der Innenseite des Verschlusses eine Marke für einen Geldgewinn angebracht. Von den Gewinnmarken sind 12000 jeweils 5€ wert, der Rest ist jeweils 1€ wert. Alle Flaschen der Werbeaktion werden zufällig auf Kästen verteilt. Im Folgenden werden nur Flaschen aus der Werbeaktion betrachtet.

1 Es wird eine Flasche geöffnet. Betrachtet werden folgende Ereignisse:

    A: „Der Verschluss enthält eine Gewinnmarke."
    B: „Der Verschluss enthält eine Gewinnmarke im Wert von 1€."

a) Berechnen Sie die Wahrscheinlichkeiten P(A) und P(B).

b) Es werden mehrere Flaschen geöffnet und für jede dieser Flaschen wird festgestellt, ob das Ereignis A eintritt. Begründen Sie, dass dieses Zufallsexperiment näherungsweise durch eine Bernoullikette beschrieben werden kann.

Im Folgenden gilt beim Öffnen einer Flasche stets P(A) = 0,05 und P(B) = 0,044.

c) Es werden nacheinander zehn Flaschen geöffnet. Berechnen Sie die Wahrscheinlichkeit dafür, dass sich erstmals in der fünften Flasche eine Gewinnmarke befindet.

d) Bestimmen Sie unter Zuhilfenahme des Tafelwerks, wie viele Flaschen man mindestens öffnen muss, um mit einer Wahrscheinlichkeit von mehr als 5% mindestens zwei Gewinnmarken zu finden.

e) Berechnen Sie den Gesamtwert der Gewinnmarken, die Kunden beim Öffnen der 20 Flaschen eines Kastens im Mittel in den Verschlüssen finden.

Nachdem die zwei Millionen Flaschen verkauft sind, wird die Werbeaktion fortgesetzt. Der Getränkehersteller verspricht, dass weiterhin jede 20. Flasche eine Gewinnmarke enthält. Aufgrund von Kundenäußerungen vermutet der Filialleiter eines Getränkemarkts jedoch, dass der Anteil der Saftschorle-Flaschen mit einer Gewinnmarke im Verschluss nun geringer als 0,05 ist, und beschwert sich beim Getränkehersteller.

2 Der Getränkehersteller bietet ihm an, anhand von 200 zufällig ausgewählten Flaschen einen Signifikanztest für die Nullhypothese „Die Wahrscheinlichkeit dafür, in einer Flasche eine Gewinnmarke zu finden, beträgt mindestens 0,05." auf einem Signifikanzniveau von 1% durchzuführen. Für den Fall, dass das Ergebnis des Tests im Ablehnungsbereich der Nullhypothese liegt, verspricht der Getränkehersteller, seine Abfüllanlage zu überprüfen und die Kosten für eine Sonderwerbeaktion des Getränkemarkts zu übernehmen.

Ermitteln Sie den Ablehnungsbereich der Nullhypothese und bestimmen Sie anschließend unter der Annahme, dass im Mittel nur 3% der SaftschorleFlaschen eine Gewinnmarke enthalten, die Wahrscheinlichkeit dafür, dass der Getränkemarkt nicht in den Genuss einer kostenlosen Sonderwerbeaktion kommt.

Stochastik 2016
Aufgabengruppe B2

1 Nach einem Bericht zur Allergieforschung aus dem Jahr 2008 litt damals in Deutschland jeder vierte bis fünfte Einwohner an einer Allergie. 41% aller Allergiker reagierten allergisch auf Tierhaare. Kann aus diesen Aussagen gefolgert werden, dass 2008 mindestens 10% der Einwohner Deutschlands auf Tierhaare allergisch reagierten? Begründen Sie Ihre Antwort.

2 Nach einer aktuellen Erhebung leiden 25% der Einwohner Deutschlands an einer Allergie. Aus den Einwohnern Deutschlands werden n Personen zufällig ausgewählt.

a) Bestimmen Sie, wie groß n mindestens sein muss, damit mit einer Wahrscheinlichkeit von mehr als 99% mindestens eine der ausgewählten Personen an einer Allergie leidet.

b) Im Folgenden ist n = 200. Die Zufallsgröße X beschreibt die Anzahl der Personen unter den ausgewählten Personen, die an einer Allergie leiden. Bestimmen Sie die Wahrscheinlichkeit dafür, dass der Wert der binomialverteilten Zufallsgröße X höchstens um eine Standardabweichung von ihrem Erwartungswert abweicht.

3 Ein Pharmaunternehmen hat einen Hauttest zum Nachweis einer Tierhaarallergie entwickelt. Im Rahmen einer klinischen Studie zeigt sich, dass der Hauttest bei einer aus der Bevölkerung Deutschlands zufällig ausgewählten Person mit einer Wahrscheinlichkeit von 39,5 % ein positives Testergebnis liefert. Leidet eine Person an einer Tierhaarallergie, so ist das Testergebnis mit einer Wahrscheinlichkeit von 85 % positiv. Das Testergebnis ist jedoch bei einer Person, die nicht an einer Tierhaarallergie leidet, mit einer Wahrscheinlichkeit von 35 % ebenfalls positiv.

a) Ermitteln Sie, welcher Anteil der Bevölkerung Deutschlands demnach allergisch auf Tierhaare reagiert. (Ergebnis: 9%)

b) Eine aus der Bevölkerung Deutschlands zufällig ausgewählte Person wird getestet; das Testergebnis ist positiv. Berechnen Sie die Wahrscheinlichkeit dafür, dass diese Person tatsächlich an einer Tierhaarallergie leidet.

c) Aus der Bevölkerung Deutschlands wird eine Person zufällig ausgewählt und getestet. Beschreiben Sie das Ereignis, dessen Wahrscheinlichkeit im Sachzusammenhang mit dem Term $0{,}09 \cdot 0{,}15 + 0{,}91 \cdot 0{,}35$ berechnet wird.

Lösungen Stochastik 2016
B1

1 Es wird eine Flasche geöffnet. Betrachtet werden folgende Ereignisse:

A: „Der Verschluss enthält eine Gewinnmarke."
B: „Der Verschluss enthält eine Gewinnmarke im Wert von 1€."

a) Berechnen Sie die Wahrscheinlichkeiten P(A) und P(B).

$|\Omega| = 2\,000\,000$
$|A| = 100\,000$
$|B| = 100\,000 - 12\,000 = 88\,000$

Laplace-Formel:
$P(A) = \frac{|A|}{|\Omega|}$

$P(A) = \frac{100\,000}{2\,000\,000} = \frac{1}{20} = 0{,}05 = 5\%$ $\quad$ $P(B) = \frac{88\,000}{2\,000\,000} = \frac{11}{250} = 0{,}044 = 4{,}4\%$

b) Begründen Sie, dass dieses Zufallsexperiment näherungsweise durch eine Bernoullikette beschrieben werden kann.

Lösung: Wir müssen die Eigenschaften, die für eine Bernoulli-Kette notwendig sind, überprüfen.

(I) $\quad$ Es darf nur die Möglichkeit „Treffer"/ „kein Treffer" geben.
$\Rightarrow$ Gewinnmarke ja/nein $\quad \Rightarrow$ Bedingung ist erfüllt
(II) $\quad$ Es gibt ein festes n.
$\Rightarrow$ 2 000 000 Flaschen $\quad \Rightarrow$ Bedingung ist erfüllt
(III) $\quad$ Es gilt eine feste Wahrscheinlichkeit p
$\Rightarrow$ bei Flasche 1: $p = \frac{100\,000}{2\,000\,000}$ jedoch bei Flasche 2: $p = \frac{99\,999}{1\,999\,999}$
oder $p = \frac{100\,000}{2\,000\,000}$ (wenn erste Flasche kein Gewinn)
$\Rightarrow$ Bedingung nicht ganz gegeben.

Da die Abweichung von p jedoch minimal ist, kann das Zufallsexperiment näherungsweise mit einer Bernoulli-Kette beschrieben werden.

c) Es werden nacheinander zehn Flaschen geöffnet. Berechnen Sie die Wahrscheinlichkeit dafür, dass sich erstmals in der fünften Flasche eine Gewinnmarke befindet.

Lösung: $\quad$ Wahrscheinlichkeit für Gewinn: $\quad$ p = 0,05
Wahrscheinlichkeit für keinen Gewinn: 1 – p = 1 – 0,05 = 0,95

$P = \underbrace{0{,}95^4}_{\text{4-mal hintereinander kein Gewinn}} \cdot \underbrace{0{,}05}_{\text{bei 5. Flasche Gewinn}} \approx 0{,}04 = 4\,\%$

Stochastik 2016 - Lösung B1

d) Bestimmen Sie unter Zuhilfenahme des Tafelwerks, wie viele Flaschen man mindestens öffnen muss, um mit einer Wahrscheinlichkeit von mehr als 5% mindestens zwei Gewinnmarken zu finden.

Lösung: Lösung über abgewandelten 3m-Ansatz

3m-Ansatz
$$P_p^n(X \geq k) > \beta$$

 Hier ist $X \geq 2$.
Bei Standard-3m-Ansatz gilt: $X \geq 1$. Deshalb kann diese Aufgabe nur mit Tafelwerk oder Taschenrechner gelöst werden!

$P_{0,05}^n(X \geq 2) > 0,05$
$1 - P_{0,05}^n(X \leq 1) > 0,05$ $\quad | -1$
$-P_{0,05}^n(X \leq 1) > -0,95$ $\quad | \cdot (-1)$
$P_{0,05}^n(X \leq 1) < 0,95$
$F(n; 0,05; 1) < 0,95$
Nachschlagen im Tafelwerk oder Berechnung mit TR liefern n = 8.

Bei Multiplikation bzw. Division einer Ungleichung mit einer negativen Zahl dreht sich das Ungleichungszeichen um!

e) Berechnen Sie den Gesamtwert der Gewinnmarken, die Kunden beim Öffnen der 20 Flaschen eines Kastens im Mittel in den Verschlüssen finden.

Lösung: Es wird nach dem Erwartungswert gefragt, weshalb wir eine Wahrscheinlichkeitsverteilung benötigen.

Zufallsgröße X = Wert der Gewinnmarke.

 Zufallsgröße muss gewählt werden, um davon den E-Wert E(X) zu berechnen.

x_i	0	1	5
$p_i = P(X = x_i)$	0,95	0,044	0,006

$$\mu = E(X) = \sum_{i=1}^{n} x_i \cdot p_i = x_1 \cdot p_1 + x_2 \cdot p_2 + \ldots + x_n \cdot p_n$$

$E(X) = 0 \cdot 0,95 + 1 \cdot 0,044 + 5 \cdot 0,006 = 0,074$

Der zu erwartende Gewinn pro Flasche beträgt also 0,074 €. Da nach dem Gesamtwert nach 20 Flaschen gefragt ist, müssen wir E(x) mit n = 20 multiplizieren: $\quad$ 0,074 € · 20 = 1,48 €

Antwort: Der mittlere Gesamtwert der Gewinnmarken eines Kastens beträgt 1,48 €.

Die Formel $E(X) = n \cdot p$ darf hier nicht verwendet werden, da sie nur bei der Binomialverteilung (alle p sind gleich) gilt. Wir haben hier aber unterschiedliche Wahrscheinlichkeiten ($p_1 = 0{,}95$; $p_2 = 0{,}044$; $p_3 = 0{,}006$)

2 Teil 1: Zunächst soll der Ablehnungsbereich der Nullhypothese, „die Wahrscheinlichkeit dafür, in einer Flasche eine Gewinnmarke zu finden, beträgt mindestens 0,05", anhand von 200 zufällig ausgewählten Flaschen auf einem Signifikanzniveau von 1 % festgelegt werden.

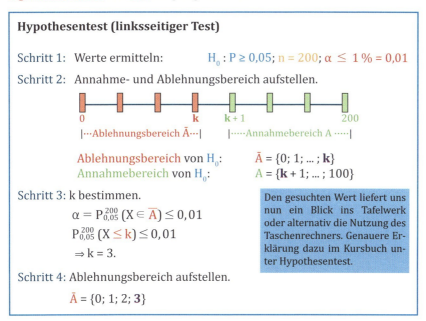

Teil 2: Bestimmen Sie anschließend unter der Annahme, dass im Mittel nur 3% der Saftschorle - Flaschen eine Gewinnmarke enthalten, die Wahrscheinlichkeit dafür, dass der Getränkemarkt nicht in den Genuss einer kostenlosen Sonderwerbeaktion kommt.

Nullhypothese:
Es gibt in mindestens 5 % der Flaschen eine Gewinnmarke. $H_0: p_0 \leq 0{,}05$

Fehler 1. Art (α-Fehler):
Man meint, es gibt zu wenige Gewinnmarken, aber in der Realität gibt es genug. ⇒ Der Getränkemarkt erhält zu unrecht eine kostenlose Werbeaktion. ($X \in \overline{A}$, obwohl $p \geq 0{,}05$)

Fehler 2. Art (β-Fehler):

Man meint, es gibt genug Gewinnmarken, obwohl es in der Realität zu wenige gibt. ($X \in A$, obwohl $p < 0{,}05$)

In der Aufgabe geht es darum den Fehler 2. Art zu berechnen.

> **Fehler 2. Art (β-Fehler)**
> $\beta = P_{P_1}^{n}(X \in A)$

$P_1 = 3\,\% = 0{,}03$ (im Mittel enthalten nur 3 % eine Gewinnmarke)
$n = 200$
$A = \{4, 5, \ldots, 200\}$ (siehe Teil 1)

$\beta = P_{0{,}03}^{200}(X \geq 4) = 1 - P_{0{,}03}^{200}(X \leq 3) \stackrel{TR}{=}_{TW} 1 - 0{,}147 = 0{,}853 = 85{,}3\,\%$

⇒ Mit einer Wahrscheinlichkeit von 85,3 % kommt der Getränkemarkt nicht in den Genuss einer kostenlosen Sonderwerbeaktion.

Lösungen Stochastik 2016
B2

1 Nach einem Bericht zur Allergieforschung aus dem Jahr 2008 litt damals in Deutschland jeder vierte bis fünfte Einwohner an einer Allergie. 41% aller Allergiker reagierten allergisch auf Tierhaare. Kann aus diesen Aussagen gefolgert werden, dass 2008 mindestens 10% der Einwohner Deutschlands auf Tierhaare allergisch reagierten? Begründen Sie Ihre Antwort.

Antwort:
Nein, die Schlussfolgerung ist falsch.

Begründung:
Die Aussage, „Jeder vierte bis fünfte Einwohner (20 - 25 %) litt 2008 an einer Allergie.", bezieht sich auf alle Einwohner Deutschlands.
Die Aussage „41 % aller Allergiker reagierten allergisch auf Tierhaare." bezieht sich auf die Allergiker Deutschlands und ist damit eine bedingte Wahrscheinlichkeit.
41 % von 20 % bis 25 % der Einwohner Deutschlands litten 2008 an einer Tierhaarallergie.

$0{,}41 \cdot 0{,}2 \ \ = 0{,}082 \ \ = \ \ 8{,}2\%$
$0{,}41 \cdot 0{,}25 = 0{,}1025 = 10{,}25\%$

$\Rightarrow$ Zwischen 8,2 % und 10,25 % der Einwohner Deutschlands reagierten 2008 allergisch auf Tierhaare.

Es kann also nicht gefolgert werden, dass 2008 mindestens 10 % der Einwohner Deutschlands auf Tierhaare allergisch reagierten.

2 Nach einer aktuellen Erhebung leiden 25% der Einwohner Deutschlands an einer Allergie. Aus den Einwohnern Deutschlands werden n Personen zufällig ausgewählt.

a) Bestimmen Sie, wie groß n mindestens sein muss, damit mit einer Wahrscheinlichkeit von mehr als 99% mindestens eine der ausgewählten Personen an einer Allergie leidet.

Lösung: 3m-Ansatz

3m-Ansatz
$P_p^n(X \geq k) > \beta$

Bei „mehr als 99 %" wähle $" > \beta"$.
Bei „min. 99 %" wähle $" \geq \beta"$

Stochastik 2016 - Lösung B2

Kurzformel 3m

$$n > \frac{\ln(1-\beta)}{\ln(1-p)}$$

Gesamt − WK
$\beta = 0{,}99$

WK für einen Treffer
$p = 0{,}25$
$n > \frac{\ln(1-0{,}99)}{\ln(1-0{,}25)}$
$n > 16{,}00785$

Es sei X die Zufallsgröße, welche die Anzahl der ausgewählten Personen beschreibt, die unter einer Allergie leiden. Die Zufallsgröße ist nach B(n; 0,25) binomialverteilt.

$\Rightarrow P_{0,25}^n(X \geq 1) > 0{,}99$ | Gegenereignis betrachten

$1 - P_{0,25}^n(X = 0) > 0{,}99$ | -1

$-P_{0,25}^n(X = 0) > -0{,}01$ | $\cdot (-1)$ ⚠

> **Bei Multiplikation bzw. Division einer Ungleichung mit einer negativen Zahl dreht sich das Ungleichungszeichen um!**

① $P_{0,25}^n(X = 0) < 0{,}01$

$\underbrace{\binom{n}{0}}_{1} \cdot \underbrace{0{,}25^0}_{1} \cdot \underbrace{(1 - 0{,}25)^{n-0}}_{(0{,}75)^n} < 0{,}01$

$(0{,}75)^n < 0{,}01$ | $\ln(...)$

① **Bernoulli-Kette**
$P_p^n(X = k) = \binom{n}{k} p^k \cdot (1-p)^{n-k}$

$n \cdot \ln(0{,}75) < \ln(0{,}01)$ | $: \ln(0{,}75)$ ⚠

3. ln-Gesetz
$\ln a^b = b \cdot \ln a$

$n > \frac{\ln(0{,}01)}{\ln(0{,}75)}$

⚠ $\ln(0{,}75) < 1$

$n > 16{,}00785 \Rightarrow n = 17$

Es müssen mindestens 17 Personen gewählt werden, damit mit einer Wahrscheinlichkeit von mehr als 99 % eine der ausgewählten Personen an einer Allergie leidet.

b) Im Folgenden ist n = 200. Die Zufallsgröße X beschreibt die Anzahl der Personen unter den ausgewählten Personen, die an einer Allergie leiden. Bestimmen Sie die Wahrscheinlichkeit dafür, dass der Wert der binomialverteilten Zufallsgröße X höchstens um eine Standardabweichung von ihrem Erwartungswert abweicht.

n = 200; p = 0,25

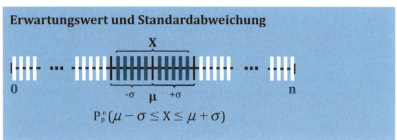

Schritt 1: Erwartungswert und Standardabweichung bestimmen

Erwartungswert: $\mu = E(X) = 200 \cdot 0{,}25 = 50$ $\boxed{\mu = E(X) = n \cdot p}$

Standardabweichung: $\sigma = \sqrt{200 \cdot 0{,}25 \cdot 0{,}75} \approx 6{,}12$ $\boxed{\sigma = \sqrt{n \cdot p \cdot (1-p)}}$

Schritt 2: Bereich aufstellen

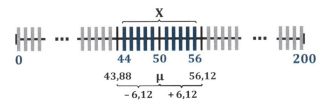

$P_{0{,}25}^{200}(43{,}86 \leq X \leq 56{,}12) =$

zu 44 aufrunden | zu 56 abrunden

⚠️ Immer zu μ hinrunden. X ist ganzzahlig!

$= P_{0{,}25}^{200}(44 \leq X \leq 56)$

Schritt 3: Wahrscheinlichkeit berechnen

$P_{0{,}25}^{200}(44 \leq X \leq 56) = P_{0{,}25}^{200}(X \leq 56) - P_{0{,}25}^{200}(X \leq 43)$

TW oder TR

$= 0{,}85546 - 0{,}14376 = 0{,}71170 \approx 71{,}2\,\%$

3 Ein Pharmaunternehmen hat einen Hauttest zum Nachweis einer Tierhaarallergie entwickelt. Im Rahmen einer klinischen Studie zeigt sich, dass der Hauttest bei einer aus der Bevölkerung Deutschlands zufällig ausgewählten Person mit einer Wahrscheinlichkeit von 39,5 % ein positives Testergebnis liefert. Leidet eine Person an einer Tierhaarallergie, so ist das Testergebnis mit einer Wahrscheinlichkeit von 85 % positiv. Das Testergebnis ist jedoch bei einer Person, die nicht an einer Tierhaarallergie leidet, mit einer Wahrscheinlichkeit von 35 % ebenfalls positiv.

a) Ermitteln Sie, welcher Anteil der Bevölkerung Deutschlands demnach allergisch auf Tierhaare reagiert. (Ergebnis: 9%)

Lösung: Die Aufgabe kann mithilfe eines Baumdiagramms gelöst werden. Hierfür muss man Ereignisse festlegen, beispielsweise wie folgt:

T: „Test ist positiv"
A: „Person leidet unter Allergie"

Aus der Angabe lassen sich folgende Wahrscheinlichkeiten herauslesen:

$P(T) = 0{,}395$, $P_A(T) = 0{,}85$, $P_{\overline{A}}(T) = 0{,}35$

Veranschaulichung mithilfe eines Baumdiagramms:

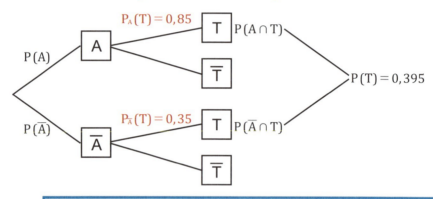

1. Pfadregel: „Werte entlang eines Pfades werden multipliziert."
$P(A \cap T) = P(A) \cdot P_A(T)$ und $P(\overline{A} \cap T) = P(\overline{A}) \cdot P_{\overline{A}}(T)$

2. Pfadregel: „Passende Wahrscheinlichkeiten werden addiert."
$P(T) = P(A \cap T) + P(\overline{A} \cap T)$

Nun soll $P(A)$ ermittelt werden:

$P(A) \cdot 0{,}85 + P(\overline{A}) \cdot 0{,}35 = 0{,}395$

   ↑   ↑   ↑
1. Pfadregel 2. Pfadregel 1. Pfadregel

$P(A) \cdot 0{,}85 + (1 - P(A)) \cdot 0{,}35 = 0{,}395$
$P(A) \cdot 0{,}85 + 0{,}35 - P(A) \cdot 0{,}35 = 0{,}395 \quad | -0{,}35$
$P(A) \cdot 0{,}5 = 0{,}045 \quad\quad\quad\quad\quad\quad\quad\quad | : 0{,}5$
$P(A) = 0{,}09 = 9\,\%$

Antwort: Der Anteil der Bevölkerung Deutschlands, der allergisch auf Tierhaare reagiert, beträgt 9 %.

b) Eine aus der Bevölkerung Deutschlands zufällig ausgewählte Person wird getestet; das Testergebnis ist positiv. Berechnen Sie die Wahrscheinlichkeit dafür, dass diese Person tatsächlich an einer Tierhaarallergie leidet.

Lösung: Gesucht ist die Bedingte Wahrscheinlichkeit $P_T(A)$

$P(T) = 0{,}395$ war in der Angabe gegeben. Wir benötigen für die Formel also noch $P(A \cap T)$.

Bedingte Wahrscheinlichkeit:
$P_T(A) = \frac{P(A \cap T)}{P(T)}$

Wir erhalten $P(A \cap T)$ durch die erste Pfadregel:
$P(A \cap T) = P(A) \cdot P_A(T) = 0{,}09 \cdot 0{,}85 = 0{,}0765$

$P_T(A) = \frac{P(A \cap T)}{P(T)} = \frac{0{,}0765}{0{,}395} \approx 0{,}194 = 19{,}4\,\%$

c) Aus der Bevölkerung Deutschlands wird eine Person zufällig ausgewählt und getestet. Beschreiben Sie das Ereignis, dessen Wahrscheinlichkeit im Sachzusammenhang mit dem Term $0{,}09 \cdot 0{,}15 + 0{,}91 \cdot 0{,}35$ berechnet wird.

Lösung:
Mithilfe der bekannten Wahrscheinlichkeiten $P(A)$, $P_A(T)$ und $P_{\overline{A}}(T)$ (vgl. Teilaufgabe a) lässt sich ein vollständig beschriftetes Baumdiagramm anfertigen:

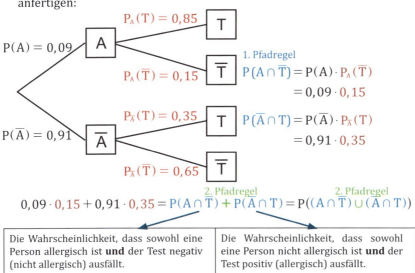

$0{,}09 \cdot 0{,}15 + 0{,}91 \cdot 0{,}35 = P(A \cap \overline{T}) + P(\overline{A} \cap T) = P((A \cap \overline{T}) \cup (\overline{A} \cap T))$

| Die Wahrscheinlichkeit, dass sowohl eine Person allergisch ist **und** der Test negativ (nicht allergisch) ausfällt. | Die Wahrscheinlichkeit, dass sowohl eine Person nicht allergisch ist **und** der Test positiv (allergisch) ausfällt. |

Der Term beschreibt also die Wahrscheinlichkeit, dass der Test ein falsches Ergebnis liefert.

Geometrie 2016
Aufgabengruppe B1

In einem kartesischen Koordinatensystem legen die Punkte A (6 | 3 | 3), B (3 | 6 | 3) und C (3 | 3 | 6) das gleichseitige Dreieck ABC fest.

a) Ermitteln Sie eine Gleichung der Ebene E, in der das Dreieck ABC liegt, in Normalenform.

(Mögliches Ergebnis: $E : x_1 + x_2 + x_3 - 12 = 0$)

Spiegelt man die Punkte A, B und C am Symmetriezentrum Z (3 | 3 | 3), so erhält man die Punkte A′, B′ bzw. C′.

b) Beschreiben Sie die Lage der Ebene, in der die Punkte A, B und Z liegen, im Koordinatensystem. Zeigen Sie, dass die Strecke [CC′] senkrecht auf dieser Ebene steht.

c) Begründen Sie, dass das Viereck ABA′B′ ein Quadrat mit der Seitenlänge $3\sqrt{2}$ ist.

Der Körper ABA′B′CC′ ist ein sogenanntes Oktaeder. Er besteht aus zwei Pyramiden mit dem Quadrat ABA′B′ als gemeinsamer Grundfläche und den Pyramidenspitzen C bzw. C′.

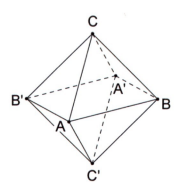

d) Weisen Sie nach, dass das Oktaeder das Volumen 36 besitzt.

e) Bestimmen Sie die Größe des Winkels zwischen den Seitenflächen ABC und AC′B.

f) Alle Eckpunkte des Oktaeders liegen auf einer Kugel. Geben Sie eine Gleichung dieser Kugel an.
Berechnen Sie den Anteil des Oktaedervolumens am Kugelvolumen.

Geometrie 2016
Aufgabengruppe B2

Für die Fernsehübertragung eines Fußballspiels wird über dem Spielfeld eine bewegliche Kamera installiert. Ein Seilzugsystem, das an vier Masten befestigt wird, hält die Kamera in der gewünschten Position. Seilwinden, welche die Seile koordiniert verkürzen und verlängern, ermöglichen eine Bewegung der Kamera.

In der Abbildung ist das horizontale Spielfeld modellhaft als Rechteck in der x_1x_2-Ebene eines kartesischen Koordinatensystems dargestellt. Die Punkte W_1, W_2, W_3 und W_4 beschreiben die Positionen der vier Seilwinden. Eine Längeneinheit im Koordinatensystem entspricht 1 m in der Realität, d. h. alle vier Seilwinden sind in einer Höhe von 30 m angebracht.

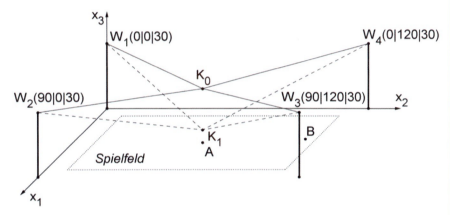

Der Punkt A (45 | 60 | 0) beschreibt die Lage des Anstoßpunkts auf dem Spielfeld. Die Kamera befindet sich zunächst in einer Höhe von 25 m vertikal über dem Anstoßpunkt. Um den Anstoß zu filmen, wird die Kamera um 19 m vertikal abgesenkt. In der Abbildung ist die ursprüngliche Kameraposition durch den Punkt K_0, die abgesenkte Position durch den Punkt K_1 dargestellt.

a) Berechnen Sie die Seillänge, die von jeder der vier Seilwinden abgerollt werden muss, um dieses Absenken zu ermöglichen, wenn man davon ausgeht, dass die Seile geradlinig verlaufen.

(Fortsetzung nächste Seite)

Geometrie 2016 - Aufgabengruppe B1

Kurze Zeit später legt sich ein Torhüter den Ball für einen Abstoß bereit. Der Abstoß soll von der Kamera aufgenommen werden. Durch das gleichzeitige Verlängern beziehungsweise Verkürzen der vier Seile wird die Kamera entlang einer geraden Bahn zu einem Zielpunkt bewegt, der in einer Höhe von 10 m über dem Spielfeld liegt. Im Modell wird der Zielpunkt durch den Punkt K_2 beschrieben, die Bewegung der Kamera erfolgt vom Punkt K_1 entlang der Geraden g mit der Gleichung: $g : \vec{X} = \vec{K_1} + \lambda \cdot \begin{pmatrix} 3 \\ 20 \\ 2 \end{pmatrix}$, $\lambda \in \mathbb{R}$, zum Punkt K_2.

b) Bestimmen Sie die Koordinaten von K_2.

(Ergebnis: $K_2 (51 \mid 100 \mid 10)$)

c) Im Zielpunkt ist die Kamera zunächst senkrecht nach unten orientiert. Um die Position des Balls anzuvisieren, die im Modell durch den Punkt $B (40 \mid 105 \mid 0)$ beschrieben wird, muss die Kamera gedreht werden. Berechnen Sie die Größe des erforderlichen Drehwinkels.

Der Torwart führt den Abstoß aus. Der höchste Punkt der Flugbahn des Balls wird im Modell durch den Punkt $H (50 \mid 70 \mid 15)$ beschrieben.

d) Ermitteln Sie eine Gleichung der durch die Punkte W_1, W_2 und K_2 festgelegten Ebene E in Normalenform und weisen Sie nach, dass H unterhalb von E liegt.

(Mögliches Teilergebnis: $E : x_2 + 5x_3 - 150 = 0$)

e) Machen Sie plausibel, dass folgende allgemeine Schlussfolgerung falsch ist:
„Liegen der Startpunkt und der anvisierte höchste Punkt einer Flugbahn des Balls im Modell unterhalb der Ebene E, so kann der Ball entlang seiner Bahn die Seile, die durch $[W_1K_2]$ und $[W_2K_2]$ beschrieben werden, nicht berühren."

Lösung Geometrie 2016
B1

a) Ermitteln Sie eine Gleichung der Ebene E, in der das Dreieck ABC liegt, in Normalenform.

Zunächst wird ein Vektor $\vec{n}$ bestimmt, der senkrecht auf der Ebene E steht. dazu bilden wir das Vektorprodukt zweier die Ebene aufspannenden Vektoren.

Aus
$$\vec{AB} = \vec{B} - \vec{A} = \begin{pmatrix} 3 \\ 6 \\ 3 \end{pmatrix} - \begin{pmatrix} 6 \\ 3 \\ 3 \end{pmatrix} = \begin{pmatrix} -3 \\ 3 \\ 0 \end{pmatrix}$$

und
$$\vec{AC} = \vec{C} - \vec{A} = \begin{pmatrix} 3 \\ 3 \\ 6 \end{pmatrix} - \begin{pmatrix} 6 \\ 3 \\ 3 \end{pmatrix} = \begin{pmatrix} -3 \\ 0 \\ 3 \end{pmatrix}$$

folgt:
$$\vec{AB} \times \vec{AC} = \begin{pmatrix} 9 \\ 9 \\ 9 \end{pmatrix} = 9 \cdot \begin{pmatrix} 1 \\ 1 \\ 1 \end{pmatrix} \Rightarrow \vec{n} = \begin{pmatrix} 1 \\ 1 \\ 1 \end{pmatrix}$$

Eine mögliche Normalenform der Ebene erhält man durch

$$E : \vec{AX} \circ \vec{n} = 0 \Rightarrow \begin{pmatrix} x_1 - 6 \\ x_2 - 3 \\ x_3 - 3 \end{pmatrix} \circ \begin{pmatrix} 1 \\ 1 \\ 1 \end{pmatrix} = 0 \Rightarrow x_1 + x_2 + x_3 - 12 = 0$$

> **Anmerkung**
> Jedes Vielfache des berechneten Vektors ist auch ein Normalenvektor. Der Vektor $\vec{n} = \frac{1}{9} \cdot \vec{AB} \times \vec{AC} = \begin{pmatrix} 1 \\ 1 \\ 1 \end{pmatrix}$ eignet sich daher gut, um mit „einfachen" Zahlen weiterrechnen zu können.

b) Beschreiben Sie die Lage der Ebene, in der die Punkte A (6 | 3 | 3), B (3 | 6 | 3) und Z (3 | 3 | 3) liegen, im Koordinatensystem.

Da alle drei Punkte die x_3-Koordinate 3 besitzen, liegen sie in einer Ebene parallel zur x_1x_2-Ebene im Abstand 3 Längeneinheiten.

Zeigen Sie, dass die Strecke [CC'] senkrecht auf dieser Ebene steht.

Der Punkt C' entsteht durch Spiegelung des Punktes C am Punkt Z, was bedeutet, dass die Punkte C, Z und C' auf einer Geraden liegen.

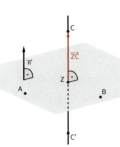

Folglich steht die Strecke [CC'] senkrecht auf der Ebene, in der die Punkte A, B und Z liegen, wenn beispielsweise der Verbindungsvektor $\vec{ZC}$ ein Normalenvektor dieser Ebene ist.

Die Ebene verläuft parallel zur x_1x_2-Ebene (Teil 1 der Aufgabe).

$\Rightarrow \vec{n} = \begin{pmatrix} 0 \\ 0 \\ 1 \end{pmatrix}$ ist ein möglicher Normalenvektor dieser Ebene.

Der Verbindungsvektor $\vec{ZC}$ ist ebenfalls ein möglicher Normalenvektor der Ebene, wenn die Vektoren $\vec{n}$ und $\vec{ZC}$ linear abhängig sind (parallel bzw. antiparallel zueinander sind).

Es muss also gelten: $\vec{ZC} = k \cdot \vec{n}; k \in \mathbb{R}$

Berechnung des Verbindungsvektors $\vec{ZC}$:

C(3 | 3 | 6), Z(3 | 3 | 3)

$$\vec{ZC} = \vec{C} - \vec{Z} = \begin{pmatrix} 3 \\ 3 \\ 6 \end{pmatrix} - \begin{pmatrix} 3 \\ 3 \\ 3 \end{pmatrix} = \begin{pmatrix} 0 \\ 0 \\ 3 \end{pmatrix} = 3 \cdot \begin{pmatrix} 0 \\ 0 \\ 1 \end{pmatrix}$$

Lineare Unabhängigkeit der Vektoren $\vec{n}$ und $\vec{ZC}$ prüfen:

$\vec{n} = \begin{pmatrix} 0 \\ 0 \\ 1 \end{pmatrix}, \vec{ZC} = 3 \cdot \begin{pmatrix} 0 \\ 0 \\ 1 \end{pmatrix} \quad \Rightarrow \vec{ZC} = 3 \cdot \vec{n}$

$\Rightarrow$ Die Vektoren $\vec{n}$ und $\vec{ZC}$ sind linear abhängig.

Der Verbindungsvektor $\vec{ZC}$ ist ein Normalenvektor der Ebene, in der die Punkte A, B und Z liegen. Folglich steht die Strecke [CC'] zwischen dem Punkt C und dem durch Spiegelung am Punkt Z entstandenen Bildpunkt C' senkrecht auf dieser Ebene.

c) Begründen Sie, dass das Viereck ABA'B' ein Quadrat mit der Seitenlänge $3\sqrt{2}$ ist.

Es wird der folgende Zusammenhang verwendet: Halbieren sich in einem Viereck die Diagonalen und stehen sie senkrecht aufeinander, so ist das Viereck ein Quadrat.

Zuerst wird gezeigt, dass $\overrightarrow{AZ} \perp \overrightarrow{BZ}$, denn dann sind die Diagonalen [AA'] und [BB'] orthogonal (s. Abbildung). Dazu wird das Skalarprodukt verwendet:

$$\overrightarrow{AZ} \circ \overrightarrow{BZ} = \begin{pmatrix} -3 \\ 0 \\ 0 \end{pmatrix} \circ \begin{pmatrix} 0 \\ -3 \\ 0 \end{pmatrix}$$

$$= -3 \cdot 0 + 0 \cdot (-3) + 0 \cdot 0 = 0$$

> **Skalarprodukt im $\mathbb{R}^3$**
> $$\vec{a} \circ \vec{b} = \begin{pmatrix} a_1 \\ a_2 \\ a_3 \end{pmatrix} \circ \begin{pmatrix} b_1 \\ b_2 \\ b_3 \end{pmatrix}$$
> $$= a_1 \cdot b_1 + a_2 \cdot b_2 + a_3 \cdot b_3$$

Daraus folgt die Orthogonalität der Diagonalen.
Für die Beträge gilt: $|\overrightarrow{AZ}| = \sqrt{(-3)^2 + 0^2 + 0^2} = 3$ und
$|\overrightarrow{BZ}| = \sqrt{0^2 + (-3)^2 + 0^2} = 3$

Somit ist gezeigt, dass das Viereck ein Quadrat ist.

Die Seitenlänge $\overrightarrow{AB}$ erhält man wie folgt: In Teilaufgabe a) wurde bereits $\overrightarrow{AB}$ bestimmt:

$\overrightarrow{AB} = \begin{pmatrix} -3 \\ 3 \\ 0 \end{pmatrix}$ Für den Betrag des Vektors gilt:

$|\overrightarrow{AB}| = \sqrt{(-3)^2 + 3^2 + 0^2} = \sqrt{18} = \sqrt{3^2 \cdot 2} = \sqrt{3^2} \cdot \sqrt{2} = 3\sqrt{2}$

Somit ist gezeigt, dass es sich bei dem Viereck ABA'B' um ein Quadrat mit der Seitenlänge $3\sqrt{2}$ handelt.

> **Anmerkung**
> Als alternativer Nachweis, dass ABA'B' ein Quadrat ist, wäre es möglich, die Koordinaten der Spiegelpunkte zu berechnen. Zeigt man dann, dass $\overrightarrow{AB} = \overrightarrow{B'A'}$, so ist das Viereck ein Parallelogramm. Aus $|\overrightarrow{AB}| = |\overrightarrow{BA'}|$ folgt, dass alle Seiten gleich lang sind (das Viereck ist also eine Raute).
> Aus $\overrightarrow{AB} \circ \overrightarrow{BA'} = 0$ folgt, dass es sich um ein Quadrat handelt.

d) Weisen Sie nach, dass das Oktaeder das Volumen 36 besitzt.

ABA′B′C ist eine quadratische Pyramide mit Spitze C. Da A, B, A′ und B′ alle die x_3-Koordinate 3 besitzen und C die x_3-Koordinate 6 besitzt, beträgt die Höhe der Pyramide 6 − 3 = 3. Für das Volumen der Pyramide gilt:

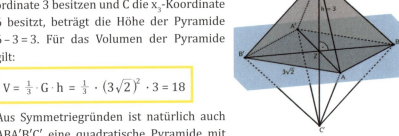

$$V = \tfrac{1}{3} \cdot G \cdot h = \tfrac{1}{3} \cdot (3\sqrt{2})^2 \cdot 3 = 18$$

Aus Symmetriegründen ist natürlich auch ABA′B′C′ eine quadratische Pyramide mit dem gleichen Volumen.

Für das Volumen des Oktaeders gilt schließlich:

$V_{Oktaeder} = 2 \cdot V_{Pyramide} = 2 \cdot 18 = 36$.

e) Bestimmen Sie die Größe des Winkels zwischen den Seitenflächen ABC und AC′B.

Für die Ebene E, in der die Seitenfläche ABC liegt, ist in Teilaufgabe a) eine Normalenform angegeben. Aus ihr liest man ab, dass der Vektor $\vec{n_E} = \begin{pmatrix} 1 \\ 1 \\ 1 \end{pmatrix}$

senkrecht auf E steht. Ein Vektor, der orthogonal ist zur Ebene F, in der A, B und C′ liegen, lässt sich durch das Vektorprodukt berechnen:

$$\vec{AB} \times \vec{AC'} = \begin{pmatrix} -3 \\ 3 \\ 0 \end{pmatrix} \times \begin{pmatrix} -3 \\ 0 \\ -3 \end{pmatrix} = \begin{pmatrix} -9 \\ -9 \\ 9 \end{pmatrix} = \tfrac{1}{9}\begin{pmatrix} -1 \\ -1 \\ 1 \end{pmatrix}$$

Somit steht auch der Vektor $\vec{n_F} = \begin{pmatrix} -1 \\ -1 \\ 1 \end{pmatrix}$ senkrecht auf der Ebene F.

weitere Lösung

Der Winkel zwischen den beiden Seitenflächen ABC und ABC' ist der Schnittwinkel α der beiden Ebenen E und F, welchen wir berechnen durch

Schnittwinkel zweier Ebenen

$$\cos \alpha = \frac{|\vec{n_1} \circ \vec{n_2}|}{|\vec{n_1}| \cdot |\vec{n_2}|} \Rightarrow \alpha = \cos^{-1}(\ldots)$$

$\vec{n_1}, \vec{n_2}$: Normalenvektoren der Ebenen

$$\cos(\alpha) = \frac{\vec{n_E} \circ \vec{n_F}}{|\vec{n_E}| \cdot |\vec{n_F}|} = \frac{\begin{pmatrix}1\\1\\1\end{pmatrix} \circ \begin{pmatrix}-1\\-1\\1\end{pmatrix}}{\sqrt{1^2+1^2+1^2} \cdot \sqrt{(-1)^2+(-1)^2+1^2}} = \frac{-1}{\sqrt{3}\cdot\sqrt{3}} = -\frac{1}{3}$$

$\Rightarrow \alpha = 109,48°$

f) Alle Eckpunkte des Oktaeders liegen auf einer Kugel.
Geben Sie eine Gleichung dieser Kugel an.

Kugelgleichung
$k : (x_1 - m_1)^2 + (x_2 - m_2)^2 + (x_3 - m_3)^2 = r^2$

Der Mittelpunkt der Kugel ist $Z(3|3|3)$ und für den Radius gilt: $r = |\vec{ZC}| = 3$.

Für die gegebene Kugel gilt: $k : (x_1 - 3)^2 + (x_2 - 3)^2 + (x_3 - 3)^2 = 3^2$

Berechnen Sie den Anteil des Oktaedervolumens am Kugelvolumen.

Kugelvolumen
$V_{Kugel} = \frac{4}{3}\pi \cdot r^3$

$V_{Kugel} = \frac{4}{3}\pi \cdot 3^3$
$V_{Oktaeder} = 36$

Für das Verhältnis der Volumina gilt: $\frac{V_{Oktaeder}}{V_{Kugel}} = \frac{36}{\frac{4}{3}\pi \cdot 3^3} \approx 0,318 = 31,8\,\%$

Lösung Geometrie 2016
B2

a) Berechnen Sie die Seillänge, die von jeder der vier Seilwinden abgerollt werden muss, um dieses Absenken zu ermöglichen, wenn man davon ausgeht, dass die Seile geradlinig verlaufen.

Zunächst benötigt man die Koordinaten der Punkte K_0 und K_1. Da K_0 25 m über dem Anstoßpunkt A liegt, muss K_0 die selben x_1- und x_2-Koordinaten haben wie A und als x_3-Koordinate 25 – also $K_0(45\,|\,60\,|\,25)$. Nach dem Absenken der Kamera um 19 m reduziert sich die x_3-Koordinate von K_0 um 19, d.h. $K_1(45\,|\,60\,|\,6)$.

Die Länge des Seils, die abgerollt werden muss, ist die Differenz der Streckenlängen:

Schritt 1: Vektoren $\overrightarrow{W_2K_1}$ und $\overrightarrow{W_2K_0}$

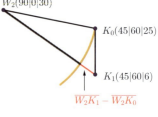

$$\overrightarrow{W_2K_1} = \vec{K_1} - \vec{W_2} = \begin{pmatrix} 45 \\ 60 \\ 6 \end{pmatrix} - \begin{pmatrix} 90 \\ 0 \\ 30 \end{pmatrix} = \begin{pmatrix} -45 \\ 60 \\ -24 \end{pmatrix}$$

$$\overrightarrow{W_2K_0} = \vec{K_0} - \vec{W_2} = \begin{pmatrix} 45 \\ 60 \\ 25 \end{pmatrix} - \begin{pmatrix} 90 \\ 0 \\ 30 \end{pmatrix} = \begin{pmatrix} -45 \\ 60 \\ -24 \end{pmatrix}$$

Schritt 2: Differenz der Längen von $\overrightarrow{W_2K_1}$ und $\overrightarrow{W_2K_0}$

$$\overline{W_2K_1} - \overline{W_2K_0} = |\overrightarrow{W_2K_1}| - |\overrightarrow{W_2K_0}|$$

$$= \left|\begin{pmatrix} -45 \\ 60 \\ -24 \end{pmatrix}\right| - \left|\begin{pmatrix} -45 \\ 60 \\ -5 \end{pmatrix}\right|$$

$$= \sqrt{(-45)^2 + 60^2 + (-24)^2} - \sqrt{(-45)^2 + 60^2 + (-5)^2}$$

$$\approx 3{,}58$$

Von jeder Seilwinde müssen also ca. 3,58 m Seil abgerollt werden.

> **Anmerkung**
> Da die Punkte K_0, K_1 und A die selben x_1- und x_2-Koordinaten haben, wie der Mittelpunkt des Vierecks $W_1W_2W_3W_4$, hätte man auch die Differenzen $\overline{W_1K_1} - \overline{W_1K_0}$, $\overline{W_3K_1} - \overline{W_3K0}$ oder $\overline{W_4K_1} - \overline{W_4K_0}$ betrachten können.

b) Bestimmen Sie die Koordinaten von K_2.

Es muss ein $\lambda \in \mathbb{R}$ geben, das die Gleichung $\vec{K_2} = \begin{pmatrix} x_1 \\ x_2 \\ 10 \end{pmatrix} = \begin{pmatrix} 45 \\ 60 \\ 6 \end{pmatrix} + \lambda \cdot \begin{pmatrix} 3 \\ 20 \\ 2 \end{pmatrix}$ erfüllt.

Da der Zielpunkt K_2 die x_3-Koordinate 10 besitzt, folgt aus der oberen Gleichung: $10 = 6 + \lambda \cdot 2$, und damit $\lambda = 2$. Eingesetzt in die Gleichung folgt:

$\vec{K_2} = \begin{pmatrix} 45 \\ 60 \\ 6 \end{pmatrix} + 2 \cdot \begin{pmatrix} 3 \\ 20 \\ 2 \end{pmatrix} = \begin{pmatrix} 45 \\ 60 \\ 6 \end{pmatrix} + \begin{pmatrix} 6 \\ 40 \\ 4 \end{pmatrix} = \begin{pmatrix} 51 \\ 100 \\ 10 \end{pmatrix}.$ $\Rightarrow K_2 (51 \mid 100 \mid 10).$

c) Im Zielpunkt ist die Kamera zunächst senkrecht nach unten orientiert. Um die Position des Balls anzuvisieren, die im Modell durch den Punkt B (40 | 105 | 0) beschrieben wird, muss die Kamera gedreht werden. Berechnen Sie die Größe des erforderlichen Drehwinkels.

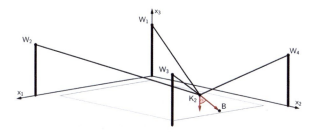

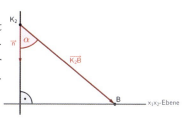

Der Drehwinkel der Kamera entspricht dem Winkel zwischen dem Verbindungsvektor $\vec{K_2B}$ und einem Normalenvektor $\vec{n}$ der x_1x_2-Ebene, welcher die ursprünglich orientierte Kamera repräsentiert.

Normalenvektor $\vec{n}$ der x_1x_2-Ebene festlegen:

Ein geeigneter Normalenvektor, der die senkrecht nach unten orientierte Kamera beschreibt, ist beispielsweise der Normalenvektor $\vec{n} = \begin{pmatrix} 0 \\ 0 \\ -1 \end{pmatrix}$ mit $|\vec{n}| = \sqrt{0^2 + 0^2 + (-1)^2} = \sqrt{1} = 1$.

Geometrie 2016 - Lösung B2

Verbindungsvektor $\overrightarrow{K_2B}$ bestimmen:

B(40 | 105 | 0), K_2(51 | 100 | 10) (vgl. Teilaufgabe b)

$$\overrightarrow{K_2B} = \vec{B} - \overrightarrow{K_2} = \begin{pmatrix} 40 \\ 105 \\ 0 \end{pmatrix} - \begin{pmatrix} 51 \\ 100 \\ 10 \end{pmatrix} = \begin{pmatrix} -11 \\ 5 \\ -10 \end{pmatrix}$$

mit $|\overrightarrow{K_2B}| = \sqrt{(-11)^2 + 5^2 + (-10)^2} = \sqrt{246}$.

Winkel α zwischen den Vektoren $\overrightarrow{K_2B}$ und $\vec{n}$ berechnen:

$$\cos(\alpha) = \frac{\vec{n} \circ \overrightarrow{K_2B}}{|\vec{n}| \cdot |\overrightarrow{K_2B}|}$$

Winkel zwischen zwei Vektoren:
$$\cos(\varphi) = \frac{\vec{a} \circ \vec{b}}{|\vec{a}| \cdot |\vec{b}|}$$

$$= \frac{(-11) \cdot 0 + 5 \cdot 0 + (-10) \cdot (-1)}{\sqrt{246} \cdot 1} = \frac{10}{\sqrt{246}} \Rightarrow \cos^{-1}\left(\frac{10}{\sqrt{246}}\right) \approx 50{,}39°$$

⇒ Um den Ball anzuvisieren, muss die Kamera um ca. 50,39° gedreht werden.

Anmerkung

Bei dem Vektor, der darstellen soll, dass die Kamera in K_2 aufgehängt ist und senkrecht nach unten zeigt, hätte man jeden beliebigen Vektor nehmen können, der linear abhängig von $\vec{n}$ ist. Dies trifft auf jeden Vektor mit $\vec{v} = k \cdot \vec{n}$ zu.

Der Torwart führt den Abstoß aus. Der höchste Punkt der Flugbahn des Balls wird im Modell durch den Punkt H (50 | 70 | 15) beschrieben.

d) Ermitteln Sie eine Gleichung der durch die Punkte W_1, W_2 und K_2 festgelegten Ebene E in Normalenform und weisen Sie nach, dass H unterhalb von E liegt.

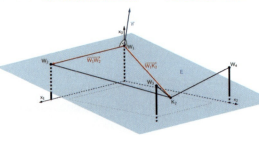

Beispielsweise legen die beiden linear abhängigen Verbindungsvektoren $\overrightarrow{W_1W_2}$ und $\overrightarrow{W_1K_2}$ die Ebene E fest. Das Vektorprodukt der Verbindungsvektoren liefert einen Normalenvektor $\vec{n}$ der Ebene E. Als Aufpunkt wählt man einen der gegebenen Punkte W_1, W_2 oder K_2. Damit lässt sich eine Gleichung der Ebene E in Normalenform angeben.

Linear unabhängige Verbindungsvektoren $\overrightarrow{W_1W_2}$ und $\overrightarrow{W_1K_2}$ bestimmen:

$W_1(0\,|\,0\,|\,30)$, $W_2(90\,|\,0\,|\,30)$, $K_2(51\,|\,100\,|\,10)$

$$\overrightarrow{W_1W_2} = \vec{W_2} - \vec{W_1} = \begin{pmatrix} 90 \\ 0 \\ 30 \end{pmatrix} - \begin{pmatrix} 0 \\ 0 \\ 30 \end{pmatrix} = \begin{pmatrix} 90 \\ 0 \\ 0 \end{pmatrix}$$

$$\overrightarrow{W_1K_2} = \vec{K_2} - \vec{W_1} = \begin{pmatrix} 51 \\ 100 \\ 10 \end{pmatrix} - \begin{pmatrix} 0 \\ 0 \\ 30 \end{pmatrix} = \begin{pmatrix} 51 \\ 100 \\ -20 \end{pmatrix}$$

Normalenvektor $\vec{n}$ der Ebene E ermitteln:

$$\overrightarrow{W_1W_2} \times \overrightarrow{W_1K_2} = \begin{pmatrix} 90 \\ 0 \\ 0 \end{pmatrix} \times \begin{pmatrix} 51 \\ 100 \\ -20 \end{pmatrix} = \begin{pmatrix} 0 \cdot (-2) - 0 \cdot 100 \\ 0 \cdot 51 - 90 \cdot (-20) \\ 90 \cdot 100 - 0 \cdot 51 \end{pmatrix}$$

$$= \begin{pmatrix} 0 \\ 90 \cdot 20 \\ 90 \cdot 100 \end{pmatrix} = \begin{pmatrix} 0 \\ 1800 \\ 9000 \end{pmatrix} = 1800 \cdot \begin{pmatrix} 0 \\ 1 \\ 5 \end{pmatrix} \qquad \Rightarrow \vec{n} = \begin{pmatrix} 0 \\ 1 \\ 5 \end{pmatrix}$$

Anmerkung
Jedes Vielfache des durch das Kreuzprodukt $\overrightarrow{W_1W_2} \times \overrightarrow{W_1K_2}$ berechneten Vektors ist auch ein Normalenvektor.

$$\vec{n} = \frac{1}{1800} \cdot 1800 \cdot \begin{pmatrix} 0 \\ 1 \\ 5 \end{pmatrix} = \begin{pmatrix} 0 \\ 1 \\ 5 \end{pmatrix}$$

Gleichung der Ebene E in Normalenform formulieren:

1. Möglichkeit: Ansatz mit der Normalenform in Vektordarstellung

W_1 wird als Aufpunkt der Ebene E gewählt.

$\vec{n} = \begin{pmatrix} 0 \\ 1 \\ 5 \end{pmatrix}$; $W_1(0\,|\,0\,|\,30)$ $\qquad E: \vec{n} \circ (\vec{X} - \vec{W_1}) = 0;$

$$E: \begin{pmatrix} 0 \\ 1 \\ 5 \end{pmatrix} \circ \left[\vec{X} - \begin{pmatrix} 0 \\ 0 \\ 30 \end{pmatrix} \right] = 0$$

Zur Umwandlung in die Koordinatendarstellung wird das Skalarprodukt ausmultipliziert.

$$\begin{pmatrix} 0 \\ 1 \\ 5 \end{pmatrix} \circ \left[\vec{X} - \begin{pmatrix} 0 \\ 0 \\ 30 \end{pmatrix} \right] = 0$$

$0 \cdot (x_1 - 0) + 1 \cdot (x_2 - 0) + 5 \cdot (x_3 - 30) = 0$

$\qquad\qquad x_2 + 5x_3 - 150 = 0 \qquad \Rightarrow E: x_2 + 5x_3 - 150 = 0$

2. Möglichkeit: Ansatz mit der Normalenform in Koordinatendarstellung.

W_1 wird als Aufpunkt der Ebene E gewählt.

$\vec{n} = \begin{pmatrix} 0 \\ 1 \\ 5 \end{pmatrix}$; $W_1(0 \mid 0 \mid 30)$

$E : n_1 x_1 + n_2 x_2 + n_3 x_3 + n_0 = 0$

$E : x_2 + 5x_3 + n_0 = 0$

$W_1 \in E : 0 + 5 \cdot 30 + n_0 = 0$
$\qquad\qquad 150 + n_0 = 0 \qquad | -150$
$\qquad\qquad\qquad n_0 = -150$

$\Rightarrow E : x_2 + 5x_3 - 150 = 0$

Nachweis, dass der Punkt H unterhalb der Ebene E liegt

Punktprobe $P \in E$ eines Punktes P vertikal zu H

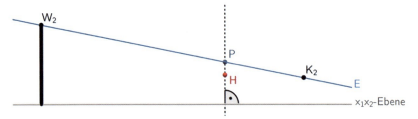

Der Punkt P, der vertikal zu Punkt H und in der Ebene E liegt, hat die gleiche x_1- und x_2-Koordinate wie Punkt H. Mithilfe einer Punktprobe $P \in E$ lässt sich die x_3-Koordinate des Punktes P ermitteln. Ein Vergleich der x_3-Koordinate der Punkte H und P lässt auf die Lage des Punktes H bezüglich der Ebene E schließen. Der Punkt H liegt unterhalb der Ebene E, wenn $x_{3H} < x_{3P}$ gilt.

$H(50 \mid 70 \mid 15) \Rightarrow P(50 \mid 70 \mid p_3)$

Koordinate p_3 durch Punktprobe $P \in E$ ermitteln:

$P(50 \mid 70 \mid p_3) \qquad E : x_2 + 5x_3 - 150 = 0$

$P \in E : 70 + 5 \cdot p_3 - 150 = 0$

$5 \cdot p_3 - 80 = 0 \quad | +80$
$\qquad 5 \cdot p_3 = 80 \quad | :5$
$\qquad\qquad p_3 = 16 \qquad\qquad \Rightarrow P(50 \mid 70 \mid 16)$

Vergleich der x_3-Koordinaten der Punkte H und P

H (50 | 70 | 15); P(50 | 70 | 16)

$\Rightarrow x_{3H} < x_{3P}$

$\Rightarrow$ Damit liegt der Punkt H unterhalb der Ebene E.

e) Machen Sie plausibel, dass folgende allgemeine Schlussfolgerung falsch ist:
„Liegen der Startpunkt und der anvisierte höchste Punkt einer Flugbahn des Balls im Modell unterhalb der Ebene E, so kann der Ball entlang seiner Bahn die Seile, die durch $[W_1K_2]$ und $[W_2K_2]$ beschrieben werden, nicht berühren."

Lagebeziehung im Sachzusammenhang

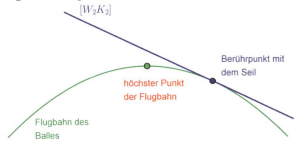

Die Flugbahn des Balls ist eine (Flug)Parabel. Die Seile, die durch die Strecken $[W_1K_2]$ und $[W_2K_2]$ beschrieben werden, liegen in der Ebene E. Im günstigen Fall verläuft die Parabel stets in einem Abstand unterhalb der Ebene E, sodass der Ball keines der beiden Seile berühren kann. Im ungünstigen Fall liegt die Ebene E tangential zur Parabel, d.h. der Ball berührt die Ebene E in einem Punkt. Daher ist es grundsätzlich möglich, dass der Ball eines der Seile berührt, selbst wenn der Startpunkt S und der höchste Punkt der Flugbahn des Balls unterhalb der Ebene E liegen.

Analysis 2015

Aufgabengruppe A1

Diese Aufgaben dürfen nur in Verbindung mit den zur selben Aufgabengruppe gehörenden Aufgaben im Prüfungsteil B bearbeitet werden.

BE

1 Gegeben ist die Funktion $f: x \mapsto (x^3 - 8) \cdot (2 + \ln x)$ mit maximalem Definitionsbereich D.

1   **a)** Geben sie D an.

2   **b)** Bestimmen Sie die Nullstellen von f.

2 Gegeben sind die in ℝ definierten Funktionen f, g und h mit
$f(x) = x^2 - x + 1$, $g(x) = x^3 - x + 1$ und $h(x) = x^4 + x^2 + 1$

3   **a)** Abbildung 1 zeigt den Graphen einer der drei Funktionen. Geben Sie an, um welche Funktion es sich handelt. Begründen Sie, dass der Graph die anderen Funktionen nicht darstellt.

2   **b)** Die erste Ableitungsfunktion von h ist h'. Bestimmen Sie den Wert von $\int_0^1 h'(x)\,dx$

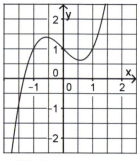

Abb. 1

1   **3 a)** Geben Sie einen positiven Wert für den Parameter a an, sodass die in ℝ definierte Funktion $f: x \mapsto \sin(ax)$ eine Nullstelle in $x = \frac{\pi}{6}$ hat.

2   **b)** Ermitteln Sie den Wert des Parameters b, sodass die Funktion $g: x \mapsto \sqrt{x^2 - b}$ den maximalen Dfinitionsbereich ℝ \ ]−2; 2[besitzt.

2   **c)** Erläutern Sie, dass die in ℝ definierte Funktion $h: x \mapsto 4 - e^x$ den Wertebereich]−∞; 4[besitzt.

4 Abbildung 2 zeigt den Graphen einer in ℝ definierten differenzierbaren Funktion g: x ↦ g(x). Mithilfe des Newton-Verfahrens soll ein Näherungswert für die Nullstelle a von g ermittelt werden. Begründen Sie, dass weder die X-Koordinate des Hochpunkts H noch die x-Koordinate des Tiefpunkts T als Startwert des Newton-Verfahrens gewählt werden kann.

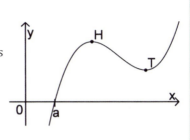

Abb. 2

5 Gegeben ist die Funktion f mit $f(x) = x^3 - 6x^2 + 11x - 6$ und $x \in \mathbb{R}$.
   a) Weisen Sie nach, dass der Wendepunkt des Graphen von f auf der Geraden mit der Gleichung $y = x - 2$ liegt.
   b) Der Graph von f wird verschoben. Der Punkt (2 | 0) des Graphen der Funktion f besitzt nach der Verschiebung die Koordinaten (3 | 2). Der verschobene Graph gehört zu einer Funktion h. Geben Sie die Gleichung von h an.

Analysis 2015
Aufgabengruppe A 2

BE

1 Gegeben ist die Funktion $g: x \mapsto \ln(2x + 3)$ mit maximaler Definitionsmenge D und Wertemenge W. Der Graph von g wird mit G_g bezeichnet.

2 a) Geben Sie D und W an.

4 b) Ermitteln Sie die Gleichung der Tangente an G_g im Schnittpunkt von G_g mit der x-Achse.

2 Gegeben ist die Funktion f mit $f(x) = x^3 - 6x^2 + 11x - 6$ und $x \in \mathbb{R}$.

3 a) Weisen Sie nach, dass der Wendepunkt des Graphen von f auf der Geraden mit der Gleichung $y = x - 2$ liegt.

2 b) Der Graph von f wird verschoben. Der Punkt $(2|0)$ des Graphen der Funktion f besitzt nach der Verschiebung die Koordinaten $(3|2)$. Der verschobene Graph gehört zu einer Funktion h. Geben Sie die Gleichung von h an.

3 Geben Sie jeweils den Term einer Funktion an, die die angegebenen Eigenschaft(en) besitzt.

2 a) Die Funktion g hat die maximale Definitionsmenge $]-\infty; 5]$.

3 b) Die Funktion k hat in $x = 2$ eine Nullstelle und in $x = -3$ eine Polstelle ohne Vorzeichenwechsel. Der Graph von k hat die Gerade mit der Gleichung $y = 1$ als Asymptote.

4 **4** Gegeben ist die Schar der in $\mathbb{R}$ definierten Funktionen $f_a: x \mapsto xe^{ax}$ mit $a \in \mathbb{R} \setminus \{0\}$. Ermitteln Sie, für welchen Wert von a die erste Ableitung von f_a an der Stelle $x = 2$ den Wert 0 besitzt.

20

Lösung Analysis 2015 - A1

1 $f(x) = (x^3 - 8) \cdot (2 + \ln x)$

a) Maximalen Definitionsbereich angeben:
Die Funktion besteht aus dem Produkt aus 2 Faktoren. Der erste Faktor $(x^3 - 8)$ schränkt D nicht ein. Im zweiten Faktor $(2 + \ln x)$ muss auf das $\ln x$ geachtet werden.

Definitionsmenge

$\dfrac{Z}{N}_{\neq 0}$, $\sqrt{\underset{\geq 0}{...}}$, $\ln \underset{>0}{(...)}$

Definitionsbereich von $\ln(x)$:
$D = \mathbb{R}^+ = \,]0; \infty[$

b) Nullstellen von f bestimmen

> Satz vom Nullprodukt verwenden.

$f(x) = 0 \quad \Leftrightarrow \quad (x^3 - 8) \cdot (2 + \ln x) = 0$

1) $x^3 - 8 = 0 \quad | +8$
   $x^3 = 8 \quad | \sqrt[3]{(\,)}$
   $x = \sqrt[3]{8} = 2$

2) $2 + \ln x = 0 \quad | -2$
   $\ln x = -2 \quad | e^{(\,)}$
   $x = e^{-2} = \dfrac{1}{e^2}$

2 $f(x) = x^2 - x + 1$; $g(x) = x^3 - x + 1$; $h(x) = x^4 - x^2 + 1$

a) Geben Sie an, um welche Funktion es sich handelt. Begründen Sie, dass der Graph die anderen Funktionen nicht darstellt.

Abbildung 1 zeigt den Graphen der Funktion g.
Funktion f kann ausgeschlossen werden, denn:
1. Möglichkeit: Eine quadratische Funktion hat genau einen Extrempunkt, den Scheitelpunkt.
2. Möglichkeit: Betrachte das Verhalten von f für $x \to \pm\infty$:

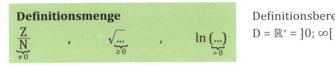

Auch die Funktion h kann ausgeschlossen werden, denn:
1. Möglichkeit: Betrachte das Symmetrieverhalten von h.

> Der Graph einer Funktion f ist achsensymmetrisch zur y-Achse, wenn gilt: **f(x) = f(−x)**.
> Bei ganzrationalen Funktionen ist der Graph G_f achsensymmetrisch zur y-Achse, wenn alle Exponenten gerade sind.

$h(-x) = (-x^4) + (-x)^2 + 1 = x^4 + x^2 + 1 = h(x)$
⇨ Der Graph von h ist achsensymmetrisch zur y-Achse.

2. Möglichkeit: Betrachte das Verhalten von h für x → ±∞:

$$\lim_{x \to \infty} h(x) = \lim \underbrace{x^4}_{\infty} + \underbrace{x^2}_{\infty} + 1 \to \infty$$

> **Anmerkung**
>
> Es kann auch die höchste Potenz ausgeklammert werden:
> $$\lim_{x \to \infty} x^4 + x^2 + 1 = \lim_{x \to \infty} x^4 \cdot \underbrace{\left(1 + \frac{1}{x^2} + \frac{1}{x^4}\right)}_{\to 1} \to \infty$$

Weitere Möglichkeit um den dargestellten Graphen zu bestimmen:
Der in Abbildung 1 dargestellte Graph geht durch die Punkte (−1 | 1), (0 | 1) und (1 | 1). Nun wird untersucht, ob die Graphen der gegebenen Funktionen diese Punkte ebenfalls beinhalten.

	x = −1	x = 0	x = 1
y-Wert von G in Abb. 1	1	1	1
f(x)	3	1	1
g(x)	1	1	1
h(x)	3	1	3

Aus der Tabelle wird klar ersichtlich, dass nur die Funktion g durch die drei angegebenen Punkte verläuft. Somit stellt der Graph in Abbildung 1 den Graphen der Funktion g dar.

> ⚠ Für jede Funktion ist jeweils nur ein Argument notwendig.

b) Bestimme $\int_{0}^{1} h'(x)\,dx$

> **Hauptsatz der Differential- und Integralrechnung**
>
> Ist F eine Stammfunktion von f, dann ist F′ = f und es gilt:
> $$\int_{a}^{b} f(x)\,dx = \left[F(x)\right]_{a}^{b} = F(b) - F(a)$$

Verwende den HDI, hier ist h eine Stammfunktion von h':

$$\int_0^1 h'(x)\,dx = [h(x)]_0^1 = [x^4 + x^2 + 1]_0^1 = 3 - 1 = 2$$

3 a) Gesucht wird ein positiver Wert für den Parameter a, sodass die in $\mathbb{R}$ definierte Funktion f(x) = sin (ax) eine Nullstelle in $x = \frac{\pi}{6}$ hat.

Die Funktion sin (x) hat ihre Nullstellen bei $x = k \cdot \pi$, $k \in \mathbb{Z}$. (vgl. Graph rechts)

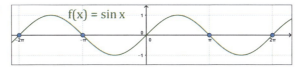

Hier: $x = \frac{\pi}{6}$

$a\,x = k\,\pi$
$a \cdot \frac{\pi}{6} = k \cdot \pi \qquad | : \frac{\pi}{6}$
$a = k \cdot \pi \cdot \frac{6}{\pi} = 6k$

Für k = 1 ⇨ a = 6 (weitere wären: k = 2 ⇨ a = 12; k = 3 ⇨ a = 18; usw.)
Da a > 0 gelten soll, darf man auch für k nur positive Werte wählen.

 Es wird **ein** positiver Wert für a gesucht. Es ist also unnötig und fehleranfällig, mehrere anzugeben.

b) Gesucht ist der Wert für den Parameter b, sodass die Funktion $g(x) = \sqrt{x^2 - b}$ den maximalen Definitionsbereich $\mathbb{R} \setminus]{-2}; 2[$ besitzt.

Definitionsmenge

$\underbrace{\dfrac{Z}{N}}_{\neq 0}$, $\underbrace{\sqrt{\ldots}}_{\geq 0}$, $\underbrace{\ln(\ldots)}_{>0}$

1. Möglichkeit: Es muss gelten: $x^2 - b \geq 0$, wobei für die Intervallgrenzen
$x = -2$ und $x = 2$ gilt: $x^2 - b = 0$

$(-2)^2 - b = 0 \qquad | +b \qquad 2^2 - b = 0 \qquad | +b$
$4 = b \qquad\qquad\qquad\qquad 4 = b$

2. Möglichkeit: $x^2 - b \geq 0 \qquad | +b$
$\qquad\qquad\qquad x^2 \geq b \qquad | \sqrt{(\ldots)}$
$\qquad\qquad\qquad \pm x \geq \sqrt{b}$, also $x \geq \sqrt{b}$ und $x \geq -\sqrt{b}$
$\qquad\qquad \Rightarrow D = \mathbb{R} \setminus]-\sqrt{b}\,;\sqrt{b}\,[$
Da $\sqrt{b} = 2$ folgt: b = 4

c) Erläutern Sie, dass die in ℝ definierte Funktion h(x) = 4 − e^x den Wertebereich]−∞ ; 4[besitzt.

Der Graph der Funktion h entsteht aus dem Graphen der Funktion x ↦ e^x (mit W= ℝ$^+$) durch:

- Spiegelung an der x-Achse:

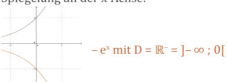

− e^x mit D = ℝ$^-$ =]−∞ ; 0[

- Verschiebung um 4 in y-Richtung:

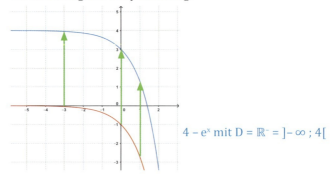

4 − e^x mit D = ℝ$^-$ =]−∞ ; 4[

4 Mit Hilfe des Newtonverfahrens soll ein Näherungswert für die Nullstelle a von g ermittelt werden.
Begründen Sie, dass weder die x-Koordinate des Hochpunkts noch die des Tiefpunkts als Startwert für das Verfahren gewählt werden können.

 Es ist hier nur nach der Begründung für die Wahl des Startwertes gefragt. Es ist nicht möglich, a mit Hilfe des Newton-Verfahrens zu bestimmen.

1. Möglichkeit: Begründung über die Newtonsche Iterationsformel

Newtonsche Iterationsformel:
$$x_{n+1} = x_n - \frac{g(x_n)}{g'(x_n)} \quad g'(x_n) \neq 0$$

Da jedoch g′(x$_H$) = g′(x$_T$) = 0 ist, können weder die x-Koordinate des Hochpunktes noch die des Tiefpunktes gewählt werden.

2. Möglichkeit: Graphische Begründung

Für das Newton-Verfahren werden Tangenten an den Graphen gelegt. Sowohl im Hoch- als auch im Tiefpunkt sind die Tangenten waagerecht (m = 0), sie liefern also keinen Schnittpunkt mit der x-Achse.

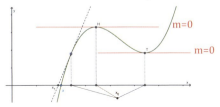

5 $f(x) = x^3 - 6x^2 + 11x - 6$, $x \in \mathbb{R}$

a) Nachweisen, dass der Wendepunkt von f auf der Geraden mit der Gleichung y = x − 2 liegt.

1. Schritt: Wendepunkt ermitteln

> **Wendepunkt**
> 1) $f''(x_W) = 0$ und $f'''(x_W) \neq 0$ oder
> 2) f'' hat bei $x = x_W$ einen VZW (Krümmung **ändert** sich)

 Wenn sich $f'''(x)$ einfach berechnen lässt, geht die 1. Möglichkeit schneller, sonst die 2. Möglichkeit.

x-Wert bestimmen $f(x) = x^3 - 6x^2 + 11x - 6$
                           $f'(x) = 3x^2 - 12x + 11x$
                           $f''(x) = 6x - 12x$

$f''(x) = 0$ $6x - 12 = 0$ $| + 12$
                     $6x = 12$ $| : 6$
                     $x = 2$

$f'''(x) = 6$
$f'''(2) \neq 0$ ⇒   x = 2 ist eine Wendestelle

Alternative Möglichkeit: Krümmungstabelle

x	x < 2	x = 2	x > 2
$f''(x)$	−	0	+
G_f	rechts gekrümmt	WP	links gekrümmt

⇒ Bei x = 2 liegt eine Wendestelle vor.

y-Koordinate des Wendepunktes bestimmen
f(2) = 2³ – 6 · 2² + 11 · 2 – 6 = 8 – 24 + 22 – 6 = 0
⇨ WP (2 | 0)

2. Schritt: Nachweis, dass der Wendepunkt auf der Geraden y = x – 2 liegt

Hierzu werden die Koordinaten des Wendepunktes WP (2 | 0) in die Geradengleichung eingesetzt:
2 = 0 – 2   ⇨   2 = 2 ✓

⇨ Der Wendepunkt liegt auf der Geraden mit der Gleichung y = x – 2

b) Der Graph von f wird so verschoben, dass der Punkt P (2 | 0) nach der Verschiebung die Koordinaten (3 | 2) besitzt. Gesucht wird eine Gleichung h der verschobenen Funktion.

Da (2 | 0) auf (3 | 2) verschoben wird, wird der Graph der Funktion f um 1 in x-Richtung nach rechts und um 2 in y-Richtung nach oben verschoben.

h(x) = f(x – 1) + 2 = (x – 1)³ – 6 · (x – 1)² + 11 · (x – 1) – 6 + 2
     = (x – 1)³ – 6 · (x – 1)² + 11 · (x – 1) – 4

 Es wird nur nach der Gleichung von h verlangt.
Es ist also nicht notwendig, den Term auszumultiplizieren.

Falls einmal der ausmultiplizierte Term verlangt wird:

binomische Formel (hoch 3)	2. binomische Formel
(a – b)³ = a³ + 3a²b + 3ab² – b³	(a – b)² = a² – 2ab + b²

h(x) = (x – 1)³ – 6 · (x – 1)² + 11 · (x – 1) – 4
     = x³ – 3x² + 3x – 1 – 6 · (x² – 2x + 1) + 11x – 11 – 4
     = x³ – 3x² + 3x – 1 – 6x² – 12x – 6 + 11x – 11 – 4
     = x³ – 9x² + 2x – 22

Lösung Analysis 2015 - A2

1 $g(x) = \ln(2x+3)$

a) Teil 1: Geben Sie die maximale Definitionsmenge an.

Definitionsmenge

$\dfrac{Z}{N_{\neq 0}}$, $\sqrt{\underset{\geq 0}{\ldots}}$, $\ln(\underset{>0}{\ldots})$

$2x + 3 > 0 \quad |-3$
$2x > -3 \quad |:2$
$x > -\dfrac{3}{2} \Rightarrow D = \left]-\dfrac{3}{2}\,;\,+\infty\right[$

Teil 2: Geben Sie die Wertemenge an.

Möglichkeit 1: Zurückführen auf ln(x)

Die Wertemenge der Funktion g ist dieselbe, wie die der Funktion $f(x) = \ln(x)$, denn das Argument $2x + 3$ kann für jedes $x \in D$ jede beliebige positive reelle Zahl annehmen. Somit gilt: $W = \mathbb{R}$.

Möglichkeit 2: Grenzwertbetrachtung

Die Grenzwerte von g(x) werden an den Rändern des Definitionsbereichs betrachtet:

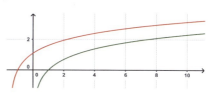

$\left.\begin{array}{l}\lim\limits_{x \to -\frac{3}{2}} g(x) = \lim\limits_{x \to -\frac{3}{2}} \ln(\underset{\to 0}{2x+3}) = -\infty \\ \lim\limits_{x \to \infty} g(x) = \lim\limits_{x \to \infty} \ln(\underset{\to \infty}{2x+3}) = +\infty\end{array}\right\} W = \mathbb{R}$

b) Ermitteln Sie die Gleichung der Tangente an G_g im Schnittpunkt von G_g mit der x-Achse.

Schritt 1: Berechnung des Schnittpunkts von g mit der x-Achse

Bestimmung der Nullstellen einer Funktion f:
setze f(x) gleich 0, also f(x) = 0

$g(x) = 0$

$\ln(2x+3) = 0$
$2x + 3 = 1 \quad |-3$
$2x = -2 \quad |:2$
$x = -1$

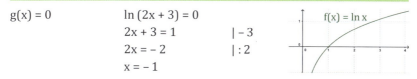

Anmerkung:
Das Wissen über die Nullstelle der ln-Funktion ist nicht unbedingt nötig. Man erhält die gesuchte Nullstelle auch, durch Anwendung der e-Funktion: $\ln(2x+3) = 0 \quad | e^{(\ldots)} \Rightarrow e^{\ln(2x+3)} = e^0 \Rightarrow 2x+3 = 1$

Analysis 2015 - Lösung A2

Berechnung der Tangentengleichung für den Punkt P(– 1 | 0):
1. y = m x + t
2. $g'(x) = \frac{2}{2x+3}$ $\boxed{\ln(v(x))' = \frac{v'(x)}{v(x)}}$
3. $m = \frac{2}{2(-1)+3} = 2$
4. P bereits gegeben, sonst: $y_0 = g(x_0)$ ⇨ $P(x_0 | y_0)$
5. t bestimmen: $0 = 2 \cdot (-1) + t$ ⇨ $t = 2$
6. y = 2 x + 2

2 Die Aufgabe entspricht Aufgabe 5 der Aufgabengruppe 1.

3 Geben Sie den Term einer Funktion mit den angegebenen Eigenschaften an.

a) Gesucht ist eine Funktion g mit maximaler Definitionsmenge D =]– ∞; 5]

Eine Funktionsklasse, welche D derart einschränkt, sind die Wurzelfunktionen. Denn für alle x ∈ D muss der Radikand (also der Term unter der Wurzel) > 0 sein.
Die Funktion $g(x) = \sqrt{5-x}$ besitzt demnach die gewünschte Definitionsmenge, denn:
   5 – x ≥ 0 | + 5
   5 ≥ x
oder   x ≤ 5

Anmerkung graphische Erklärung:

Entstehung des Graphen von $g(x) = \sqrt{5-x}$ aus $f(x) = \sqrt{x}$

1.) $\sqrt{x} \rightarrow \sqrt{-x}$:
Spiegelung an der x-Achse

2.) $\sqrt{-x} \rightarrow \overline{\sqrt{5-x}}$:
Verschiebung um 5 in pos. x-Richtung

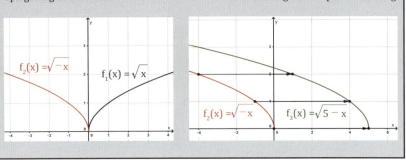

 Es wird nur nach *einer* Funktion gefragt. Es ist also unnötig und fehleranfällig, weitere Funktionen mit den geforderten Eigenschaften anzugeben!

b) Gesucht wird eine Funktion k, welche in x = 2 eine Nullstelle und in x = – 3 eine Polstelle ohne Vorzeichenwechsel hat, sowie die Gerade y = 1 als Asymptote besitzt.

Bedingung 1: k hat in x = 2 eine Nullstelle ⇨ $k(x) = \frac{x-2}{...}$
Bedingung 2: k hat in – 3 eine Polstelle ohne VZW ⇨ $k(x) = \frac{x-2}{(x+3)^2}$

> **Polstellen mit und Ohne VZW**
>
> - Eine Funktion hat eine Polstelle ohne VZW, wenn der Nenner eine Nullstelle gerader Ordnung hat.
> - Eine Funktion hat eine Polstelle mit VZW, wenn der Nenner eine Nullstelle ungerader Ordnung hat.

Bedingung 3: y = 1 ist waagrechte Asymptote ⇨ $k(x) = \frac{1 \cdot (x-2)^2}{1 \cdot (x+3)^2}$

> **Waagrechte Asymptoten:**
>
> Eine gebrochenrationale Funktion hat eine waagrechte Asymptote, wenn der Grad des Zählerpolynoms gleich dem Grad des Nennerpolynoms ist. Damit y = 1 die waagrechte Asymptote ist, müssen auch die jeweiligen Leitkoeffizienten gleich sein. Hier: $y = \frac{1}{1}$

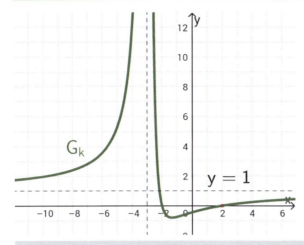

$k(x) = \frac{1 \cdot (x-2)^2}{1 \cdot (x+3)^2}$

> **Anmerkung**
>
> Natürlich sind auch andere Funktionen möglich, z.B. $k(x) = \frac{x^2-4}{(x+3)^2}$

4 $f_a(x) = \underbrace{x}_{u(x)} \cdot \underbrace{e^{ax}}_{v(x)}$ mit $a \in \mathbb{R} \setminus \{0\}$.

Ermitteln Sie, für welchen Wert von a die erste Ableitung von f_a an der Stelle x = 2 den Wert 0 besitzt.

Produktregel

$f(x) = u(x) \cdot v(x) \quad f'(x) = u'(x) \cdot v(x) + u(x) \cdot v'(x)$

Hier $u(x) = x \qquad u'(x) = 1$
$v(x) = e^{ax} \qquad v'(x) = e^{ax} \cdot a$
$\Rightarrow f'(x) = 1 \cdot e^{ax} + x \cdot e^{ax} \cdot a = e^{ax}(1+ax)$

Ableitung e-Funktion
$f(x) = e^{g(x)} \qquad f'(x) = e^{g(x)} \cdot g'(x)$

Es muss gelten: $\qquad f_a'(2) = 0$

$$e^{2a} \cdot (1+2a) = 0$$
⚠ > 0 für alle a

$$1 + 2a = 0$$
$$a = -\tfrac{1}{2}$$

Stochastik 2015

Aufgabengruppe A1

Diese Aufgaben dürfen nur in Verbindung mit den zur selben Aufgabengruppe gehörenden Aufgaben im Prüfungsteil B bearbeitet werden.

1 Bei der Wintersportart Biathlon wird bei jeder Schießeinlage auf fünf Scheiben geschossen. Ein Biathlet tritt bei einem Einzelrennen zu einer Schießanlage an, bei der er auf jede Scheibe einen Schuss abgibt. Diese Schießeinlage wird modellhaft durch eine Bernoullikette mit der Länge 5 und der Trefferwahrscheinlichkeit p beschrieben.

a) Geben Sie für die folgenden Ereignisse A und B jeweils einen Term an, der die Wahrscheinlichkeit des Ereignisses in Abhängigkeit von p beschreibt.
A: „Der Biathlet trifft bei genau vier Schüssen."
B: „Der Biathlet trifft nur bei den ersten beiden Schüssen."

b) Erläutern Sie anhand eines Beispiels, dass die modellhafte Beschreibung der Schießeinlage durch eine Bernoullikette unter Umständen der Realität nicht gerecht wird.

2 Ein Moderator lädt zu seiner Talkshow drei Politiker, eine Journalistin und zwei Mitglieder einer Bürgerinitiative ein. Für die Diskussionsrunde ist eine halbkreisförmige Sitzordnung vorgesehen, bei der nach den Personen unterschieden wird und der Moderator den mittleren Platz einnimmt.

a) Geben Sie einen Term an, mit dem die Anzahl der möglichen Sitzordnungen berechnet werden kann, wenn keine weiteren Einschränkungen berücksichtigt werden.

b) Der Sender hat festgelegt, dass unmittelbar neben dem Moderator auf einer Seite die Journalistin und auf der anderen Seite der Politiker sitzen soll. Berechnen Sie unter Berücksichtigung dieser weiteren Einschränkung die Anzahl der möglichen Sitzordnungen.

Stochastik

Aufgabengruppe A2

Diese Aufgaben dürfen nur in Verbindung mit den zur selben Aufgabengruppe gehörenden Aufgaben im Prüfungsteil B bearbeitet werden.

1 In einer Urne befinden sich vier rote und sechs blaue Kugeln. Aus dieser wird achtmal eine Kugel zufällig gezogen, die Farbe notiert und die Kugel anschließend wieder zurückgelegt.

a) Geben Sie einen Term an, mit dem die Wahrscheinlichkeit des Ereignisses „Es werden gleich viele rote und blaue Kugeln gezogen." berechnet werden kann.

b) Beschreiben Sie im Sachzusammenhang jeweils ein Ereignis, dessen Wahrscheinlichkeit durch den angegebenen Term berechnet werden kann.

α) $1 - \left(\frac{3}{5}\right)^8$

β) $\left(\frac{3}{5}\right)^8 + 8 \cdot \frac{2}{5} \cdot \left(\frac{3}{5}\right)^7$

2 Für ein Zufallsexperiment wird eine Zufallsgröße X festgelegt, welche die drei Werte −2, 1 und 2 annehmen kann. In der Abbildung ist die Wahrscheinlichkeitsverteilung von X dargestellt.

a) Ermitteln Sie mithilfe der Abbildung den Erwartungswert der Zufallsgröße X.

b) Das Zufallsexperiment wird zweimal durchgeführt. Dabei wird jeweils der Wert der Zufallsgröße X notiert. Bestimmen Sie die Wahrscheinlichkeit dafür, dass die Summe dieser beiden Werte negativ ist.

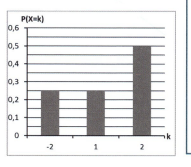

Lösung Stochastik 2015 - A1

1 Eine Schießanlage wird Modellhaft durch eine Bernoullikette mit der Länge 5 und der Trefferwahrscheinlichkeit p beschrieben.

a) Geben Sie für die folgendne Ereignisse A und B jeweils einen Term an, der die Wahrscheinlichkeit des Ereignisses in Abhängigkeit von p beschreibt.
A : „Der Biathlet trifft bei genau 4 Schüssen."

> **Bernoulli-Kette**
> $$P_p^n(x=k) = \binom{n}{k} p^k \cdot (1-p)^{n-k}$$

Ereignis A: n = 5; p = p (nicht gegeben); k = 4
$$P(A) = P_p^5(x=4) = \binom{5}{4} \cdot p^4 \cdot (1-p)^{5-4}$$
$$= \binom{5}{4} \cdot p^4 \cdot (1-p)^1$$

Ereignis B : „Der Biathlet trifft nur bei den ersten beiden Schüssen."
Nur die ersten beiden Schüsse bedeutet:
2 mal hintereinander Treffer: p^2
dann 3 mal hintereinander Fehlschuss: $(1-p)^3$
$$P(B) = p^2 \cdot (1-p)^3$$

> Hier ist die Reihenfolge fest, also kein Durchtauschen von Treffer und Fehlschuss möglich. deshalb muss auf den Binomialkoeffizent, der die Anzahl der Möglichkeiten angibt, verzichtet werden. es gibt nur eine mögliche Reihenfolge.

b) Erläutern Sie anhand eines Beispiels, dass die Modellhafte Beschreibung der Schießanlage durch eine Bernoullikette unter Umständen der Realität nicht gerecht wird.

Eine Bedingung für die Beschreibung einer Bernoullikette ist, dass eine feste Wahrscheinlichkeit p vorhanden ist. Das würde bedeuten, dass der Biathlet bei jedem Schuss die exakt gleiche Trefferwahrscheinlichkeit p haben müsste. Diese konstante Trefferwahrscheinlichkeit des Schützen kann jedoch in der Realität beispielsweise durch folgende Umstände abweichen:
- der Pulsschlag ist bei den Schüssen unterschiedlich
- die Windverhältnisse können sich ändern
- der Druck/ das Selbstvertrauen ändert sich nach Treffern oder Fehlschüssen.

Lösung A1 - Stochastik 2015

Auch weitere Antworten wären bei richtiger Begründung möglich. Es würde ein einziges Beispiel zru Beantwortung der Frage genügen!

2 Ein Moderator lädt zu seiner Talkshow drei Politiker, eine Journalitin und zwei Mitglieder einer Bürgerinitiative ein. Für die Diskussionsrunde ist eine halbkreisförmige Sitzordnung vorgesehen, bei der nach den Personen unterschieden wird und der Moderator den mittleren Platz einnimmt.

a) Geben Sie den Term an, mit dem die Anzahl der möglichen Sitzordnungen berechnet werden kann, wenn keine weiteren Einschränkungen berücksichtigt werden.

Lösung:

Bei Kombinatorik Aufgaben hilft meist eine Skizze. Der erste beliebige Gast hat 6 Möglichkeiten einen Platz zu wählen, da keine weiteren Einschränkungen gegeben sind. Der 2. Gast hat 5 Möglichkeiten, der 3. Gast 4 Möglichkeiten, usw.

Somit ergeben sich insgesamt: $6 \cdot 5 \cdot 4 \cdot 3 \cdot 2 \cdot 1 = 6! = 720$ Möglichkeiten.

Anmerkung:
Da der Moderator immer in der Mitte sitzt, erhöht sich durch seine Anwesenheit nicht die Anzahl der Möglichkeiten.

b) Der Sender hat festgelegt, dass unmittelbar neben dem Moderator auf einer Seite die Journalistin und auf der anderen Seite einer der Politiker sitzen soll. Berechnen Sie unter Berücksichtigung dieser weiteren Einschränkung die Anzahl der möglichen Sitzordnungen.

Lösung: 3 Politiker, 1 Journalistin (insgesamt 6 Gäste)

Da nicht festgelegt ist, ob die Journalistin (bzw. ein Politiker) links oder rechts vom Moderator sitzen muss, ergeben sich diese bieden prinzipiell verschiedenen Grundsitzordnungen:

$4 \cdot 3 \cdot 1 \cdot 3 \cdot 2 \cdot 1 \quad + \quad 4 \cdot 3 \cdot 3 \cdot 1 \cdot 2 \cdot 1 \quad = 144$

Für den Politiker neben dem Moderator gibt es 3 Möglichkeiten, für die Journalistin nur eine. Die übrigen Gäste (zwei Mitglieder einer Bürgerinitiative und zwei weitere Politiker) dürfen sich beliebig auf die 4 restlichen Plätze verteilen.

Lösung Stochastik 2015 - A2

1 In einer Urne befinden sich **vier rote** und **sechs blaue** Kugeln. Aus dieser wird **achtmal** eine Kugel zufällig **gezogen**, die Farbe notiert und die Kugel anschließend **wieder zurückgelegt**.

a) Geben Sie einen Term an, mit dem die Wahrscheinlichkeit des Ereignisses „Es werden gleich viele rote und blaue Kugeln gezogen." berechnet werden kann.

Lösung - Folgende Wahrscheinlichkeiten können sofort mittels Laplace-Formel berechnet werden:

Es wird davon ausgegangen, dass es nur 4 rote und nur 6 blaue Kugeln gibt, also insgesamt 10 Kugeln ($|\Omega| = 10$).

$P(\text{rot}) = \frac{4}{10} = \frac{2}{5}$

$P(\text{blau}) = \frac{6}{10} = \frac{3}{5}$

Laplace-Formel
$p(a) = \frac{|A|}{|\Omega|}$

Da die Wahrscheinlichkeiten für „rot" und „blau" fest bleiben (mit Zürücklegen), kann die Wahrscheinlichkeit des Ereignisses mit einer Bernoulli-Kette berechnet werden.

Bernoulli-Kette
$$P_p^n(X = k) = \binom{n}{k} p^k \cdot (1-p)^{n-k}$$

$p = P(\text{rot}) = \frac{2}{5}$; $n = 8$,

„gleich viele rote Kugeln" $\Rightarrow k = 4$ (die Hälfte von $n = 8$)

Als Zufallsgröße X wird hier die anzahl der roten Kugeln gewählt:

$P_{\frac{2}{5}}^8(X = 4) = \binom{8}{4} \cdot \left(\frac{2}{5}\right)^4 \cdot \left(1 - \frac{2}{5}\right)^{8-4} = \binom{8}{4} \cdot \left(\frac{2}{5}\right)^4 \cdot \left(\frac{3}{5}\right)^4$

 Eine weitere Berechnung des Ergebnisses ist nicht notwendig, da nur nach einem Term gefragt wurde.

Anmerkung:
Man hätte auch die Anzahl der blauen Kugeln als Zufallsgröße X wählen können:

$P_{\frac{3}{5}}^8(X = 4) = \binom{8}{4} \cdot \left(\frac{3}{5}\right)^4 \cdot \left(1 - \frac{3}{5}\right)^{8-4} = \binom{8}{4} \cdot \left(\frac{3}{5}\right)^4 \cdot \left(\frac{2}{5}\right)^4$

b) Beschreiben Sie im Sachzusammenhang jeweils ein Ereignis, dessen Wahrscheinlichkeit durch den angegebenen Term berechnet werden kann.

α) $1 - \left(\frac{3}{5}\right)^8$ Der Term $\left(\frac{3}{5}\right)^8$ gibt die Wahrscheinlichkeit an, bei 8-maligen Ziehen jedesmal eine blaue Kugel zu ziehen. Das Gegenereignis $1 - \left(\frac{3}{5}\right)^8$ gibt die Wahrscheinlichkeit an, bei 8-maligem Ziehen nicht jedesmal eine blaue Kugel zu ziehen. Dies bedeutet auch, dass von diesen 8 Kugeln mindestens eine Kugel rot ist.

β) $\underbrace{\left(\frac{3}{5}\right)^8}_{\substack{\text{Bei 8-maligem}\\\text{Ziehen sind alle}\\\text{Kugeln blau.}}} + \underbrace{8}_{\substack{\text{Anzahl der}\\\text{Möglichkeiten}\\\text{(gültige Pfade}\\\text{im Baum)}}} \cdot \underbrace{\left(\frac{2}{5}\right)^1}_{\substack{\text{WK der}\\\text{roten}\\\text{Kugeln}}} \cdot \underbrace{\left(\frac{3}{5}\right)^7}_{\substack{\text{WK der}\\\text{blauen}\\\text{Kugeln}}}$

Bei 8-maligem Ziehen sind 7 Kugeln blau und 1 Kugel rot, wobei die Reihenfolge egal ist, wann die rote Kugel kommt. Deshalb gibt es 8 Möglichkeiten.

Der Term gibt also das Ereignis an, dass 7 oder 8 also mindestens 7 blaue Kugeln gezogen werden. Anders ausgedrückt kann man sagen, dass höchstens eine rote Kugel gezogen wird.

2 a) Ermitteln Sie den Erwartungswert der Zufallsgröße X.

Die Grafik der Wahrscheinlichkeitsverteilung lässt sich auch in Tabellenform darstellen:

X	– 2	1	2
P(x)	0,25	0,25	0,5

$$E(X) = x_1 \cdot P(X = x_1) + x_2 \cdot P(X = x_2) + \ldots + x_n \cdot P(X = x_n)$$

$E(x) = -2 \cdot 0{,}25 + 1 \cdot 0{,}25 + 2 \cdot 0{,}5 = 0{,}75$

b) Das Zufallsexperiment wird zweimal durchgeführt. Dabei wird jeweils der Wert der Zufallsgröße X notiert. Bestimmen Sie die Wahrscheinlichkeit dafür, dass die Summe dieser beiden Werte negativ ist.

Die Summe der Werte der Zufallsgröße X ist negativ, wenn die Zufallsgröße X entweder zweimal den Wert – 2 annimmt oder einmal den Wert – 2 und einmal den Wert 1.

„Summe ist Negativ" = {(– 2; – 2), (– 2, 1), (1, – 2)}   (Tabelle von 2a nutzen)

Berechnung der Wahrscheinlichkeit des Ereignisses „Summe ist negativ":

$P(\sum < 0) = 0{,}25 \cdot 0{,}25 + 0{,}25 \cdot 0{,}25 + 0{,}25 \cdot 0{,}25 = 3 \cdot \left(\frac{1}{4}\right)^2 = 3 \cdot \frac{1}{16} = \frac{3}{16}$

Geometrie 2015

Aufgabengruppe A1

Diese Aufgaben dürfen nur in Verbindung mit den zur selben Aufgabengruppe gehörenden Aufgaben im Prüfungsteil B bearbeitet werden.

BE

1 Die Gerade g verläuft durch die Punkte A (0 | 1 | 2) und B (2 | 5 | 6).

3
  a) Zeigen Sie, dass die Punkte A und B den Abstand 6 haben.
  Die Punkte C und D liegen auf g und haben von A jeweils den abstand 12. Bestimmen Sie die Koordinaten von C und D.

2
  b) Die Punkte A, B und E (1 | 2 | 5) sollen mit einem weiteren Punkt die Eckpunkte eines Parallelogramms bilden. Für die Lage des vierten Eckpunkts gibt es mehrere Möglichkeiten. Geben Sie für zwei dieser Möglichkeiten die Koordinaten des vierten Eckpunkts an.

2 Betrachtet wird die Pyramide ABCDS mit A (0 | 0 | 0), B (4 | 4 | 2), C (8 | 0 | 2), D (4 | −4 | 0) und S (1 | 1 | −4). Die Grundfläche ABCD ist ein Parallelogramm.

2
  a) Weisen Sie nach, dass das Parallelogramm ABCD ein Rechteck ist.

3
  b) Die Kante [AS] steht senkrecht auf der Grundfläche ABCD. Der Flächeninhalt der Grundfläche beträgt $24\sqrt{2}$.
  Ermitteln Sie das Volumen der Pyramide.

10

Geometrie 2015

Aufgabengruppe A2

Diese Aufgaben dürfen nur in Verbindung mit den zur selben Aufgabengruppe gehörenden Aufgaben im Prüfungsteil B bearbeitet werden.

1 Die Gerade g verläuft durch die Punkte A (0 | 1 | 2) und B (2 | 5 | 6).

a) Zeigen Sie, dass die Punkte A und B den Abstand 6 haben.
Die Punkte C und D liegen auf g und haben von A jeweils den abstand 12. Bestimmen Sie die Koordinaten von C und D.

b) Die Punkte A, B und E (1 | 2 | 5) sollen mit einem weiteren Punkt die Eckpunkte eines Parallelogramms bilden. Für die Lage des vierten Eckpunkts gibt es mehrere Möglichkeiten. Geben Sie für zwei dieser Möglichkeiten die Koordinaten des vierten Eckpunkts an.

2 Die Abbildung zeigt die Pyramide ABCDS mit quadratischer Grundfläche ABCD. Der Pyramide ist eine Stufenpyramide einbeschrieben, die aus Würfeln mit der Kantenlänge 1 besteht.

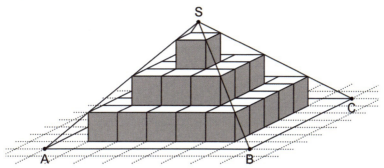

a) Geben Sie das Volumen der stufenpyramide und die Höhe der Pyramide ABCDS an.

b) Bestimmen Sie unter Verwendung eines geeignet gewählten kartesischen Koordinatensystems eine Gleichung für die Gerade, die durch die Punkte B und S verläuft. Zeichnen Sie das gewählte Koordinatensystem in die Abbildung ein.

Lösung Geometrie 2015
A1

1 Die Gerade g verläuft durch die Punkte A (0 | 1 | 2) und B (2 | 5 | 6).

a) Zeigen Sie, dass die Punkte A und B den Abstand 6 haben.
Die Punkte C und D liegen auf g und haben von A jeweils den Abstand 12.
Bestimmen Sie die Koordinaten von C und D.

Teil 1: Nachweis, dass die Punkte A und B den Abstand 6 haben

Der Abstand der Punkte A und B ist gegeben durch die Länge der Strecke [AB]. Es ist also nachzuweisen, dass $\overline{AB} = |\vec{AB}| = 6$ gilt.

Verbindungsvektor $\vec{AB}$ berechnen:

$$\vec{AB} = \vec{B} - \vec{A} = \begin{pmatrix} 2 \\ 5 \\ 6 \end{pmatrix} - \begin{pmatrix} 0 \\ 1 \\ 2 \end{pmatrix} = \begin{pmatrix} 2 \\ 4 \\ 4 \end{pmatrix}$$

Verbindungsvektor
$\vec{AB} = \vec{B} - \vec{A}$
„Spitze minus Fuß"

Länge der Strecke [AB] berechnen:

$$\overline{AB} = |\vec{AB}| = \sqrt{2^2 + 4^2 + 4^2} = \sqrt{36} = 6$$

Länge eines Vektors
$|\vec{P}| = \sqrt{p_1^2 + p_2^2 + p_3^2}$

Teil 2: Koordinaten der Punkte C und D

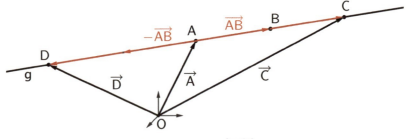

Unter Berücksichtigung des Ergebnisses $|\vec{AB}| = 6$ lassen sich die Ortsvektoren der Punkte C und D durch Vektoraddition bzw. -subtraktion ermitteln. Mit $2 \cdot |\vec{AB}| = 12$ folgt:

$$\vec{C} = \vec{A} + 2 \cdot \vec{AB} = \begin{pmatrix} 0 \\ 1 \\ 2 \end{pmatrix} + 2 \cdot \begin{pmatrix} 2 \\ 4 \\ 4 \end{pmatrix} = \begin{pmatrix} 4 \\ 9 \\ 10 \end{pmatrix} \Rightarrow C(4 | 9 | 10)$$

$$\vec{D} = \vec{A} - 2 \cdot (-\vec{AB}) = \begin{pmatrix} 0 \\ 1 \\ 2 \end{pmatrix} + 2 \cdot \begin{pmatrix} -2 \\ -4 \\ -4 \end{pmatrix} = \begin{pmatrix} -4 \\ -7 \\ -6 \end{pmatrix} \Rightarrow D(-2 | -4 | -6)$$

b) Die Punkte A, B und E (1 | 2 | 5) sollen mit einem weiteren Punkt die Eckpunkte eines Parallelogramms bilden. Für die Lage des vierten Eckpunkts gibt es mehrere Möglichkeiten.
Geben Sie für zwei dieser Möglichkeiten die Koordinaten des vierten Eckpunkts an.

Die drei möglichen Parallelogramme gehen durch Parallelverschiebung eines Punktes A, B oder E hervor. Der Verschiebungsvektor ist jeweils ein Verbindungsvektor, den die beiden anderen Punkte bilden (vgl. Skizze). Die Ortsvektoren der Bildpunkte P_1, P_2 oder P_3 lassen sich durch Vektoraddition berechnen.

1. Möglichkeit: Punkt E mit $\overrightarrow{AB}$ bzw. Punkt B mit $\overrightarrow{AE}$ verschieben

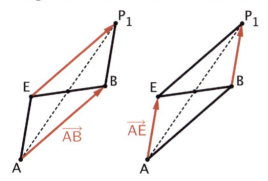

$$\overrightarrow{P_1} = \vec{E} + \overrightarrow{AB} = \begin{pmatrix} 1 \\ 2 \\ 5 \end{pmatrix} + \left[\begin{pmatrix} 2 \\ 5 \\ 6 \end{pmatrix} - \begin{pmatrix} 0 \\ 1 \\ 2 \end{pmatrix} \right] = \begin{pmatrix} 3 \\ 6 \\ 9 \end{pmatrix} \Rightarrow P_1(3 \mid 6 \mid 9)$$

$$\overrightarrow{P_1} = \vec{B} + \overrightarrow{AE} = \begin{pmatrix} 2 \\ 5 \\ 6 \end{pmatrix} + \left[\begin{pmatrix} 1 \\ 2 \\ 5 \end{pmatrix} - \begin{pmatrix} 0 \\ 1 \\ 2 \end{pmatrix} \right] = \begin{pmatrix} 3 \\ 6 \\ 9 \end{pmatrix} \Rightarrow P_1(3 \mid 6 \mid 9)$$

2. Möglichkeit: Punkt A mit $\overrightarrow{EB}$ bzw. Punkt B mit $\overrightarrow{EA}$ verschieben

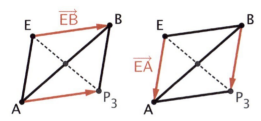

Geometrie 2015 - Lösung A1

$$\vec{P_2} = \vec{A} + \vec{EB} = \begin{pmatrix} 0 \\ 1 \\ 2 \end{pmatrix} + \left[\begin{pmatrix} 2 \\ 5 \\ 6 \end{pmatrix} - \begin{pmatrix} 1 \\ 2 \\ 5 \end{pmatrix} \right] = \begin{pmatrix} 1 \\ 4 \\ 3 \end{pmatrix} \Rightarrow P_2(1 \mid 4 \mid 3)$$

$$\vec{P_2} = \vec{B} + \vec{EA} = \begin{pmatrix} 2 \\ 5 \\ 6 \end{pmatrix} + \left[\begin{pmatrix} 0 \\ 1 \\ 2 \end{pmatrix} - \begin{pmatrix} 1 \\ 2 \\ 5 \end{pmatrix} \right] = \begin{pmatrix} 1 \\ 4 \\ 3 \end{pmatrix} \Rightarrow P_2(1 \mid 4 \mid 3)$$

Anmerkung
Eine ditte Möglichkeit ist die Verschiebung von Punkt A mit $\vec{BE}$ bzw. von Punkt E mit $\vec{BA}$.
Die Parallelogramme können jeweils auch durch Spiegelung eines Punktes A, B oder E am Mittelpunkt der gegenüberliegenden Seite konstruiert werden.

2 Betrachtet wird die Pyramide ABCDS mit A (0 | 0 | 0), B (4 | 4 | 2), C (8 | 0 | 2), D (4 | −4 | 0) und S (1 | 1 | −4). Die Grundfläche ABCD ist ein Parallelogramm.

a) Weisen Sie nach, dass das Parallelogramm ABCD ein Rechteck ist.

Ein Parallelogramm ist ein Rechteck, wenn es mindestens einen rechten Winkel bnesitzt. Beispielsweise ist das Parallelogramm ABCD bei A rechtwinklig, wenn die anliegenden Seiten [AB] und [AD] zueinander senkrecht sind. Der Nachweis der Orthogonalität erfolgt mithilfe des Skalarprodukts.

$\vec{AB} \perp \vec{AD} \Leftrightarrow \vec{AB} \circ \vec{AD} = 0$

Zueinander senkrechte Vektoren
$\vec{a} \perp \vec{b} \Leftrightarrow \vec{a} \circ \vec{b} = 0$

Da der Punkt A im Koordinatenursprung liegt, kann das Skalarprodukt der Ortsvektoren $\vec{B}$ und $\vec{D}$ betrachtet werden.

$$\vec{AB} \circ \vec{AD} = \vec{B} \circ \vec{D} = \begin{pmatrix} 4 \\ 4 \\ 2 \end{pmatrix} \circ \begin{pmatrix} 4 \\ -4 \\ 0 \end{pmatrix} = 4 \cdot 4 + 4 \cdot (-4) + 2 \cdot 0 = 0 \Rightarrow \vec{AB} \perp \vec{AD}$$

b) Die Kante [AS] steht senkrecht auf der Grundfläche ABCD. Der Flächeninhalt der Grundfläche beträgt $24\sqrt{2}$.
Ermitteln Sie das Volumen der Pyramide.

Die Höhe einer Pyramide ist definiert als das Lot der Pyramidenspitze auf die Ebene, in der die Grundfläche der Pyramide liegt. Die Kante [AS] ist also die Höhe der Pyramide ABCDS.

$$V_{ABCDS} = \frac{1}{3} \cdot \text{Grundfläche} \cdot \text{Höhe} = \frac{1}{3} \cdot A_{ABCD} \cdot |\overrightarrow{AS}| = \frac{1}{3} \cdot 24\sqrt{2} \cdot |\overrightarrow{AS}|$$

Länge der Kante [AS] berechnen:

$$|\overrightarrow{AS}| = |\vec{S}| = \sqrt{1^2 + 1^2 + (-4)^2} = \sqrt{18} = \sqrt{9 \cdot 2} = 3\sqrt{2}$$

Damit ergibt sich das Volumen der Pyramide ABCDS zu:

$$V_{ABCDS} = \frac{1}{3} \cdot 24\sqrt{2} \cdot 3\sqrt{2} = 24 \cdot 2 = 48$$

Das Volumen der Pyramide ABCDS beträgt 48 VE (Volumeneinheiten).

Lösung Geometrie 2015
A2

1 Die Aufgabe enspricht Aufgabe 1 der Aufgabengruppe 1.

2 Die Abbildung zeigt die Pyramide ABCDS mit quadratischer Grundfläche ABCD. Der Pyramide ist eine Stufenpyramide einbeschrieben, die aus Würfeln mit der Kantenlänge 1 besteht.

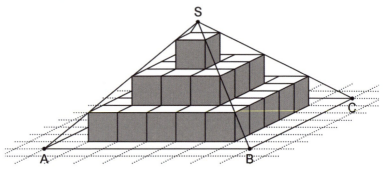

a) Geben Sie das Volumen der Stufenpyramide und die Höhe der Pyramide ABCDS an.

Teil 1: Volumen der Stufenpyramide

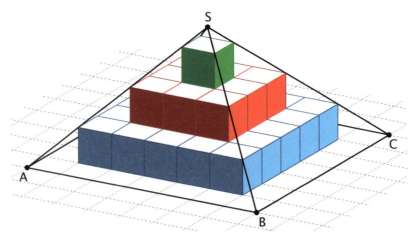

Die Stufenpyramide besteht aus $5 \cdot 5 + 3 \cdot 3 + 1 = 35$ Würfeln der Kantenlänge 1 LE (Längeneinheit) und je einem Volumen von $(1\,\text{LE})^3 = 1$ VE (Volumeneinheit). Somit beträgt das Volumen der Stufenpyramide 35 VE.

Teil 2: Höhe der Pyramide ABCDS

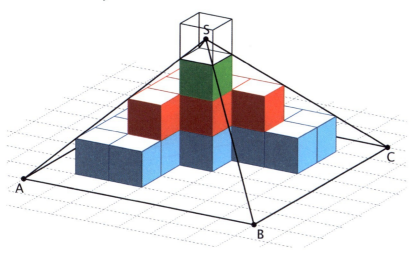

Denkt man sich einen weiteren aufgesetzten Würfel mit der Kantenlänge 1 LE, so ist die Spitze S der Pyramide ABCDS der Mittelpunkt dieses Würfels. Die Spitze S liegt folglich 0,5 LE oberhalb der Stufenpyramide. Damit ist die Pyramide ABCDS (1 + 1 + 1 + 0,5) LE = 3,5 LE hoch.

b) Bestimmen Sie unter Verwendung eines geeignet gewählten kartesischen Koordinatensystems eine Gleichung für die Gerade, die durch die Punkte B und S verläuft. Zeichnen Sie das gewählte Koordinatensystem in die Abbildung ein.

Das Koordinatensystem wird zweckmäßig so gewählt, dass einer der abgebildeten Punkte A, B oder C den Koordinatenursprung bildet und die anliegenden Seiten der Grundfläche ABCD auf der x_1- bzw. x_2-Achse liegen.

Um eine Gleichung der Geraden BS in Parameterform aufstellen zu können, werden die Koordinaten der Punkte B und S benötigt. Die x_1- und x_2-Koordinaten der Punkte hängen von der Lage des gewählten Koordinatenursprungs ab: $B(x_1 | x_2 | 0)$ und $S(x_1 | x_2 | 3,5)$ (vgl. Aufgabe a). Mithilfe der Abbildung und der bekannten Kantenlänge 1 LE eines Würfels lassen sich die fehlenden Koordinaten bestimmen.

Wählt man beispielsweise B als Aufpunkt und den Verbindungsvektor $\vec{BS}$ als möglichen Richtungsvektor, ergibt sich folgender Ansatz:

BS: $\vec{X} = \vec{B} + \lambda \cdot \vec{BS}$; $\lambda \in \mathbb{R}$

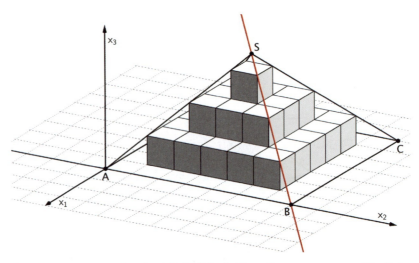

Die Abbildung zeigt Punkt A(0 | 0 | 0) als Koordinatenursprung. Die Seite [AB] der Grundfläche ABCD liegt auf der positiven x_2-Achse und die Seite [AD] auf der negativen x_1-Achse.
Die Koordinaten der Punkte B und S ergeben sich somit zu B(0 | 7 | 0) und S(-3,5 | 3,5 | 3,5).

Verbindungsvektor $\vec{BS}$ berechnen:

$$\vec{BS} = \vec{S} - \vec{B} = \begin{pmatrix} -3,5 \\ 3,5 \\ 3,5 \end{pmatrix} - \begin{pmatrix} 0 \\ 7 \\ 0 \end{pmatrix} = \begin{pmatrix} -3,5 \\ -3,5 \\ 3,5 \end{pmatrix}$$

Verbindungsvektor
$\vec{AB} = \vec{B} - \vec{A}$
„Spitze minus Fuß"

Eine Gleichung der Geraden BS lautet also:

$$BS: \vec{X} = \begin{pmatrix} 0 \\ 7 \\ 0 \end{pmatrix} + \lambda \cdot \begin{pmatrix} -3,5 \\ -3,5 \\ 3,5 \end{pmatrix}; \ \lambda \in \mathbb{R}$$

Analysis 2015

Aufgabengruppe B1

BE

1 Gegeben ist die Funktion f mit $f(x) = \frac{1}{x+1} - \frac{1}{x+3}$ und Definitionsbereich $D_f = \mathbb{R} \setminus \{-3; -1\}$. Der Graph von f wird mit G_f bezeichnet.

4 **a)** Zeigen Sie, dass f(x) zu jedem der drei folgenden Terme äquivalent ist:
$$\frac{2}{(x+1)(x+3)}; \quad \frac{2}{x^2+4x+3}; \quad \frac{1}{0,5(x+2)^2 - 0,5}$$

3 **b)** Begründen Sie, dass die x-Achse horizontale Asymptote von G_f ist und geben Sie die Gleichungen der vertikalen Asymptoten von G_f an. Bestimmen Sie die Koordinaten des Schnittpunkts von G_f mit der y-Achse.

Abbildung 1 zeigt den Graphen der in $\mathbb{R}$ definierten Funktion $p: x \mapsto 0,5 \cdot (x+2)^2 - 0,5$, die die Nullstellen $x = -3$ und $x = -1$ hat. Für $x \in D_f$ gilt $f(x) = \frac{1}{p(x)}$.

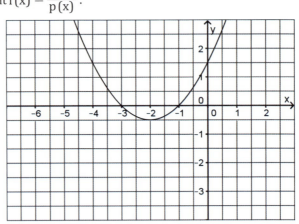

Abb. 1

5 **c)** Gemäß der Quotientenregel gilt für die Ableitungen f' und p' die Beziehung
$$f'(x) = -\frac{p'(x)}{(p(x))^2} \quad \text{für } x \in D_f.$$

Zeigen Sie unter Verwendung dieser Beziehung und ohne Berechnung von f'(x) und p'(x), dass $x = -2$ einzige Nullstelle von f' ist und dass G_f in $]-3; -2[$ streng monoton steigend sowie in $]-2; -1[$ streng monoton fallend ist. Geben Sie Lage und Art des Extrempunkts von G_f an.

4 **d)** Berechnen Sie f(−5) und f(−1,5) und skizzieren Sie G_f unter Berücksichtigung der bisherigen Ergebnisse in Abbildung 1.

(Fortsetzung nächste Seite)

2 Gegeben ist die Funktion $h: x \mapsto \dfrac{3}{e^{x+1}-1}$ mit Definitionsbereich $D_h = \,]-1;+\infty[$. Abbildung 2 zeigt den Graphen G_h von h.

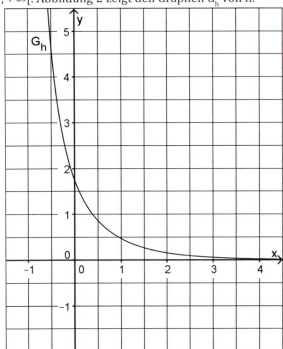

Abb. 2

a) Begründen Sie anhand des Funktionsterms, dass $\lim\limits_{x \to +\infty} h(x) = 0$ gilt.

Zeigen Sie rechnerisch für $x \in D_h$, dass für die Ableitung h' von h gilt: $h'(x) < 0$.

Gegeben ist ferner die in D_h definierte Integralfunktion $H_0 : x \mapsto \int\limits_0^x h(t)\,dt$.

b) Begründen Sie ohne weitere Rechnung, dass folgende Aussagen wahr sind:
  α) Der Graph von H_0 ist streng monoton steigend.
  β) Der Graph von H_0 ist rechtsgekrümmt.

c) Geben Sie die Nullstelle von H_0 an und bestimmen Sie näherungsweise mithilfe von Abbildung 2 die Funktionswerte $H_0(-0{,}5)$ sowie $H_0(3)$. Skizzieren Sie in Abbildung 2 den Graphen von H_0 im Bereich $-0{,}5 \leq x \leq 3$.

(Fortsetzung nächste Seite)

3 In einem Labor wird ein Verfahren zur Reinigung von mit Schadstoffen kontaminiertem Wasser getestet. Die Funktion h aus Aufgabe 2 beschreibt für x ≥ 0 modellhaft die zeitliche Entwicklung des momentanen Schadstoffabbaus in einer bestimmten Wassermenge. Dabei bezeichnet h(x) die momentane Schadstoffabbaurate in Gramm pro Minute und x die seit Beginn des Reinigungsvorgangs vergangene Zeit in Minuten.

a) Bestimmen Sie auf der Grundlage des Modells den Zeitpunkt x, zu dem die momentane Schadstoffabbaurate auf 0,01 Gramm pro Minute zurückgegangen ist.

Die in $\mathbb{R} \setminus \{-3; -1\}$ definierte Funktion $k : x \mapsto 3 \cdot \left(\frac{1}{x+1} - \frac{1}{x+3}\right) - 0{,}2$ stellt im Bereich $-0{,}5 \leq x \leq 2$ eine gute Näherung für die Funktion h dar.

b) Beschreiben Sie, wie der Graph der Funktion k aus dem Graphen der Funktion f aus Aufgabe 1 hervorgeht.

c) Berechnen Sie einen Näherungswert für $\int_0^1 h(x)\,dx$, indem Sie den Zusammenhang $\int_0^1 h(x)\,dx \approx \int_0^1 k(x)\,dx$ verwenden. Geben Sie die Bedeutung dieses Werts im Sachzusammenhang an.

Analysis 2015

Aufgabengruppe B2

1 Der Graph G_f einer in $\mathbb{R}$ definierten Funktion $f: x \mapsto ax^4 + bx^3$ mit $a, b \in \mathbb{R}$ besitzt im Punkt $O(0|0)$ einen Wendepunkt mit waagrechter Tangente.

a) $W(1|-1)$ ist ein weiterer Wendepunkt von G_f. Bestimmen Sie mithilfe dieser Information die Werte von a und b.

(Ergebnis: $a = 1, b = -2$)

b) Bestimmen Sie die Lage und Art des Extrempunkts von G_f.

Die Gerade g schneidet G_f in den Punkten W und $(2|0)$.

c) Zeichnen Sie unter Berücksichtigung der bisherigen Ergebnisse G_f sowie die Gerade g in ein Koordinatensystem ein. Geben Sie die Gleichung der Geraden g an.

d) G_f und die x-Achse schließen im IV. Quadranten ein Flächenstück ein, das durch die Gerade g in zwei Teilflächen zerlegt wird. Berechnen Sie das Verhältnis der Flächeninhalte dieser beiden Teilflächen.

2 Gegeben ist die Schar der in $\mathbb{R}$ definierten Funktionen $f_n : x \mapsto x^4 - 2x^n$ mit $n \in \mathbb{N}$ sowie die in $\mathbb{R}$ definierte Funktion $f_0 : x \mapsto x^4 - 2$.

a) Die Abbildungen 1 bis 4 zeigen die Graphen der Funktionen f_0, f_1, f_2 bzw. f_4. Ordnen Sie jeder dieser Funktionen den passenden Graphen zu und begründen Sie drei Ihrer Zuordnungen durch Aussagen zur Symmetrie, zu den Schnittpunkten mit den Koordinatenachsen oder dem Verhalten an den Grenzen des Definitionsbereichs des jeweiligen Graphen.

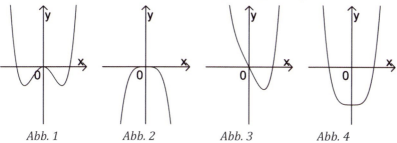

Abb. 1 Abb. 2 Abb. 3 Abb. 4

b) Betrachtet werden nun die Funktionen f_n mit $n > 4$. Geben Sie in Abhängigkeit von n das Verhalten dieser Funktion für $x \to +\infty$ und für $x \to -\infty$ an.

(Fortsetzung nächste Seite)

3 In der Lungenfunktionsdiagnostik spielt der Begriff der Atemstromstärke eine wichtige Rolle.

Im Folgenden wird die Atemstromstärke als die momentane Änderungsrate des Luftvolumens in der Lunge betrachtet, d. h. insbesondere, dass der Wert der Atemstromstärke beim Einatmen positiv ist. Für eine ruhende Testperson mit normalem Atemrhythmus wird die Atemstromstärke in Abhängigkeit von der Zeit modellhaft durch die Funktion $g: t \mapsto -\frac{\pi}{8} \sin\left(\frac{\pi}{2} t\right)$ mit Definitionsmenge $\mathbb{R}_0^+$ beschrieben. Dabei ist t die seit Beobachtungsbeginn vergangene Zeit in Sekunden und g(t) die Atemstromstärke in Litern pro Sekunde. Abbildung 5 zeigt den durch die Funktion g beschriebenen zeitlichen Verlauf der Atemstromstärke.

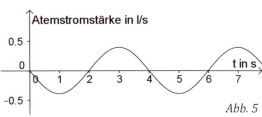

Abb. 5

a) Berechnen Sie g(1,5) und interpretieren sie das Vorzeichen dieses Werts im Sachzusammenhang.

b) Beim Atmen ändert sich das Luftvolumen in der Lunge. Geben Sie auf der Grundlage des Modells einen Zeitpunkt an, zu dem das Luftvolumen in der Lunge der Testperson minimal ist, und machen Sie Ihre Antwort mithilfe von Abbildung 5 plausibel.

c) Berechnen Sie $\int_{2}^{4} g(t)\, dt$ und deuten Sie den Wert des Integrals im Sachzusammenhang.

(Teilergebnis: Wert des Integrals: 0,5)

d) Zu Beginn eines Ausatemvorgangs befinden sich 3,5 Liter Luft in der Lunge der Testperson. Skizzieren Sie auf der Grundlage des Modells unter Berücksichtigung des Ergebnisses aus Aufgabe 3c in einem Koordinatensystem für $0 \leq t \leq 8$ den Graphen einer Funktion, die den zeitlichen Verlauf des Luftvolumens in der Lunge der Testperson beschreibt.

Die Testperson benötigt für einen vollständigen Atemzyklus 4 Sekunden. Die Anzahl der Atemzyklen pro Minute wird als Atemfrequenz bezeichnet.

e) Geben Sie zunächst die Atemfrequenz der Testperson an. Die Atemstromstärke eines jüngeren Menschen, dessen Atemfrequenz um 20% höher ist als die der bisher betrachteten Testperson, soll durch eine Sinusfunktion der Form $h: t \mapsto a \cdot \sin(b \cdot t)$ mit $t \geq 0$ und $b > 0$ beschrieben werden. Ermitteln Sie den Wert von b.

Lösung Analysis 2015 - B1

1 $f(x) = \frac{1}{x+1} - \frac{1}{x+3}$, $D_f \in \mathbb{R} \setminus \{-3; -1\}$

a) Zeigen Sie, dass f(x) zu jedem der drei folgenden Terme äquivalent ist:
$$\frac{2}{(x+1)(x+3)}; \quad \frac{2}{x^2+4x+3}; \quad \frac{1}{0,5(x+2)^2 - 0,5}$$

1. Möglichkeit:
Die Äquivalenz der Terme lässt sich zeigen, indem man zuerst den Hauptnenner bildet, diesen dann ausmultipliziert und schließlich eine quadratische Ergänzung vornimmt:

1) Hauptnenner bilden:
$$f(x) = \frac{1}{x+1} - \frac{1}{x+3} = \frac{1(x+3) - 1(x+1)}{(x+1)\cdot(x+3)} = \frac{x+3-x-1}{(x+1)\cdot(x+3)} = \frac{2}{(x+1)\cdot(x+3)}$$

2) Nenner ausmultiplizieren
$$\frac{2}{(x+1)\cdot(x+3)} = \frac{2}{x^2+3x+x+3} = \frac{2}{x^2+4x+3}$$

3) Quadratische Ergänzung
$$\frac{2}{x^2+4x+3} = \frac{1}{0,5\cdot(x^2+4x+3)} = \frac{1}{0,5\cdot(\underline{x^2+4x+2^2}-2^2+3)} = \frac{1}{0,5\cdot[(x+2)^2-1]} = \frac{1}{0,5\cdot(x+2)^2-0,5}$$

$a^2 + 2ab + b^2 = (a+b)^2$

2. Möglichkeit:
Man zeigt die letzte Äquivalenz (als Alternative zur quadratischen Ergänzung), indem man den Term $\frac{1}{0,5\cdot(x+2)^2-0,5}$ mit dem Faktor 2 erweitert:

$$\frac{1}{0,5\cdot(x+2)^2-0,5} = \quad | \cdot \frac{2}{2}$$
$$\frac{2}{(x+2)^2-1} = \frac{2}{x^2+4x+4-1} = \frac{2}{x^2+4x+3}$$

Mit binomischer Formel ausmultiplizieren:
$(a+b)^2 = a^2 + 2ab + b^2$

b) Teil 1: Begründen Sie, dass die x-Achse horizontale (waagerechte) Asymptote von G_f ist.

1. Möglichkeit: Argumentation über Zähler- und Nennergrad

> Falls Zählergrad < Nennergrad
> ⇒ Die x-Achse ist horizontale Asymptote (y = 0).

Der Zählergrad ist Null, der Nennergrad ist 2. Demnach ist die Bedingung aus dem Kochrezept erfüllt, und die x-Achse ist horizontale Asymptote.

2. Möglichkeit: Grenzwertbetrachtung

> **Anmerkung:**
> Die waagrechte Asymptote (auch jede andere Näherungskurve) einer gebrochen rationalen Funktion beschreibt das Verhalten des Graphen im Unendlichen. Die Gleichung der Asymptpote lässt sich also mittels Grenzwertbetrachtung des Funktionsterms für x → ± ∞ ermitteln.

$$\lim_{x \to \pm\infty} f(x) = \lim_{x \to \pm\infty} \frac{2}{x^2 + 4x + 3} = \lim_{x \to \pm\infty} \frac{2}{x^2(1 + \frac{4}{x} + \frac{3}{x^2})} = 0^+$$

Höchste Potenz ausklammern!

$\Rightarrow$ Die x-Achse ist horizontale Asymptote.

Das 0^+ bedeutet, dass sich der Graph von f für $x \to \pm\infty$ der x-Achse von oben (d.h. im I. und III. Quadranten) annähert.

Teil 2: Geben Sie die Gleichung der vertikalen (senkrechten) Asymptote an.

Vertikale (senkrechte) Asymptoten liegen an den nicht hebbaren Definitionslücken der Funktion vor.

$f(x) = \frac{2}{(x+1) \cdot (x+3)}$

⇨ Nullstellen des Nenners $x_1 = -1$ und $x_2 = -3$ sind nicht zugleich Nullstellen des Zählers.

⇨ f(x) hat bei $x_1 = -1$ und $x_2 = -3$ eine nicht hebbare Definitionslücke.

Die Geraden mit den Gleichungen $x = -1$ und $x = -3$ sind demnach vertikale Asymptoten.

Teil 3: Bestimmen Sie die Koordinaten des Schnittpunktes von G_f mit der y-Achse.

Schnittpunkte mit den Koordinatenachsen berechnen:
- Schnittpunkte mit der x-Achse: f(x) = 0
  (≙ Bestimmung der Nullstellen)
- Schnittpunkt mit der y-Achse: f(0) berechnen

$f(0) = \frac{2}{0+0+3} = \frac{2}{3}$ $\Rightarrow S_y = (0 \mid \frac{2}{3})$

Anmerkung:
Es kann zur Berechnung auch eine anderer Funktionsterm von f(x) verwendet werden (siehe Teilaufgabe a).

c) $p(x) = 0{,}5 \cdot (x+2)^2 - 0{,}5$ mit den Nullstellen $x = -3$ und $x = -1$
Für $x \in D_f$ gilt: $f(x) = \frac{1}{p(x)}$
Für die Ableitungen gilt: $f'(x) = \frac{-p'(x)}{(p(x))^2}$

Teil 1: Zeigen Sie ohne Berechnung von f' und p'(x), dass $x = -2$ die einzige Nullstelle von f' ist.

Nebenstehende Grafik zeigt den Graphen der quadratischen Funktion p, welche bei (– 2 | – 0,5) ihren Scheitel (≙ Tiefpunkt) besitzt (kann direkt abgelesen werden, da p(x) in der Scheitelform vorliegt). Da G_p an der einzigen Extremstelle, bei x = – 2, eine waagrechte Asymptote besitzt, gilt: p′(– 2) = 0.

Unter Verwendung der vorgegebenen Formel erhält man:
$$f'(-2) = -\frac{p'(-2)}{(p(-2))^2} = -\frac{0}{(-0,5)^2} = 0$$

Da x = – 2 die einzige Nullstelle von p′(x) ist, muss unter Verwendung der vorgegebenen Formel x = – 2 auch die einzige Nullstelle von f′(x) sein!

Teil 2: Zeigen Sie ohne Berechnung von f′ und p′, dass G_f in]– 3; – 2[streng monoton steigend und in]– 2; – 1[streng monoton fallend ist.

Monotonieverhalten einer Funktion
f′(x) > 0: G_f ist streng monoton steigend.
f′(x) < 0: G_f ist streng monoton fallend.

Es gilt: $f'(x) = -\frac{p'(x)}{(p(x))^2}$

Um Aussagen über die Monotonie zu treffen, wird das Vorzeichen der ersten Ableitung untersucht.
Die Nullstellen der Funktion p liegen nicht in D_f.
Wegen $(p(x))^2 > 0$ für alle $x \in D_f$ gilt:

$$\begin{cases} f'(x) = \ominus \frac{p'(x)}{(p(x))^2} > 0, \text{ falls } p'(x) < 0 \\ f'(x) = \ominus \frac{p'(x)}{(p(x))^2} > 0, \text{ falls } p'(x) > 0 \end{cases}$$

Der Graph von p(x) verläuft für x ∈]– 3; – 2[streng monoton fallend, d.h.
p′(x) < 0.   ⇒ f′(x) < 0 für x ∈]– 3; – 2[.
Der Graph von p(x) verläuft für x ∈]– 2; – 1[streng monoton steigend, d.h.
p′(x) < 0.   ⇒ f′(x) < 0 für x ∈]– 2; – 1[.

Teil 3: Geben Sie ohne Berechnung von f′ und p′ die Lage und die Art des Extrempunkts von G_f an.
Aus obigen Überlegungen zum Monotonieverhalten kann die Monotonietabelle sofort erstellt werden. Für die Lösung könnte sie auch weggelassen werden.

x	x ∈]–3; –2[	x = –2	x ∈]–2; –1[
f'(x)	+	0	–
G_f	↗	HP	↘

Bei x = –2 liegt ein Hochpunkt vor.

$f(-2) = \frac{1}{-2+1} - \frac{1}{-2+3} = -1 - 1 = -2$

⇨ HP (–2 | –2)

d) Berechnen Sie f(–5) und f(–1,5) und skizzieren Sie anschließend G_f unter Berücksichtigung der bisherigen Ergebnisse.

$f(-5) = \frac{1}{-5+1} - \frac{1}{-5+3} = -\frac{1}{4} - \left(-\frac{1}{4}\right) = \frac{1}{4}$

$f(-1,5) = \frac{1}{-1,5+1} - \frac{1}{-1,5+3} = -2 - \frac{2}{3} = -2\frac{2}{3}$

Anmerkung:

Als bisherige Ergebnisse der Teilaufgaben 1b und 1c liegen vor:

- Die x-Achse ist horizontale Asymptote von G_f.
- Die Geraden mit den Gleichungen x = –3 und x = –1 sind senkrechte Asymptoten von G_f. Insbesondere besitzt f für x = –3 und x = –1 jeweils eine Polstelle mit Vorzeichenwechsel.
- Schnittpunkt von G_f mit der y-Achse: $S_y = (0 | \frac{2}{3})$
- Hochpunkt von G_f: HP (–2 | –2)

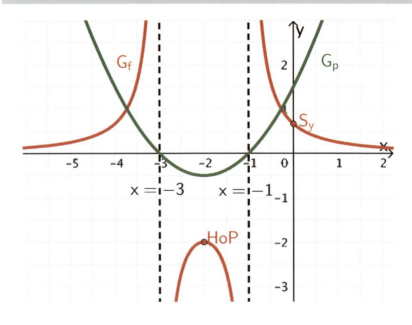

2 $h(x) = \frac{3}{e^{x+1}-1}$, $D_h =]-1; +\infty[$
Abbildung 2 zeigt den Graphen G_h von h

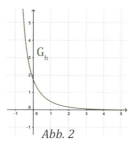
Abb. 2

a) Teil 1: Begründen Sie anhand des Funktionsterms, dass $\lim\limits_{x \to +\infty} h(x) = 0$ gilt

$$\lim_{x \to +\infty} h(x) = \lim_{x \to +\infty} \frac{3}{\underbrace{e^{x+1}-1}_{+\infty}} = \text{„}\frac{3}{\infty}\text{"} = 0$$
$\underbrace{}_{+\infty}$

Teil 2: Zeigen Sie rechnerisch, dass für die erste Ableitung h' von h gilt:
$h'(x) < 0$ für $x \in D_h$.

Möglichkeit 1: Mit Hilfe der Quotientenregel

Quotientenregel:
$f(x) = \frac{u(x)}{v(x)} \Rightarrow f'(x) = \frac{u'(x) \cdot v(x) - u(x) \cdot v'(x)}{[v(x)]^2}$

Hier: $u(x) = 3$ und $v(x) = e^{x+1} - 1$
$u'(x) = 0$ und $v'(x) = e^{x+1}$

$$h'(x) = \frac{0 \cdot (e^{x+1}-1) - 3 \cdot e^{x+1}}{(e^{x+1}-1)^2} = \frac{-3e^{x+1}}{(e^{x+1}-1)^2}$$

Vorzeichen von h'(x) untersuchen:

$$h'(x) = \frac{\overbrace{-3e^{x+1}}^{<0, \; >0}}{\underbrace{(e^{x+1}-1)^2}_{>0, \text{ da } (...)^2 > 0}}$$

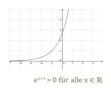
$e^{x+1} > 0$ für alle $x \in \mathbb{R}$

Möglichkeit 2: Ableitung durch Umschreiben in Potenzschreibweise

$$h(x) = \frac{3}{e^{x+1}-1} = 3 \cdot (e^{x+1}-1)^{-1}$$

$$h'(x) = 3 \cdot (-1) \cdot (e^{x+1}-1)^{-2} \cdot e^{x+1} \cdot 1$$

Ableitung einer Potenzfunktion: $f(x) = x^r \Rightarrow f'(x) = r \cdot x^{r-1}$

Ableitung einer natürlichen Exponentialfunktion: $f(x) = e^x \Rightarrow f'(x) = e^x$

Kettenregel: $f(x) = u(v(x)) \Rightarrow f'(x) = u'(v(x)) \cdot v'(x)$

Also: $h'(x) = -3e^{x+1} \cdot (e^{x+1} - 1)^{-2} = -\dfrac{3e^{x+1}}{(e^{x+1} - 1)^2}$

b) Die Integralfunktion H_0 ist definiert als $H_0(x) = \int_0^x h(t)\,dt$ mit dem gleichen Definitionsbereich wie h, also $D_h =]-1;\, +\infty[$.

Begründen Sie ohne Rechnung, dass folgende Aussagen wahr sind:
α) Der Graph von H_0 ist streng monoton steigend (sms).
β) Der Graph von H_0 ist rechtsgekrümmt.

Zu α: Da die Integralfunktion $H_0(x)$ eine Stammfunktion der Integrandenfunktion h(x) ist, gilt: $H_0'(x) = h(x)$.

> **Monotonieverhalten der Integralfunktion**
> Da h(x) stetig ist und $H_0'(x) = h(x)$, gilt:
> - Ist h negativ, so ist es auch H_0' und somit ist der Graph von H_0 smf.
> - Ist h positiv, so ist es auch H_0' und somit ist der Graph von H_0 sms.

Aus $h(x) > 0$ für alle $x \in D_h$ folgt: $H_0'(x) > 0$ für alle $x \in D_h$.
$\Rightarrow H_0(x)$ ist streng monoton steigend.

> **Anmerkung**
> $h(x) > 0$ kann aus Abbildung 2 abgelesen werden, denn der Graph von h verläuft oberhalb der x-Achse.

Zu β: Für $h''(x) < 0 \Rightarrow G_h$ ist rechtsgekrümmt.

Es gilt: $H_0''(x) = h'(x)$

Aus Teilaufgabe 2a ist bekannt, dass $h'(x) < 0$ für alle $x \in D_h$.
Aus $h'(x) < 0$ folgt: $H_0''(x) < 0$ für alle $x \in D_h$.
$\Rightarrow G_{H_0}$ ist rechtsgekrümmt.

c) Teil 1: Bestimmen Sie die Nullstellen von H_0.

> **Nullstellen einer Integralfunktion**
> Jede Integralfunktion $I_a: x \mapsto \int_a^x f(t)\,dt$ besitzt an der unteren Integrationsgrenze $x = a$ eine Nullstelle: $I_a = \int_a^a f(t)\,dt = F(a) - F(a) = 0$
> Je nach Funktion können dann noch weitere Nullstellen dazu kommen.

$$H_0(x) = \int_0^x h(t)\,dt \quad \Rightarrow \quad H_0(0) = \int_0^0 h(t)\,dt = 0$$

$\Rightarrow x = 0$ ist Nullstelle der Integralfunktion H_0.

> **Anmerkung**
> Da der Graph von h komplett oberhalb der x-Achse und nicht teilweise oberhalb und teilweise unterhalb der x-Achse liegt, ist $x = 0$ auch die einzige Nullstelle der Integralfunktion.

Teil 2: Bestimmen sie mithilfe von Abbildung 2 näherungsweise $H_0(-0,5)$ und $H_0(3)$.

> **Graphische Ermittlung von Funktionswerten einer Integralfunktion**
> - 4 Kästchen (je 0,5 LE · 0,5 LE) ≙ 1 Flächeninhalt (1 FE)
> - Flächen oberhalb der x-Achse haben positiven Wert.
> - Flächen unterhalb der x-Achse haben negativen Wert.
> - Bei Integration von „rechts nach links" ändert sich das Vorzeichen vom Wert der Integralfunktion.
>
>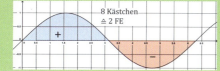

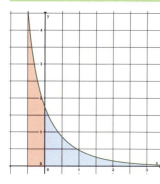

Der Funktionswert $H_0(-0,5) = \int_0^{-0,5} h(t)\,dt$ ist die negative Maßzahl des Flächeninhalts des rot gefärbten Flächenstücks, welches G_h im Intervall $[0; -0,5]$ mit der x-Achse einschließt.

Der Wert ist negativ, da **„nach links"** integriert wird und G_h **oberhalb der x-Achse** verläuft.

Das Flächenstück lässt sich näherungsweise durch „Kästchenzählen" bestimmen: Fläche ca. 5,5 Kästchen $\frac{5,5}{4} \approx 1,4$ FE

$\Rightarrow H_0(-0,5) \approx -1,4$ FE (negativ, da nach links integriert wird)

Der Funktionswert $H_0(3) = \int_0^3 h(t)\,dt$ ist die positive Maßzahl des Flächeninhalts des blau gefärbten Flächenstücks, das G_h im Intervall $[0; 3]$ mit der x-Achse einschließt. Fläche ca. 5,25 Kästchen. $\frac{5,25}{4} \approx 1,3$ FE

$\Rightarrow H_0(3) \approx +1,3$ FE

Teil 3: Skizzieren Sie in Abb. 2 den Graphen von H_0 im Bereich $-0.5 \leq x \leq 3$.

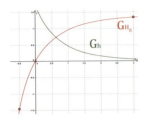

Aus Teil 1 und Teil 2 ist bekannt:
$H_0(0) = 0$, $H_0(-0.5) = -1.4$, $H_0(3) = 1.3$
Aus Teilaufgabe a ist außerdem bekannt, dass der Graph von H_0 streng monoton steigend und rechtsgekrümmt ist.

3 $h(x) = \frac{3}{e^{x+1} - 1}$, $x \geq 0$

a) Bestimmen Sie den Zeitpunkt x, zu dem die momentane Schadstoffabbaurate auf 0,01 Gramm pro Minute zurückgegangen ist.

⇨ Es wird also der x-Wert gesucht, sodass $h(x) = 0.01$ gilt.

$\frac{3}{e^{x+1} - 1} = 0.01$ $\quad | \cdot (e^{x+1} - 1)$

$3 = 0.01 \cdot (e^{x+1} - 1)$ $\quad | \cdot 100$

$300 = e^{x+1} - 1$ $\quad | + 1$

$301 = e^{x+1}$ $\quad | \ln(...)$

$\ln(301) = x + 1$ $\quad | - 1$

$\ln(301) - 1 = x$

$x \approx 4.7$ $\qquad 4.7 \min = 4 \min + 0.7 \cdot 60 s = 4 \min 42 s$

4,7 Minuten (das sind 4 Minuten und 42 Sekunden) nach Beginn des Reinigungsvorgangs, ist die momentane Schadstoffabbaurate auf 0,01 Gramm pro Minute zurückgegangen.

b) $k(x) = 3 \cdot \left(\frac{1}{x+1} - \frac{1}{x+3} \right) - 0.2$ für $-0.5 \leq x \leq 2$

Beschreiben Sie, wie der Graph der Funktion aus dem Graphen der Funktion f aus Aufgabe 1 hervorgeht.

$f(x) = \frac{1}{x+1} - \frac{1}{x+3}$

1) $f(x) \rightarrow 3 \cdot f(x)$ $\qquad$ Streckung entlang der y-Achse um den Faktor 3

2) $3 \cdot f(x) \rightarrow 3 \cdot f(x) - 0.2$ $\qquad$ Verschiebung entlang der y-Achse um 0,2 Einheiten nach unten.

c) Berechnen Sie einen Näherungswert für $\int_0^1 h(x)\,dx$, indem der Zusammenhang $\int_0^1 k(x)\,dx$ verwendet wird.

$$\int_0^1 \left(3\cdot\left(\tfrac{1}{x+1}-\tfrac{1}{x+3}\right)-0{,}2\right)dx = \left[3\cdot(\ln|x+1|-\ln|x+3|)-0{,}2x\right]_0^1 =$$

$$(3(\ln 2 - \ln 4) - 0{,}2) - (3(\ln 1 - \ln 3) - 0) \approx 1{,}02$$

> **Regel zur Bildung der Stammfunktion von $\tfrac{1}{x+1}$ und $\tfrac{1}{x+1}$**
>
> $\int \tfrac{g'(x)}{g(x)} dx = \ln|g(x)| + c$
>
> $\int \tfrac{1}{x+1} dx = \ln|x+1|$ und $\int \tfrac{1}{x+3} dx = \ln|x+3|$, denn die Nennerfunktionen x+1 und x+3 ergeben jeweils abgeleitet die Zählerfunktion 1.

Bedeutung dieses Wertes im Sachzusammenhang:

Da h(x) die momentane Schadstoffabbaurate in Gramm pro Minute und x die seit Beginn des Reinigungsvorgangs verstrichene Zeit bezeichnet, entspricht das bestimmte Integral von h der zwischen den Integrationsgrenzen abgebauten Schadstoffmenge in Gramm.
Dies bedeutet, dass in der ersten Minute ungefähr 1,02 Gramm Schadstoff abgebaut wird.

Lösung Analysis 2015 - B2

1 Der Graph G_f einer in $\mathbb{R}$ definierten Funktion $f: x \mapsto ax^4 + bx^3$ mit $a, b \in \mathbb{R}$ besitzt im Punkt $O(0|0)$ einen Wendepunkt mit waagrechter Tangente.

a) $W(1|-1)$ ist ein weiterer Wendepunkt von G_f. Bestimmen Sie mithilfe dieser Information die Werte von a und b.

Hier sind zwei Parameter a und b zu bestimmen. Also braucht man auch zwei Gleichungen. Die Angabe $W(1|-1)$ liefert gleich zwei Gleichungen.

1) Es ist ein Punkt mit x-Wert 1 und y-Wert -1 gegeben. $\Rightarrow f(1) = -1$
2) Da $W(1|-1)$ ein Wendepunkt ist, gilt: $\Rightarrow f''(1) = 0$.

Mit diesen beiden Bedingungen und der Angabe $f(x) = ax^4 + bx^3$ kann man die benötigten Gleichungen aufstellen.

Gleichung 1 $\quad f(1) = -1$
$\qquad\qquad\quad f(1) = a \cdot 1^4 + b \cdot 1^3 \overset{!}{=} -1$
(Gleichung 1 im weiteren mit I bezeichnet)

Gleichung 2 $\quad$ Zuerst muss $f''(x)$ gebildet werden:
$\qquad\qquad\quad f'(x) = 4ax^3 + 3bx^2$
$\qquad\qquad\quad f''(x) = 12ax^2 + 6bx$

$\qquad\qquad\quad f''(1) = 0$
$\qquad\qquad\quad 12ax^2 + 6bx = 0$
$\qquad\qquad\quad 12a + 6b = 0 \qquad |:6$
$\qquad\qquad\quad 2a + b = 0$
(Gleichung 2 im weiteren mit II bezeichnet)

Jetzt hat man für die zwei Unbekannten zwei Gleichungen gefunden:
$\qquad\qquad$ I $\qquad a + b = -1$
$\qquad\qquad$ II $\qquad 2a + b = 0$
Möglichkeiten das lineare Gleichungsverfahren (LGS) zu lösen:

Möglichkeit 1: Additionsverfahren (Gauß)
Von II zieht man I ab, damit b in II verschwindet.
II' = II − I $\qquad a = 1$

a = 1 wird jetzt in I eingesetzt:
$1 + b = -1 \quad | -1$
$b = -2$
Insgesamt: $f(x) = 1 \cdot x^4 - 2 \cdot x^3$

$\quad$(II) $2a + b = 0$
$-$(I) $a + b = -1$
$\overline{\qquad a = +1}$

Möglichkeit 2: Einsetzungsverfahren
I $a + b = -1$ II $2a + b = 0$

Man löst I nach b (oder a) auf und setzt dies in II ein, sodass II nur noch von einer Variablen abhängt:

I $a + b = -1$ $| - a$
    $b = -1 - a$

eingesetzt in II $2a + b = 0$
                      $2a + (-1 - a) = 0$
                      $2a - 1 - a = 0$
                      $a - 1 = 0$ $| + 1$
                      $a = 1$

$a = 1$ eingesetzt in $b = -1 - a$ liefert $b = -2$

b) Bestimmen Sie Lage und Art des Extrempunkts von G_f.

> **Extrempunkt an der Stelle x_E**
>
> $f'(x_E) = 0$

$f'(x) = 0$ $4x^3 - 6x^2 = 0$
                  $x^2(4x - 6) = 0$

1. $x^2 = 0$ 2. $4x - 6 = 0$ $| + 6$
     $x_{E1} = 0$ $4x = 6$ $| : 4$
                              $x_{E2} = 1{,}5$

Lage der möglichen Extrempunkte:
$y_{E1} = f(x_{E1}) = f(0) = 0^4 - 2 \cdot 0^3 = 0$ $\Rightarrow E_1 = (0 \mid 0)$

Der Angabe nach ist $O(0 \mid 0)$ kein Extrempunkt, sondern ein Wendepunkt mit waagrechter Tangente (Terrassenpunkt).

$y_{E2} = f(x_{E2}) = f(1{,}5) = 1{,}5^4 - 2 \cdot 1{,}5^3 \stackrel{TR}{=} -1{,}6875$ $\Rightarrow E_1 = (1{,}5 \mid -1{,}6875)$

Art des Extrempunkts bestimmen:
Möglichkeit 1: Über die zweite Ableitung

> Wenn $f'(x_0) = 0$ und $f''(x_0) > 0$
> $\Rightarrow G_f$ hat bei $x = x_0$ einen Tiefpunkt (Minimum).   positiv $\Rightarrow$ TP
>
> Wenn $f'(x_0) = 0$ und $f''(x_0) < 0$
> $\Rightarrow G_f$ hat bei $x = x_0$ einen Hochpunkt (Maximum).   negativ $\Rightarrow$ HP

$f''(1{,}5) = 9 > 0$ $\Rightarrow E_2 (1{,}5 \mid -1{,}6875)$ ist ein Tiefpunkt.

Möglichkeit 2: Mithilfe einer Monotonietabelle

x	0 < x < 1,5	x = 1,5	x > 1,5
f'(x)	−	0	+
G_f	↘	TP	↗

c) Zeichnen Sie G_f sowie die Gerade g in ein Koordinatensystem ein.

Aufstellen der Gleichung der von g:

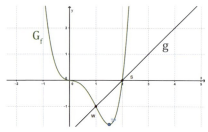

Möglichkeit 1
W(1 | −1) und S (2 | 0) liegen auf g
$\Rightarrow m_g = \frac{\Delta y}{\Delta x} = \frac{0-(-1)}{2-1} = 1$
$\Rightarrow$ g: y = x + t

Um t zu ermitteln, setze S(2|0) in g ein: g: 0 = 2 + t | − 2
                                              t = − 2

$\Rightarrow$ g: y = x − 2

Möglichkeit 2: Aufstellen eines linearen Gleichungssystems
g: y = mx + t
W(1 | −1) ∈ g $\Rightarrow$ I   −1 = 1 · m + t
S(2 | 0) ∈ g $\Rightarrow$ II   0 = 2 · m + t

II − I $\Rightarrow$ 1 = m
m eingesetzt in II $\Rightarrow$ 0 = 2 · 1 + t | − 2
                                    − 2 = t
                  $\Rightarrow$ g: y = x − 2

d) Berechnen Sie das Verhältnis der Flächeninhalte der zwei Teilflächen.

Berechnung unter Berücksichtigung von A_0
Berechnung des gesamten Flächeninhalts A_0:

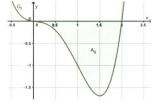

Die Fläche, die G_f und die x-Achse im IV. Quadranten einschließt ist gegeben durch das bestimmte Integral:

$$A = \left| \int_0^2 f(x)\, dx \right|$$

Da die Fläche unterhalb der x-Achse liegt, hat das bestimmte Integral einen negativen Wert und wird deshalb bei der Flächenberechnung in Betrag genommen.

HDI
$$\int_a^b f(x)\,dx = [F(x)]_a^b = F(b) - F(a) \qquad \int x^r\,dx = \frac{x^{r+1}}{r+1} + c$$

$$A_0 = \left|\int_0^2 f(x)\,dx\right| = \left|\int_0^2 (x^4 - 2x^3)\,dx\right| = \left|\left[\tfrac{1}{5}x^5 - \tfrac{1}{2}x^4\right]_0^2\right|$$

$$= \left|\left(\tfrac{32}{5} - 8 - 0\right)\right| = \tfrac{8}{5} = 1{,}6 \qquad \int (x^4 - 2x^3)\,dx = \tfrac{x^{4+1}}{4+1} - 2 \cdot \tfrac{x^{3+1}}{3+1}$$

Fläche zwischen zwei Funktionsgraphen:

Fläche zwischen 2 Funktionsgraphen

Der Flächeninhalt zwischen zwei Funktionsgraphen G_f und G_g ist gegeben durch:

$$A = \int_a^b |f(x) - d(x)|\,dx$$

Sind die Integrationsgrenzen a und b nicht explizit gegeben, so bestimmt man hierfür die Schnittpunkte der beiden Graphen.

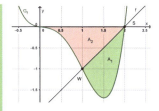

 • Wenn man immer darauf achtet, dass man den Funktionsterm des „oberen" Graphen vom Funktionsterm des „unteren" Graphen abzieht, kann man sich die Betragsstriche sparen

$$A = \left|\int_1^2 f(x) - g(x)\,dx\right| = \left|\int_1^2 (x^4 - 2x^3 - (x-2))\,dx\right|$$

$$= \left|\int_1^2 (x^4 - 2x^3 - x + 2)\,dx\right| = \left|\left[\tfrac{1}{5}x^5 - \tfrac{1}{2}x^4 - \tfrac{1}{2}x^2 + 2x\right]_1^2\right|$$

$$= \left|\left(\tfrac{32}{5} - 8 - 2 + 4\right) - \left(\tfrac{1}{5} - \tfrac{1}{2} - \tfrac{1}{2} + 2\right)\right| = \tfrac{4}{5} = 0{,}8$$

$A_2 = A_0 - A_1 = 0{,}8 \qquad \Rightarrow A_1 = A_2$

Die Gerade g teilt die Fläche, die von G_f und der x-Achse eingeschlossen wird im Verhältnis 1:1.

2 $f_n(x) = x^4 - 2x^n$; $f_0(x) = x^4 - 2$ $x^0 = 1$

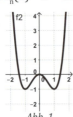
Abb. 1

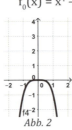
Abb. 2

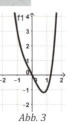
Abb. 3

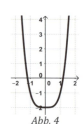
Abb. 4

a) Ordnen Sie jeder der dargestellten Funktionen (f_0, f_1, f_2, f_4) den passenden Graphen zu und begründen Sie drei Ihrer Zuordnungen durch Aussagen zur Symmetrie, zu den Schnittpunkten mit den Koordinatenachsen oder dem Verhalten an den Grenzen der Definitionsbereiche der Graphen.

Möglichkeit 1:

1.) $f_0(x) = x^4 - 2$ $\Rightarrow f_0(0) = -2$ $\triangleq$ y-Achsenabschnitt
Also: Abbildung 4 gehört zu $f_0(x)$.

2.) $f_4(x) = x^4 - 2x^4 = -x^4$
$\lim\limits_{x \to \pm\infty} -x^4 = -\infty$ Also: Abbildung 2 gehört zu $f_4(x)$.

3.) $f_2(x) = x^4 - 2x^2$
Bestimmung der Nullstellen: $x^4 - 2x^2 = 0$
$x^2(x^2 - 2) = 0$ $\Rightarrow$ $x_{1/2} = 0$; $x_{3/4} = \pm\sqrt{2}$
$\Rightarrow$ Insgesamt existieren drei verschiedene Nullstellen.
Also: Abbildung 1 gehört zu f_2.

Schließlich bleibt nur noch Abbildung 3 für $f_1(x)$.

Anmerkung: Dass Abbildung 3 zu f_1 gehört, kann anhand der Nullstellen von f_1 schnell überprüft werden.

Möglichkeit 2:

$f_1(x) = x^4 - 2x$ ist als einzige Funktion nicht achsensymmetrisch zur y-Achse. $\Rightarrow$ Abbildung 3 gehört zu f_1.

Weiter besitzt $f_4 = -x^4$ genau eine Nullstelle bei 0.
$\Rightarrow$ Abbildung 2 gehört zu f_4.

Genau einer der Graphen schneidet die y-Achse nicht im Punkt (0 | 0) und zwar f_0. $\Rightarrow$ Abbildung 4 gehört zu f_0.

Übrig bleibt Abbildung 1, welche nach dem Ausschlussprinzip zu f_2 gehört.

b) Geben Sie in Abhängigkeit von n das Verhalten dieser Funktionen für $x \to \pm\infty$ an.

> Bei ganzrationalen Funktionen bestimmt der Term mit der höchsten vorkommenden Potenz das Verhalten im Unendlichen.

Für f_n mit $n > 4$ muss lediglich der Term $-2x^n$ betrachtet werden. Da x^n abhängig vom Exponenten n das Vorzeichen wechselt, müssen zwei Fälle unterschieden werden.

1. Fall: n ist gerade: $\quad\lim\limits_{x \to \pm\infty} f_n(x) = -\infty$

2. Fall: n ist ungerade: $\quad\lim\limits_{x \to +\infty} f_n(x) = -\infty \quad$ und $\quad\lim\limits_{x \to -\infty} f_n(x) = +\infty$

3 $g(t) = -\frac{\pi}{8} \sin\left(\frac{\pi}{2} \cdot t\right)$

a) Berechnen Sie $g(1{,}5)$ und interpretieren Sie das Vorzeichen dieses Werts im Sachzusammenhang.

$g(1{,}5) = -\frac{\pi}{8} \cdot \sin\left(\frac{\pi}{2} \cdot 1{,}5\right) = -\frac{\pi}{8} \cdot \underbrace{\sin\left(\frac{3}{4}\pi\right)}_{=\frac{\sqrt{2}}{2}} = -\frac{\sqrt{2}}{16}\pi \approx -0{,}278$

Interpretation des engativen Vorzeichens von $g(1{,}5)$:
Zum Zeitpunkt $t = 1{,}5$ atmete die Testperson aus.

b) Geben Sie auf der Grundlage des Modells einen Zeitpunkt an, zu dem das Luftvolumen in der Lunge der Testperson minimal ist und machen Sie Ihre Antwort mithilfe von Abbildung 5 plausibel.

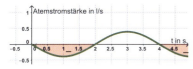

Für $t \in {]}0; 2{[}$ und $t \in {]}4; 6{[}$ verläuft der Graph der Funktion g unterhalb der t-Achse. In diesen beiden Zeitintervallen atmet die Person also aus.

Wenn der Graph von g oberhalb der x-Achse verläuft, steigt das Luftvolumen in der Lunge wieder an. Demnach ist das Luftvolumen in der Lunge genau an einer Nullstelle von g mit Vorzeichenwechsel von − nach + minimal, also zum Beispiel nach 2 s oder nach 6 s.

b) Berechnen Sie $\int\limits_2^4 g(t)\,dt$.

$\int\limits_2^4 -\frac{\pi}{8} \sin\left(\frac{\pi}{2}t\right) dt \stackrel{①}{=} -\frac{\pi}{8} \cdot \int\limits_2^4 \sin\left(\frac{\pi}{2}t\right) dt \qquad ① \int\limits_a^b c \cdot f(x)\,dx = c \cdot \int\limits_a^b f(x)\,dx$

Berechnung der Stammfunktion:

$$-\frac{\pi}{8}\int \sin\left(\frac{\pi}{2}t\right) dt$$
$$= -\frac{\pi}{8}\left(\frac{1}{\frac{\pi}{2}} \cdot \left(-\cos\left(\frac{\pi}{2}t\right)\right)\right)$$
$$= -\frac{\pi}{8}\left(-\frac{2}{\pi} \cdot \left(\cos\left(\frac{\pi}{2}t\right)\right)\right) = \frac{1}{4}\cos\left(\frac{\pi}{2}t\right)$$

② $\int \sin x \, dx = -\cos x$

③ **Lineare Substitution**
$\int f(ax+b) = \frac{1}{a}F(ax+b)$

Berechnung des Integrals:

$$-\frac{\pi}{8}\int_{2}^{4} \sin\left(\frac{\pi}{2}t\right) dt \stackrel{HDI}{=} \left[\frac{1}{4}\cos\left(\frac{\pi}{2}t\right)\right]_{2}^{4}$$
$$= \left(\frac{1}{4}\cos\left(\frac{\pi}{2}\cdot 4\right)\right) - \left(\frac{1}{4}\cos\left(\frac{\pi}{2}\cdot 2\right)\right)$$
$$= \frac{1}{4}\cdot 1 - \frac{1}{4}(-1) = \frac{1}{2}$$

HDI:
$\int_{a}^{b} f(x)dx = [F(x)]_{a}^{b} = F(b) - F(a)$

Deuten Sie den Wert des Integrals im Sachzusammenhang.

Für $t \in {]}2;4{[}$ verläuft der Graph der Funktion g oberhalb der t-Achse. Demnach atmet die Testperson während der Zeit zwischen der zweiten und vierten Sekunde seit Beobachtungsbeginn ein.

Das Integral $\int_{2}^{4} g(t) dt$ errechnet das Luftvolumen, welches die Testperson während dieser zwei Sekunden einatmet. Also bedeutet der Wert des Integrals $\int_{2}^{4} g(t) dt = 0{,}5$, dass die Person in der Zeit von der zweiten bis zur vierten Sekunde 0,5 Liter einatmet.

Anmerkung:
Der letzte Satz in obiger Deutung hätte als Lösung im Abitur gereicht.

d) Skizzieren Sie auf der Grundlage des Modells unter Berücksichtigung des Ergebnisses aus Aufgabe 3c in einem Koordinatensystem für $0 \leq t \leq 8$ den Graphen einer Funktion, die den zeitlichen Verlauf des Luftvolumens in der Lunge der Testperson beschreibt.

Möglichkeit 1:
Bei der Zeichnung müssen folgende Aspekte aus vorherigen Teilaufgaben berücksichtigt werden:

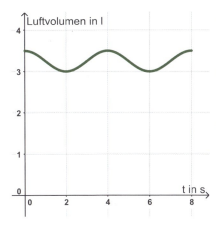

- Zu Beginn des Ausatemvorgangs befinden sich 3,5 Liter Luft in der Lunge der Testperson.
- Die Testperson atmet bei einem Atemvorgang insgesamt je 0,5 Liter Luft ein und aus.
- Die Testperson atmet für $0 < t < 2$ und $4 < t < 6$ aus. $\Rightarrow$ Bei $t = 2$ und $t = 6$ sind Tiefpunkte.
- Die Testperson atmet für $2 < t < 4$ und $6 < t < 8$ ein. $\Rightarrow$ Bei $t = 4$ und $t = 8$ sind Hochpunkte.

Möglichkeit 2:
Aus Teilaufgabe 3c ist bekannt, dass die Stammfunktion G von g gegeben ist durch: $G(t) = \frac{1}{4} \cos(\frac{\pi}{2} \cdot t) + c$. Die hier gesuchte Funktion, die den zeitlichen Verlauf des Luftvolumens in der Lunge der Testperson beschreibt, ist eine Integralfunktion über die Funktion g, welche die momentane Änderungsrate des Luftvolumens beschreibt.
Folglich ist der gesuchte Graph eine Cosinusfunktion mit dem Wertebereich [3,0; 3,5] (siehe Liste mit zu berücksichtigenden Aspekten aus Möglichkeit 1).

NEW-Regel

Beim Zeichnen der Integralfunktion hilft die NEW-Regel.
Es gilt: F N E W, d.h. Nullstellen der Funktion bilden Extrem-
        f   N E W
punkte der Integralfunktion und Extremstellen der Funktion bilden Wendepunkte der Integralfunktion G.

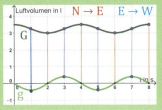

Anmerkung
Es gilt außerdem der Zusammenhang:
Liegt der Graph der Funktion g oberhalb/unterhalb der x-Achse, so ist der Graph einer zugehörigen Integralfunktion monoton fallend/ wachsend.

e) h(t) = a · sin(b · t) Geben Sie zunächst die Atemfrequenz der Testperson an und bestimmen Sie den Wert von b.

Bestimmung der Atemfequenz der Testperson

Die Atemfrequenz bezeichnet die Anzahl der Atemzyklen pro Minute. Ein vollständiger Atemzyklus der Testperson dauert laut Angabe 4 Sekunden.

$$\text{Atemfrequenz} = \frac{1 \text{ Atemzyklus}}{4 \text{ Sekunden}} = \frac{15 \text{ Atemzyklen}}{60 \text{ Sekunden}}$$

Antwort: Die Atemfrequenz beträgt 15 Atemzyklen pro Minute.

Bestimmung des Wertes b
Berechnung der Atemfrequenz des jüngeren Menschen:
15 · 1,2 = 18
            Dieser besitzt eine 20 % höhere Atemfrequenz.

Vollständiger Atemzyklus des jüngeren Menschen: $\frac{60s}{18} = \frac{10}{3}$ s
Dies entspricht der Periode der Sinusfunktion h, also: $p = \frac{10}{3}$

Allgemein gilt für die Periode der Sinusfunktion: $\boxed{p = \frac{2\pi}{b}}$

$$\Leftrightarrow b = \frac{2\pi}{p} = \frac{2\pi}{\frac{10}{3}} = \frac{2\pi \cdot 3}{10} = \frac{6\pi}{10} = \frac{3}{5}\pi$$

Stochastik 2015

Aufgabengruppe B1

1 Der Marketingchef einer Handelskette plant eine Werbeaktion, bei der ein Kunde die Höhe des Rabatts bei seinem Einkauf durch zweimaliges Drehen an einem Glücksrad selbst bestimmen kann. Das Glücksrad hat zwei Sektoren, die mit den Zahlen 5 bzw. 2 beschriftet sind (vgl. Abbildung).

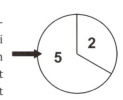

Der Rabatt in Prozent errechnet sich als Produkt der beiden Zahlen, die der Kunde bei zweimaligem Drehen am Glücksrad erzielt. Die Zufallsgröße X beschreibt die Höhe dieses Rabatts in Prozent, kann also die Werte 4, 10 oder 25 annehmen. Die Zahl 5 wird beim Drehen des Glücksrads mit der Wahrscheinlichkeit p erzielt. Vereinfachend soll davon ausgegangen werden, dass jeder Kunde genau einen Einkauf tätigt und auch tatsächlich am Glücksrad dreht.

a) Ermitteln Sie mithilfe eines Baumdiagramms die Wahrscheinlichkeit dafür dass ein Kunde bei seinem Einkauf einen Rabatt von 10% erhält.

(Ergebnis: $2p - 2p^2$)

b) Zeigen Sie, dass für den Erwartungswert E(X) der Zufallsgröße X gilt:
$E(X) = 9p^2 + 12p + 4$

c) Die Geschäftsführung will im Mittel für einen Einkauf einen Rabatt von 16% gewähren. Berechnen Sie für diese Vorgabe den Wert der Wahrscheinlichkeit p.

d) Die Wahrscheinlichkeit, dass ein Kunde bei seinem Einkauf den niedrigsten Rabatt erhält, beträgt $\frac{1}{9}$. Bestimmen Sie, wie viele Kunden mindestens an dem Glücksrad drehen müssen, damit mit einer Wahrscheinlichkeit von mehr als 99 % mindestens einer der Kunden den niedrigsten Rabatt erhält.

(Fortsetzung nächste Seite)

2 Eine der Filialen der Handelskette befindet sich in einem Einkaufszentrum, das zu Werbezwecken die Erstellung einer Smartphone-App in Auftrag geben will. Diese App soll die Kunden beim Betreten des Einkaufszentrums über aktuelle Angebote und Rabattaktionen der beteiligten Geschäfte informieren. Da dies mit Kosten verbunden ist, will der Finanzchef der Handelskette einer Beteiligung an der App nur zustimmen, wenn mindestens 15 % der Kunden der Filiale bereit sind, diese App zu nutzen. Der Marketingchef warnt jedoch davor, auf eine Beteiligung an der App zu verzichten, da dies zu einem Imageverlust führen könnte.

Um zu einer Entscheidung zu gelangen, will die Geschäftsführung der Handelskette eine der beiden folgenden Nullhypothesen auf Basis einer Befragung von 200 Kunden auf einem Signifikanzniveau von 10 % testen:

I „Weniger als 15 % der Kunden sind bereit, die App zu nutzen."
II „Mindestens 15 % der Kunden sind bereit, die App zu nutzen."

a) Nach Abwägung der möglichen Folgen, die der Finanzchef und der Marketingchef aufgezeigt haben, wählt die Geschäftsführung für den Test die Nullhypothese II. Bestimmen Sie die zugehörige Entscheidungsregel.

b) Entscheiden Sie, ob bei der Abwägung, die Zur Wahl der Nullhypothese II führte, die Befürchtung eines Imageverlusts oder die Kostenfrage als schwerwiegender erachtet wurde. Erläutern Sie ihre Entscheidung.

Stochastik 2015

Aufgabengruppe B2

1 Die beiden Diagramme zeigen für die Bevölkerungsgruppe der über 14-Jährigen in Deutschland Daten zur Altersstruktur und zum Besitz von Mobiltelefonen.

Aus den über 14-Jährigen in Deutschland wird eine Person zufällig ausgewählt. Betrachtet werden folgende Ereignisse:

- M: „Die Person besitzt ein Mobiltelefon."
- S: „Die Person ist 65 Jahre oder älter."
- E: „Mindestens eines der Ereignisse M und S tritt ein."

a) Geben Sie an, welche der folgenden Mengen I bis VI jeweils das Ereignis E beschreiben.

I $M \cap S$
II $M \cup S$
III $\overline{M \cup S}$
IV $(M \cap \overline{S}) \cup (\overline{M} \cap S) \cup (\overline{M} \cap \overline{S})$
V $(M \cap S) \cup (M \cap \overline{S}) \cup (\overline{M} \cap S)$
VI $\overline{M \cap S}$

b) Entscheiden Sie anhand geeigneter Terme und auf der Grundlage der vorliegenden Daten, welche der beiden folgenden Wahrscheinlichkeiten größer ist. Begründen Sie Ihre Entscheidung.

p_1 ist die Wahrscheinlichkeit dafür, dass die ausgewählte Person ein Mobiltelefon besitzt, wenn bekannt ist, dass sie 65 Jahre oder älter ist.

p_2 ist die Wahrscheinlichkeit dafür, dass die ausgewählte Person 65 Jahre oder älter ist, wenn bekannt ist, dass sie ein Mobiltelefon besitzt.

c) Erstellen Sie zu dem beschriebenen Sachverhalt für den Fall, dass das Ereignis E mit einer Wahrscheinlichkeit von 98% eintritt, eine vollständig ausgefüllte Vierfeldertafel. Bestimmen Sie für diesen Fall die Wahrscheinlichkeit $P_S(M)$.

(Fortsetzung nächste Seite)

2 Zwei Drittel der Senioren in Deutschland besitzen ein Mobiltelefon. Bei einer Talkshow zum Thema „Chancen und Risiken der digitalen Welt" sitzen 30 Senioren im Publikum.

a) Bestimmen Sie die wahrscheinlichkeit dafür, dass unter 30 zufällig ausgewählten Senioren in Deutschland mindestens 17 und höchstens 23 ein Mobiltelefon

b) Von den 30 Senioren im Publikum besitzen 24 ein Mobiltelefon. Im Verlauf der Sendung werden drei der Senioren aus dem Publikum zufällig ausgewählt und nach ihrer Meinung befragt. Bestimmen Sie die Wahrscheinlichkeit dafür, dass genau zwei dieser drei Senioren ein Mobiltelefon besitzen.

3 Eine Handelskette hat noch zahlreiche Smartphones des Modells Y3 auf Lager, als der Hersteller das Nachfolgemodell Y4 auf den Markt bringt. Der Einkaufspreis für das neue Y4 beträgt 300 €, während die Handelskette für das Vorgängermodell 250 € bezahlen musste. Um die Lagerbestände noch zu verkaufen, bietet die Handelskette ab dem Verkaufsstart des Y4 die Smartphones des Typs Y3 für je 199 € an.
Aufgrund früherer Erfahrungen geht die Handelskette davon aus, dass von den verkauften Smartphones der Modelle Y3 und Y4 trotz des Preisnachlasses nur 26 % vom Typ Y3 sein werden. Berechnen Sie unter dieser Voraussetzung, zu welchem Preis die Handelskette das Y4 anbieten muss, damit sie Voraussichtlich pro verkauftem Smartphone der Modelle Y3 und Y4 im Mittel 97 € mehr erhält, als sie beim Einkauf dafür zahlen musste.

Lösungen Stochastik 2015
B1

1 a) Ermitteln Sie mithilfe eines Baumdiagramms die Wahrscheinlichkeit dafür dass ein Kunde bei seinem Einkauf einen Rabatt von 10% erhält.

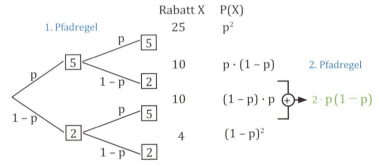

> **1. Pfadregel:** „Werte entlang eines Pfades werden multipliziert."
> $P(5 \cap 5) = P(5) \cdot P(5)$

> **2. Pfadregel:** „Passende Wahrscheinlichkeiten werden addiert."
> $P(10) = P(5 \cap 2) + P(2 \cap 5)$

Antwort: Um einen Rabatt von 10 % zu erhalten, muss eine 5 und eine 2 gedreht werden. Dafür gibt es zwei Möglichkeiten:
$P(5) \cdot P(2) + P(2) \cdot P(5) = p \cdot (1-p) + (1-p) \cdot p = 2p(1-p) = 2p - 2p^2$

b) Zeigen Sie, dass für den Erwartungswert E(X) der Zufallsgröße X gilt:
$E(X) = 9p^2 + 12p + 4$

Antwort: Um den Erwartungswert zu berechnen, erstellen wir zunächst die Wahrscheinlichkeitsverteilung der Zufallsgröße X.

x_i	4	10	25
$p_i = P(X = x_i)$	$(1-p)^2$	$2p - p^2$	p^2

$E(X) = x_1 \cdot p_1 + x_2 \cdot p_2 + \ldots + x_n \cdot p_n$

$E(X) = 4 \cdot (p^2 - 2p + 1) + 10 \cdot (2p - p^2) + 25p^2$

$\underset{\text{2. Bin. Formel}}{=} 4 \cdot (1 - 2p + p^2) + 20p - 20p^2 + 25p^2$

$= 4 - 8p + 4p^2 + 20p - 20p^2 + 25p^2 = 9p^2 + 12p + 4$

$\Rightarrow E(X) = 9p^2 + 12p + 4$

c) Die Geschäftsführung will im Mittel für einen Einkauf einen Rabatt von 16% gewähren. Berechnen Sie für diese Vorgabe den Wert der Wahrscheinlichkeit p.

Lösung: Der im Mittel zu gewährende Rabatt ist gleichbedeutend mit dem Erwartungswert. Also setzen wir diesen mit 16 gleich.

Ansatz: $E(X) = 16$

$9p^2 + 12p + 4 = 16 \quad | -16$
$9p^2 + 12p - 12 = 0$
$\overset{MNF}{\Longrightarrow} p_{1,2} = \frac{-12 \pm \sqrt{12^2 - 4 \cdot 9 \cdot (-12)}}{2 \cdot 9}$

$p_1 = \frac{2}{3}$
$p_2 = -2$

Mitternachtsformel
$p_{1,2} = \frac{-b \pm \sqrt{b^2 - 4ac}}{2a}$
mit a = 9, b = 12, c = -12

Die Lösung p = -2 scheidet als Lösung aus, da eine Wahrscheinlichkeit nicht negativ sein kann. Es gilt also: $p_1 = \frac{2}{3}$

d) Die Wahrscheinlichkeit, dass ein Kunde bei seinem Einkauf den niedrigsten Rabatt erhält, beträgt $\frac{1}{9}$. Bestimmen Sie, wie viele Kunden mindestens an dem Glücksrad drehen müssen, damit mit einer Wahrscheinlichkeit von mehr als 99 % mindestens einer der Kunden den niedrigsten Rabatt erhält. Es handelt sich um eine „3m-Aufgabe"

3m-Ansatz
$P_p^n(X \geq 1) > \beta$

Bei „mehr als 99 %" wähle $"> \beta"$.
Bei „min. 99 %" wähle $"\geq \beta"$

$P_{\frac{1}{9}}^n(x \geq 1) < 0{,}99$
$1 - P_{\frac{1}{9}}^n(x = 0) > 0{,}99 \quad | -1$
$-P_{\frac{1}{9}}^n(x = 0) > -0{,}01 \quad | \cdot (-1)$

Bei Multiplikation bzw. Division einer Ungleichung mit einer negativen Zahl dreht sich das Ungleichungszeichen um!

$P_{\frac{1}{9}}^n(x = 0) < 0{,}01$

① $\underbrace{\binom{n}{0}}_{=1} \cdot \underbrace{\left(\frac{1}{9}\right)^0}_{=1} \cdot \underbrace{\left(1 - \frac{1}{9}\right)^{n-0}}_{\left(\frac{8}{9}\right)^n} < 0{,}01$

$\left(\frac{8}{9}\right)^n < 0{,}01 \quad | \ln(...)$

$\ln\left(\frac{8}{9}\right)^n < \ln 0{,}01$
$n \cdot \ln\left(\frac{8}{9}\right) < \ln 0{,}01 \quad |: \ln\left(\frac{8}{9}\right)$

① **Bernoulli-Kette**
$P_p^n(X = k) = \binom{n}{k} p^k \cdot (1-p)^{n-k}$

3. ln-Gesetz
$\ln a^b = b \cdot \ln a$

$n > \frac{\ln 0{,}01}{\ln\left(\frac{8}{9}\right)} = 39{,}10$

Kurzformel 3m
$n > \frac{\ln(1-\beta)}{\ln(1-p)}$

Gesamt – WK
$\beta = 0{,}99$

WK für einen Treffer
$p = \frac{1}{9}$

$n > \frac{\ln(1-0{,}99)}{\ln(1-\frac{1}{9})}$

$n > 39{,}10$

Es müssen also mindestens 40 Kunden einen Einkauf tätigen.

Stochastik 2015 - Lösung B1

2 Um zu einer Entscheidung zu gelangen, will die Geschäftsführung der Handelskette eine der beiden folgenden Nullhypothesen auf Basis einer Befragung von 200 Kunden auf einem Signifikanzniveau von 10 % testen:

I „Weniger als 15 % der Kunden sind bereit, die App zu nutzen."
II „Mindestens 15 % der Kunden sind bereit, die App zu nutzen."

a) Nach Abwägung der möglichen Folgen, die der Finanzchef und der Marketingchef aufgezeigt haben, wählt die Geschäftsführung für den Test die Nullhypothese II. Bestimmen Sie die zugehörige Entscheidungsregel.

> **Hypothesentest (linksseitiger Test)**
>
> Schritt 1: Werte ermitteln
> $n = 200$; $\alpha \leq 10\,\% = 0{,}1$; $H_0 : P \geq 0{,}15$ (wegen „mindestens" 15 % der Kunden)
>
> Schritt 2: Annahme- und Ablehnungsbereich aufstellen.
>
>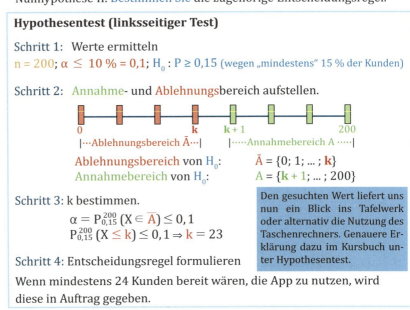
>
> Ablehnungsbereich von H_0: $\bar{A} = \{0; 1; \ldots ; k\}$
> Annahmebereich von H_0: $A = \{k+1; \ldots ; 200\}$
>
> Schritt 3: k bestimmen.
> $\alpha = P^{200}_{0{,}15}(X \in \bar{A}) \leq 0{,}1$
> $P^{200}_{0{,}15}(X \leq k) \leq 0{,}1 \Rightarrow k = 23$
>
> Den gesuchten Wert liefert uns nun ein Blick ins Tafelwerk oder alternativ die Nutzung des Taschenrechners. Genauere Erklärung dazu im Kursbuch unter Hypothesentest.
>
> Schritt 4: Entscheidungsregel formulieren
> Wenn mindestens 24 Kunden bereit wären, die App zu nutzen, wird diese in Auftrag gegeben.

b) Entscheiden Sie, ob bei der Abwägung, die zur Wahl der Nullhypothese II führte, die Befürchtung eines Imageverlusts oder die Kostenfrage als schwerwiegender erachtet wurde. Erläutern Sie Ihre Entscheidung.

Der Test des Signifikanzniveaus bezieht sich auf die Wahrscheinlichkeit eines Fehlers 1. Art. Es geht also darum, ob die Nullhypothese abgelehnt wird, obwohl sie in Wirklichkeit wahr ist. Für H_0 (I) würde es um eine „Fehlinvestition" gehen, da in die App investiert wird, obwohl sich nicht genügend Nutzer finden (Kostenfrage). Für H_0 (II) geht es darum, ob irrtümlich auf die App verzichtet wird, obwohl es genug Nutzer gäbe (Imageverlust). Die Wahl der Nullhypothese II weist darauf hin, dass die Geschäftsleitung das Risiko des Imageverlusts minimieren möchte, diesen somit als schwerwiegender erachtet.

Lösung Stochastik 2015

B2

1 Aus den über 14-Jährigen in Deutschland wird eine Person zufällig ausgewählt. Betrachtet werden folgende Ereignisse:

- M: „Die Person besitzt ein Mobiltelefon."
- S: „Die Person ist 65 Jahre oder älter."
- E: „Mindestens eines der Ereignisse M und S tritt ein."

a) Geben Sie an, welche der folgenden Mengen I bis VI jeweils das Ereignis E beschreiben.

I $M \cap S$ II $M \cup S$

III $\overline{M \cup S}$ IV $(M \cap \bar{S}) \cup (\bar{M} \cap S) \cup (\bar{M} \cap \bar{S})$

V $(M \cap S) \cup (M \cap \bar{S}) \cup (\bar{M} \cap S)$ VI $\overline{M \cap S}$

Lösung:

Das Ereignis E bedeutet: Entweder tritt das Ereignis M ein und S nicht $(M \cap \bar{S})$ oder es tritt das Ereignis S ein und M nicht $(\bar{M} \cap S)$ oder es tritt das Ereignis S ein und auch M $(M \cap S)$.

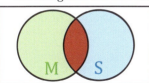

Die Vereinigung dieser drei Mengen ergibt $M \cup S$.
$\Rightarrow E = M \cup S = (M \cap S) \cup (M \cap \bar{S}) \cup (\bar{M} \cap S)$
Die Mengen II und V beschreiben das Ereignis E.

b) Entscheiden Sie anhand geeigneter Terme und auf der Grundlage der vorliegenden Daten, welche der beiden folgenden Wahrscheinlichkeiten größer ist. Begründen Sie Ihre Entscheidung.

p_1 ist die Wahrscheinlichkeit dafür, dass die ausgewählte Person ein Mobiltelefon besitzt, wenn bekannt ist, dass sie 65 Jahre oder älter ist.

p_2 ist die Wahrscheinlichkeit dafür, dass die ausgewählte Person 65 Jahre oder älter ist, wenn bekannt ist, dass sie ein Mobiltelefon besitzt.

Lösung:

Beide Wahrscheinlichkeiten beschreiben bedingte Wahrscheinlichkeiten:

$p_1 = P_S(M) = \frac{P(M \cap S)}{P(S)}$

$p_2 = P_M(S) = \frac{P(M \cap S)}{P(M)}$

Bedingte Wahrscheinlichkeit:
$$P_A(B) = \frac{P(A \cap B)}{P(A)}$$

Stochastik 2015 - Lösung B2

Im Zähler der beiden Wahrscheinlichkeiten p_1 und p_2 steht jeweils dieselbe Wahrscheinlichkeit: $P(M \cap S)$.

Die beiden Terme entscheiden sich somit nur im Nenner. Aus den beiden Diagrammen (siehe Angabe Aufgabe 1) entnimmt man die Werte der Wahrscheinlichkeiten $P(M)$ und $P(S)$ und kann daraus schließen, welche der Wahrscheinlichkeiten p_1 und p_2 größer ist.

$P(M) = 0,9 \,; P(S) = 0,24$

$p_1 = \frac{P(M \cap S)}{0,24} \,; p_2 = \frac{P(M \cap S)}{0,9}$

$\frac{P(M \cap S)}{0,24} > \frac{P(M \cap S)}{0,9} \Rightarrow p_1 > p_2$

 Bei gleichem Zähler ist der Wert des Bruches mit dem kleineren Nenner größer.

c) **Erstellen Sie** zu dem beschriebenen Sachverhalt für den Fall, dass das Ereignis E mit einer Wahrscheinlichkeit von 98% eintritt, eine vollständig ausgefüllte Vierfeldertafel. **Bestimmen Sie** für diesen Fall die Wahrscheinlichkeit $P_S(M)$.

Lösung:
Die Wahrscheinlichkeiten der Ereignisse M und S sind bereits aus Teilaufgabe 1b bekannt: $P(M) = 0,9 \,; P(S) = 0,24$
Wahrscheinlichkeiten der Gegenereignisse $\overline{M}$ und $\overline{S}$:

$P(\overline{M}) = 1 - P(M) = 1 - 0,9 = 0,1$
$P(\overline{S}) = 1 - P(S) = 1 - 0,24 = 0,76$

Die Information $P(E) = P(M \cup S) = 0,98$ kann nicht in der Vierfeldertafel verwendet werden und muss daher in eine Schnittwahrscheinlichkeit umgerechnet werden:

$P(M \cup S) = 1 - P(\overline{M} \cap \overline{S}) \quad |+P(\overline{M} \cap \overline{S}); -P(M \cup S)$
$P(\overline{M} \cap \overline{S}) = 1 - P(M \cup S) = 1 - 0,98 = 0,02$

Gesetz von de Morgan: $P(A \cup B) = 1 - P(\overline{A} \cap \overline{B})$

	M	$\overline{M}$	
S	0,16	0,08	0,24
$\overline{S}$	0,74	0,02	0,76
	0,9	0,1	1

Die übrigen Wahrscheinlichkeiten werden durch Summen- und Spaltenaddition in der Vierfeldertafel berechnet.

Es gibt einige Alternativen, um auf eine der Schnittwahrscheinlichkeiten zu kommen (z.B. Additionssatz).

2 Zwei Drittel der Senioren in Deutschland besitzen ein Mobiltelefon. Bei einer Talkshow zum Thema „Chancen und Risiken der digitalen Welt" sitzen 30 Senioren im Publikum.

a) Bestimmen Sie die Wahrscheinlichkeit dafür, dass unter 30 zufällig ausgewählten Senioren in Deutschland mindestens 17 und höchstens 23 ein Mobiltelefon besitzen.

Lösung:
Die Zufallsgröße X: „Anzahl der Senioren, die ein Mobiltelefon besitzen" ist binomialverteilt mit n = 30 und $p = \frac{2}{3}$.

Wir müssen folgende Wahrscheinlichkeit berechnen:
$P_{\frac{2}{3}}^{30}(17 \leq X \leq 23) = F_{\frac{2}{3}}^{30}(23) - F_{\frac{2}{3}}^{30}(16)$

Tafelwerk oder TR liefert uns: 0,91616 - 0,08977 = 0,82639 ≈ 82,64 %

b) Von den 30 Senioren im Publikum besitzen 24 ein Mobiltelefon. Im Verlauf der Sendung werden drei der Senioren aus dem Publikum zufällig ausgewählt und nach ihrer Meinung befragt. Bestimmen Sie die Wahrscheinlichkeit dafür, dass genau zwei dieser drei Senioren ein Mobiltelefon besitzen.

Lösung:
Das Ereignis, dass 2 der 3 ausgewählten Senioren ein Mobiltelefon besitzen, wird als Ereignis E bezeichnet. Im Unterschied zur Teilaufgabe a) ändert sich die Wahrscheinlichkeit p und ist nicht konstant. Deshalb liegt keine Binomialverteilung, sondern eine hypogeometrische Verteilung (Ziehen ohne Zurücklegen und ohne Beachtung der Reihenfolge) vor.

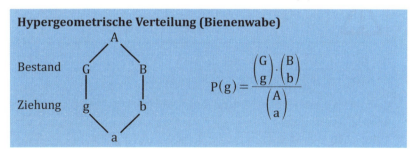

Von 30 Senioren (A = 30) werden 3 zufällig ausgewählt (a = 3). 24 Senioren, die ein Mobiltelefon besitzen, sind die „Guten" (G = 24), von denen 2 gewählt werden sollen (g = 2). Die restlichen 6 Senioren ohne Mobiltelefon sind die „Bösen" (B = 6). Von ihnen soll eine Person gewählt werden (b = 1).

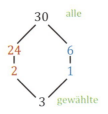

$$P = \frac{\binom{24}{2} \cdot \binom{6}{1}}{\binom{30}{3}} = 0{,}4079 = 40{,}79\,\%$$

Anmerkung:

Die Bezeichnungen „gut" und „böse" beziehen sich auf die Beispielgeschichte von Sepp und Resi aus unserem Kursbuch.

3 Eine Handelskette hat noch zahlreiche Smartphones des Modells Y3 auf Lager, als der Hersteller das Nachfolgemodell Y4 auf den Markt bringt. Der Einkaufspreis für das neue Y4 beträgt 300 €, während die Handelskette für das Vorgängermodell 250 € bezahlen musste. Um die Lagerbestände noch zu verkaufen, bietet die Handelskette ab dem Verkaufsstart des Y4 die Smartphones des Typs Y3 für je 199 € an.

Aufgrund früherer Erfahrungen geht die Handelskette davon aus, dass von den verkauften Smartphones der Modelle Y3 und Y4 trotz des Preisnachlasses nur 26 % vom Typ Y3 sein werden. Berechnen Sie unter dieser Voraussetzung, zu welchem Preis die Handelskette das Y4 anbieten muss, damit sie voraussichtlich pro verkauftem Smartphone der Modelle Y3 und Y4 im Mittel 97 € mehr erhält, als sie beim Einkauf dafür zahlen musste.

Lösung:

Wir definieren die Zufallsgröße G: „Gewinn pro verkauftem Smartphone". Weiter sei x der Verkaufspreis des Smartphones vom Typ Y4.

 Zufallsgröße muss gewählt werden, um davon den E-Wert E(x) zu berechnen.

Der Gewinn von 97 € im Mittel steht für den Erwartungswert der Zufallsgröße G, welche folgende Werte annehmen kann:

Gewinn (Verlust) beim Verkauf eines Smartphones vom Typ Y4:
199€ - 250 € = -51 €

Anmerkung:

Gewinn lässt sich immer berechnen aus der Differenz des Verkaufs- und des Einkaufspreises.

Gewinn beim Verkauf eines Smartphones vom Typ Y4: (x - 300) €, wobei x der gesuchte Verkaufspreis des Y4 ist.

Die Wahrscheinlichkeiten lassen sich aus der Angabe ablesen.

Damit erhalten wir folgende Wahrscheinlichkeitsverteilung der Zufallsgröße:

g	-51 €	x - 300 €
P(G = g)	0,26	0,74

Verkaufspreis x des Smartphones vom Typ Y4 berechnen:

$$\mu = E(x) = \sum_{i=1}^{n} x_i \cdot p_i = x_1 \cdot p_1 + x_2 \cdot p_2 + \ldots + x_n \cdot p_n$$

E(G) = 97
$(-51) \cdot 0{,}26 + (x - 300) \cdot 0{,}74 = 97$
$\qquad -13{,}26 + 0{,}74x - 222 = 97$
$\qquad\qquad 0{,}74x - 235{,}26 = 97 \qquad |+235{,}26$
$\qquad\qquad\qquad 0{,}74x = 332{,}26 \qquad |:0{,}74$
$\qquad\qquad\qquad\quad x = 449$

Antwort:
Die Handelskette muss das Y4 für 449 € anbieten, um im Mittel pro verkauftem Smartphone der Modelle Y3 und Y4 97 € mehr zu erhalten, als sie beim Verkauf dafür zahlen musste.

Geometrie 2015

Aufgabengruppe B1

In einem Kartesischen Koordinatensystem sind die Ebene E: $x_1 + x_3 = 2$, der Punkt $A(0\,|\,\sqrt{2}\,|\,2)$ und die Gerade $g: \vec{X} = \vec{A} + \lambda \cdot \begin{pmatrix} -1 \\ \sqrt{2} \\ 1 \end{pmatrix}$, $\lambda \in \mathbb{R}$, gegeben.

a) Beschreiben Sie, welche besondere Lage die Ebene E im Koordinatensystem hat. Weisen Sie nach, dass die Ebene E die Gerade g enthält. Geben Sie die Koordinaten der Schnittpunkte von E mit der x_1-Achse und mit der x_3-Achse an und veranschaulichen Sie die Lage der Ebene E sowie den Verlauf der Geraden g in einem kartesischen Koordinatensystem (vgl. Abbildung).

Die x_1x_2-Ebene beschreibt modellhaft eine horizontale Fläche, auf der eine Achterbahn errichtet wurde. Ein gerader Abschnitt der Bahn beginnt im Modell im Punkt A und verläuft entlang der Geraden G. Der Vektor $\vec{v} = \begin{pmatrix} -1 \\ \sqrt{2} \\ 1 \end{pmatrix}$ beschreibt die Fahrtrichtung auf diesem Abschnitt.

b) Berechnen Sie im Modell die Größe des Winkels, unter dem dieser Abschnitt der Achterbahn gegenüber der Horizontalen ansteigt.

An den betrachteten geraden Abschnitt der Achterbahn schließt sich – in Fahrtrichtung gesehen – eine Rechtskurve an, die im Modell durch einen Viertelkreis beschrieben wird, der in der Ebene E verläuft und den Mittelpunkt $M(0\,|\,3\sqrt{2}\,|\,2)$ hat.

c) Das Lot von M auf g schneidet g im Punkt B. Im Modell stellt B den Punkt der Achterbahn dar, in dem der gerade Abschnitt endet und die Kurve beginnt. Bestimmen Sie die Koordinaten von B und berechnen Sie den Kurvenradius im Modell.   *(Teilergebnis: $B(-1\,|\,2\sqrt{2}\,|\,3)$)*

d) Das Ende der Rechtskurve wird im Koordinatensystem durch den Punkt C beschrieben. Begründen Sie, dass für den Ortsvektor des Punkts C gilt: $\vec{C} = \vec{M} + \vec{v}$.

(Fortsetzung nächste Seite)

e) Ein Wagen der Achterbahn durchfährt den Abschnitt, der im Modell durch die Strecke [AB] und den Viertelkreis von B nach C dargestellt wird, mit einer durchschnittlichen Geschwindigkeit von 15 $\frac{m}{s}$. Berechnen Sie die Zeit, die der Wagen dafür benötigt, auf Zehntelsekunden genau, wenn eine Längeneinheit im Koordinatensystem 10 m in der Realität entspricht.

Geometrie 2015

Aufgabengruppe B2

Abbildung 1 zeigt eine Sonnenuhr mit einer gegenüber der Horizontalen geneigten, rechteckigen Grundplatte, auf der sich ein kreisförmiges Zifferblatt befindet. Auf der Grundplatte ist der Polstab befestigt, dessen Schatten bei Sonneneinstrahlung die Uhrzeit auf dem Zifferblatt anzeigt.

Eine Sonnenuhr dieser Bauart wird in einem kartesischen Koordinatensystem modellhaft dargestellt (vgl. Abbildung 2). Dabei beschreibt das Rechteck ABCD mit $A(5|-4|0)$ und $B(5|4|0)$ die Grundplatte der Sonnenuhr. Der Befestigungspunkt des Polstabs auf der Grundplatte wird im Modell durch den Diagonalenschnittpunkt $M(2,5|0|2)$ des Rechtecks ABCD dargestellt. Eine Längeneinheit im Koordinatensystem entspricht 10 cm in der Realität. Die Horizontale wird im Modell durch die x_1x_2-Ebene beschrieben.

Abb. 1

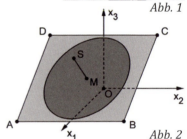

Abb. 2

a) Bestimmen Sie die Koordinaten des Punkts C. Ermitteln Sie eine Gleichung der Ebene E, in der das Rechteck ABCD liegt, in Normalenform.
(mögliches Teilergebnis: $E: 4x_1 + 5x_3 - 20 = 0$)

b) Die Grundplatte ist gegenüber der Horizontalen um den Winkel α geneigt. Damit man mit der Sonnenuhr die Uhrzeit korrekt bestimmen kann, muss für den Breitengrad φ des Aufstellungsorts der Sonnenuhr α + φ = 90° gelten. Bestimmen Sie, für welchen Breitengrad φ die Sonnenuhr gebaut wurde.

c) Der Polstab wird im Modell durch die Strecke [MS] mit $S(4,5|0|4,5)$ dargestellt. Zeigen Sie, dass der Polstab senkrecht auf der Grundplatte steht, und berechnen Sie die Länge des Polstabs auf Zentimeter genau.

(Fortsetzung nächste Seite)

Sonnenlicht, das an einem Sommertag zu einem bestimmten Zeitpunkt t_0 auf die Sonnenuhr einfällt, wird im Modell durch parallele Geraden mit dem Richtungsvektor $\vec{u} = \begin{pmatrix} 6 \\ 6 \\ -13 \end{pmatrix}$ dargestellt.

d) Weisen Sie nach, dass der Schatten der im Modell durch den Punkt S dargestellten Spitze des Polstabs außerhalb der rechteckigen Grundplatte liegt.

e) Um 6 Uhr verläuft der Schatten des Polstabs im Modell durch den Mittelpunkt der Kante [BC], um 12 Uhr durch den Mittelpunkt der Kante [AB] und um 18 Uhr durch den Mittelpunkt der Kante [AD]. Begründen Sie, dass der betrachtete Zeitpunkt t_0 vor 12 Uhr liegt.

Lösung Geometrie 2015 - B1

a) Beschreiben Sie, welche besondere Lage die Ebene E im Koordinatensystem hat. Weisen Sie nach, dass die Ebene E die Gerade g enthält. Geben Sie die Koordinaten der Schnittpunkte von E mit der x_1-Achse und mit der x_3-Achse an und veranschaulichen Sie die Lage der Ebene E sowie den Verlauf der Geraden g in einem kartesischen Koordinatensystem (vgl. Abbildung).

Teil 1: Beschreibung der besondere Lage der Ebene E

Die Gleichung der Ebene E liefert den Normalenvektor $\vec{n}$.

$E: x_1 + x_3 = 2 \Rightarrow \vec{n} = \begin{pmatrix} 1 \\ 0 \\ 1 \end{pmatrix}$

Normalenform in Koordinatendarstellung
$E: n_1 x_1 + n_2 x_2 + n_3 x_3 + n_0 = 0$

Da die x_2-Koordinate des Normalenvektors $\vec{n}$ gleich Null ist, ist dieser zur x_2-Achse parallel. Zudem liegt der Koordinatenursprung $O(0|0|0)$ nicht in der Ebene E, denn es gilt $0 + 0 \neq 2$. Folglich ist die Ebene E (echt) parallel zur x_2-Achse

Teil 2: Nachweis, dass die Ebene E die Gerade g enthält

Es ist zu bestätigen, dass die Gerade g parallel zu Ebene E verläuft. Dies ist der Fall, wenn der Normalenvektor $\vec{n}$ der Ebene E und ein Richtungsvektor $\vec{v}$ der Geraden g zueinander senkrecht sind. Wenn also das Skalarprodukt der Vektoren gleich Null ist.
Außerdem ist mithilfe einer Punktprobe nachzuweisen, dass der Aufpunkt $A(0|\sqrt{2}|2)$ der Geradengleichung von g in der Ebene E liegt.

$g: \vec{X} = \vec{A} + \lambda \cdot \begin{pmatrix} -1 \\ \sqrt{2} \\ 1 \end{pmatrix} \Rightarrow \vec{v} = \begin{pmatrix} -1 \\ \sqrt{2} \\ 1 \end{pmatrix}$

$\vec{n} \circ \vec{v} = \begin{pmatrix} 1 \\ 0 \\ 1 \end{pmatrix} \circ \begin{pmatrix} -1 \\ \sqrt{2} \\ 1 \end{pmatrix} = 1 \cdot (-1) + 0 \cdot \sqrt{2} + 1 \cdot 1 = 0 \Leftrightarrow \vec{n} \perp \vec{v} \Rightarrow g \parallel E$

$A \in E: 0 + 2 = 2$

Mit $\vec{n} \perp \vec{v}$ und $A \in E$ enthält die Ebene E die Gerade g ($g \subset E$).

Teil 3: Schnittpunkte von E mit der x_1- Achse und der x_3-Achse

Die Schnittpunkte $S_{x_1}(x_1|0|0)$ und $S_{x_3}(0|0|x_3)$ mit der x_1- bzw. x_3-Achse sind Spurpunkte der Ebene E. Die Spurpunkte müssen die Gleichung der Ebene E erfüllen.

$S_{x_1}(x_1|0|0) \in E: x_1 + 0 = 2 \Rightarrow S_{x_1}(2|0|0)$

$S_{x_3}(0|0|x_3) \in E: 0 + x_3 = 2 \Rightarrow S_{x_3}(0|0|2)$

Teil 4: Zeichnung der Ebene E und der Geraden g

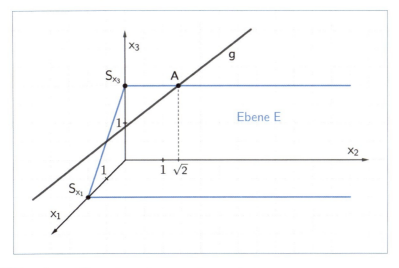

b) Berechnen Sie im Modell die Größe des Winkels, unter dem dieser Abschnitt der Achterbahn gegenüber der Horizontalen ansteigt.

Der Winkel, unter dem der Abschnitt der Achterbahn gegenüber der Horizontalen ansteigt entspricht dem Schnittwinkel der Geraden g mit der x_1x_2-Ebene.

Beispielsweise ist $\vec{n} = \begin{pmatrix} 0 \\ 0 \\ 1 \end{pmatrix}$ ein Normalenvektor der x_1x_2-Ebene.

Schnittwinkel zwischen Gerade und Ebene

$\sin \alpha = \dfrac{|\vec{v} \circ \vec{n}|}{|\vec{v}| \cdot |\vec{n}|}$ $\quad (0° \leq \alpha \leq 90°)$

$\vec{v}$: Richtungsvektor der Geraden, $\vec{n}$: Normalenvektor der Ebene

$$\sin \alpha = \frac{|\vec{v} \circ \vec{n}|}{|\vec{v}| \cdot |\vec{n}|} = \frac{\left| \begin{pmatrix} -1 \\ \sqrt{2} \\ 1 \end{pmatrix} \circ \begin{pmatrix} 0 \\ 0 \\ 1 \end{pmatrix} \right|}{\sqrt{(-1)^2 + \sqrt{2}^2 + 1^2} \cdot \sqrt{0^2 + 0^2 + 1^2}} = \frac{1}{2}$$

$$\alpha = \sin^{-1}\left(\frac{1}{2}\right) = 30°$$

Der Abschnitt der Achterbahn steigt unter einem Winkel von 30° gegenüber der Horizontalen an.

c) Das Lot von M auf g schneidet g im Punkt B. Im Modell stellt B den Punkt der Achterbahn dar, in dem der gerade Abschnitt endet und die Kurve beginnt. Bestimmen Sie die Koordinaten von B und berechnen Sie den Kurvenradius im Modell.

(Teilergebnis: B(−1 | 2 | 3))

Teil 1: Bestimmung der Koordinaten von Punkt B

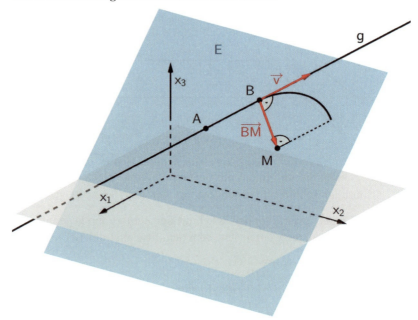

Da der Punkt B Lotfußpunkt von Punkt M auf die Gerade g ist, sind der Verbindungsvektor $\overrightarrow{BM}$ und der Richtungsvektor $\vec{v}$ der Geraden g zueinander senkrecht und es gilt: $\overrightarrow{BM} \perp \vec{v} \Leftrightarrow \overrightarrow{BM} \circ \vec{v} = 0$. Mithilfe dieser Bedingung lassen sich die Koordinaten von B berechnen.

Der Punkt B liegt auf der Geraden g, Somit kann der Vektor $\overrightarrow{BM}$ in Abhängigkeit des Parameters λ der Geradengleichung von g beschrieben werden.

$$B \in g: \vec{B} = \begin{pmatrix} 0 \\ \sqrt{2} \\ 2 \end{pmatrix} + \lambda \cdot \begin{pmatrix} -1 \\ \sqrt{2} \\ 1 \end{pmatrix} = \begin{pmatrix} -\lambda \\ \sqrt{2} + \sqrt{2}\lambda \\ 2 + \lambda \end{pmatrix}$$

Mit $M(0 \mid 3\sqrt{2} \mid 2)$ folgt:

$$\overrightarrow{BM} = \vec{M} - \vec{B} = \begin{pmatrix} 0 \\ 3\sqrt{2} \\ 2 \end{pmatrix} - \begin{pmatrix} -\lambda \\ \sqrt{2} + \sqrt{2}\lambda \\ 2 + \lambda \end{pmatrix} = \begin{pmatrix} \lambda \\ 2\sqrt{2} - \sqrt{2}\lambda \\ -\lambda \end{pmatrix}$$

Nun wird das Skalarprodukt der zueinander senkrechten Vektoren $\overrightarrow{BM}$ und $\vec{u}$ formuliert und die Gleichung nach dem Parameter λ aufgelöst. In die Gleichung der Geraden g eingesetzt, liefert der Wert des Parameters λ den Ortsvektor $\vec{B}$.

$$\overrightarrow{BM} \circ \vec{u} = 0$$

$$\begin{pmatrix} \lambda \\ 2\sqrt{2} - \sqrt{2}\lambda \\ -\lambda \end{pmatrix} \circ \begin{pmatrix} -1 \\ \sqrt{2} \\ 1 \end{pmatrix} = 0$$

$$\lambda \cdot (-1) + (2\sqrt{2} - \sqrt{2}\lambda) \cdot \sqrt{2} + (-\lambda) \cdot 1 = 0$$
$$-\lambda + 4 - 2\lambda - \lambda = 0$$
$$-4\lambda + 4 = 0 \quad \mid +4\lambda$$
$$4 = 4\lambda \quad \mid :4$$
$$1 = \lambda$$

$$B \in g: \vec{B} = \begin{pmatrix} -1 \\ \sqrt{2} + \sqrt{2} \cdot 1 \\ 2 + 1 \end{pmatrix} = \begin{pmatrix} -1 \\ 2\sqrt{2} \\ 3 \end{pmatrix} \Rightarrow B(-1 \mid 2\sqrt{2} \mid 3)$$

Teil 2: Berechnung des Kurvenradius

Der Kurvenradius r ist gleich der Länge der Strecke [BM].

$$\overrightarrow{BM} = \begin{pmatrix} \lambda \\ 2\sqrt{2} - \sqrt{2}\lambda \\ -\lambda \end{pmatrix} = \begin{pmatrix} 1 \\ 2\sqrt{2} - \sqrt{2} \cdot 1 \\ -1 \end{pmatrix} = \begin{pmatrix} 1 \\ \sqrt{2} \\ -1 \end{pmatrix}$$

$$r = \overline{BM} = |\overrightarrow{BM}| = \sqrt{1^2 + \sqrt{2}^2 + (-1)^2} = 2$$

Der Kurvenradius beträgt im Modell 2 LE.

Länge eines Vektors
$|\vec{P}| = \sqrt{p_1^2 + p_2^2 + p_3^2}$

weitere Lösungsmöglichkeit

d) Das Ende der Rechtskurve wird im Koordinatensystem durch den Punkt C beschrieben. Begründen Sie, dass für den Ortsvektor des Punkts C gilt: $\vec{C} = \vec{M} + \vec{v}$.

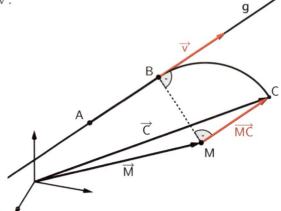

Der Ortsvektor $\vec{C}$ lässt sich durch die Vektoraddition $\vec{C} = \vec{M} + \vec{MC}$ beschreiben. Da die Rechtskurve im Modell durch den Viertelkreis von B nach C mit dem Mittelpunkt M beschrieben wird, ist der Verbindungsvektor $\vec{MC}$ parallel zum Richtungsvektor $\vec{v}$ der Geraden g. Die Länge des Vektors $\vec{MC}$ ist gleich dem Radius r des Viertelkreises: $|\vec{MC}| = r = 2$.

Mit $\vec{MC} \parallel \vec{v}$ ist die Gültigkeit der Gleichung $\vec{C} = \vec{M} + \vec{v}$. nachgewiesen, wenn $|\vec{v}| = 2$ gilt.

$$|\vec{v}| = \left|\begin{pmatrix} -1 \\ \sqrt{2} \\ 1 \end{pmatrix}\right| = \sqrt{(-1)^2 + \sqrt{2}^2 + 1^2} = 2$$

Länge eines Vektors
$|\vec{P}| = \sqrt{p_1^2 + p_2^2 + p_3^2}$

Also gilt $\vec{C} = \vec{M} + \vec{MC} = \vec{M} + \vec{v}$.

e) Ein Wagen der Achterbahn durchfährt den Abschnitt, der im Modell durch die Strecke [AB] und den Viertelkreis von B nach C dargestellt wird, mit einer durchschnittlichen Geschwindigkeit von $15 \frac{m}{s}$. Berechnen Sie die Zeit, die der Wagen dafür benötigt, auf Zehntelsekunden genau, wenn eine Längeneinheit im Koordinatensystem 10 m in der Realität entspricht.

Für eine Bewegung mit konstanter (durchschnittlicher) Geschwindigkeit v gilt:

$$v = \frac{s}{t} \Leftrightarrow t = \frac{s}{v}$$

Dabei ist s der zurückgelegte Weg und t die benötigte Zeit.

Der Weg s, den der Wagen im Modell von Punkt A nach Punkt C zurücklegt, setzt sich aus der Länge der Strecke [AB] und der Bogenlänge b des Viertelkreises von Punkt B nach Punkt C zusammen.

$$s = \overline{AB} + b = |\overrightarrow{AB}| + \frac{1}{4} \cdot 2\pi \cdot r$$

Verbindungsvektor $\overrightarrow{AB}$ und Länge der Strecke [AB] berechnen:

$$\overrightarrow{AB} = \vec{B} - \vec{A} = \begin{pmatrix} -1 \\ 2\sqrt{2} \\ 3 \end{pmatrix} - \begin{pmatrix} 0 \\ \sqrt{2} \\ 2 \end{pmatrix} = \begin{pmatrix} -1 \\ \sqrt{2} \\ 1 \end{pmatrix} \qquad |\overrightarrow{AB}| = \sqrt{(-1)^2 + \sqrt{2}^2 + 1^2} = 2$$

Somit ergibt sich der Weg s zu:

$$s = |\overrightarrow{AB}| + \frac{1}{4} \cdot 2\pi \cdot r = 2 + \frac{1}{4} \cdot 2\pi \cdot 2 = 2 + \pi$$

Da eine Längeneinheit in der Realität 10 m entspricht, legt der Wagen auf dem Abschnitt von A nach C den Weg $s = (2+\pi) \cdot 10$ m zurück.

Mit der durchschnittlichen Geschwindigkeit $v = 15 \frac{m}{s}$ folgt:

$$t = \frac{s}{v} = \frac{(2+\pi) \cdot 10 \, m}{15 \frac{m}{s}} \approx 3,4 \, s$$

Für den Abschnitt, der im Modell durch die Strecke [AB] und den Viertelkreis von B nach C dargestellt wird, benötigt der Wagen ca 3,4 Sekunden.

Lösung Geometrie 2015 B2

a) Bestimmen Sie die Koordinaten des Punkts C. Ermitteln Sie eine Gleichung der Ebene E, in der das Rechteck ABCD liegt, in Normalenform.

(mögliches Teilergebnis: E: $4x_1 + 5x_3 - 20 = 0$)

Teil 1: Koordinaten des Punktes C

Die Koordinaten des Punktes C lassen sich durch Vektoraddition ermitteln.

$$\vec{C} = \vec{A} + 2 \cdot \overrightarrow{AM}$$
$$= \vec{A} + 2 \cdot (\vec{M} - \vec{A})$$
$$= \begin{pmatrix} 5 \\ -4 \\ 0 \end{pmatrix} + 2 \cdot \left[\begin{pmatrix} 2{,}5 \\ 0 \\ 2 \end{pmatrix} - \begin{pmatrix} 5 \\ -4 \\ 0 \end{pmatrix} \right]$$
$$= \begin{pmatrix} 0 \\ 4 \\ 4 \end{pmatrix}$$

Teil 2: Gleichung der Ebene E in Normalenform

Das Vektorprodukt (Kreuzprodukt) zweier linear unabhängiger Vektoren, beispielsweise der Verbindungsvektoren $\overrightarrow{AB}$ und $\overrightarrow{AC}$, liefert einen Normalenvektor $\vec{n}$ der Ebene F. Als Aufpunkt wählt man einen der bekannten Punkte A, B oder C des Rechtecks ABCD.

Verbindungsvektoren $\overrightarrow{AB}$ und $\overrightarrow{AC}$ bestimmen:

$$\overrightarrow{AB} = \vec{B} - \vec{A} = \begin{pmatrix} 5 \\ 4 \\ 0 \end{pmatrix} - \begin{pmatrix} 5 \\ -4 \\ 0 \end{pmatrix} = \begin{pmatrix} 0 \\ 8 \\ 0 \end{pmatrix} \qquad \overrightarrow{AC} = \vec{C} - \vec{A} = \begin{pmatrix} 0 \\ 4 \\ 4 \end{pmatrix} - \begin{pmatrix} 5 \\ -4 \\ 0 \end{pmatrix} = \begin{pmatrix} -5 \\ 8 \\ 4 \end{pmatrix}$$

Normalenvektor $\vec{n}$ der Ebene E ermitteln:

$$\overrightarrow{AB} \times \overrightarrow{AC} = \begin{pmatrix} 0 \\ 8 \\ 0 \end{pmatrix} \times \begin{pmatrix} -5 \\ 8 \\ 4 \end{pmatrix}$$
$$= \begin{pmatrix} 8 \cdot 4 & - & 0 \cdot 8 \\ 0 \cdot (-5) & - & 0 \cdot 4 \\ 0 \cdot 8 & - & 8 \cdot (-5) \end{pmatrix}$$
$$= \begin{pmatrix} 32 \\ 0 \\ 40 \end{pmatrix} = 8 \cdot \begin{pmatrix} 4 \\ 0 \\ 5 \end{pmatrix}$$

Der Vektor $\vec{n} = \begin{pmatrix} 4 \\ 0 \\ 5 \end{pmatrix}$ ist somit ein möglicher Normalenvektor der Ebene E.

Der Ansatz für die Gleichung der Ebene E kann mithilfe der Normalenform in Vektordarstellung oder in Koordinatendarstellung erfolgen. Die Aufgabenstellung nennt als mögliches Ergebnis eine Gleichung der Ebene E in Koordinatendarstellung.

Gleichung der Ebene E in Normalenform formulieren:

Es wird der Punkt A(5 | -4 | 0) als Aufpunkt gewählt.

1. Möglichkeit: Ansatz mit Vektordarstellung

$E: \vec{n} \circ (\vec{X} - \vec{A}) = 0$

$E: \begin{pmatrix} 4 \\ 0 \\ 5 \end{pmatrix} \circ \left[\vec{X} - \begin{pmatrix} 5 \\ -4 \\ 0 \end{pmatrix} \right] = 0$

Normalenform in Vektordarstellung

$E: \vec{n} \circ (\vec{X} - \vec{A}) = 0$

$\vec{n}$: Normalenvektor der Ebene E

Durch Ausmultiplizieren des Skalarprodukts erhält man die Koordinatendarstellung der Ebenengleichung.

$\begin{pmatrix} 4 \\ 0 \\ 5 \end{pmatrix} \circ \left[\vec{X} - \begin{pmatrix} 5 \\ -4 \\ 0 \end{pmatrix} \right] = 0$

$4 \cdot (x_1 - 5) + 0 \cdot (x_2 + 4) + 5 \cdot (x_3 - 0) = 0$

$4x_1 + 5x_3 - 20 = 0$

Skalarprodukt im $\mathbb{R}^3$

$\vec{a} \cdot \vec{b} = \begin{pmatrix} a_1 \\ a_2 \\ a_3 \end{pmatrix} \circ \begin{pmatrix} b_1 \\ b_2 \\ b_3 \end{pmatrix}$

$= a_1 \cdot b_1 + a_2 \cdot b_2 + a_3 \cdot b_3$

Die Ebenengleichung E: $4x_1 + 5x_3 - 20 = 0$ entspricht dem möglichen Ergebnis der Angabe.

2. Möglichkeit: Ansatz mit Koordinatendarstellung

Mit $\vec{n} = \begin{pmatrix} 4 \\ 0 \\ 5 \end{pmatrix}$ ergibt sich:

$E: n_1 x_1 + n_2 x_2 + n_3 x_3 + n_0 = 0$

$E: 4x_1 + 5x_3 + n_0 = 0$

Normalenform in Koordinatendarstellung

$E: n_1 x_1 + n_2 x_2 + n_3 x_3 + n_0 = 0$

$\vec{n}$: Normalenvektor der Ebene E

Setzt man die Koordinaten des Aufpunkts A(5 | -4 | 0) in die Ebenengleichung ein, kann n_0 berechnet werden.

$4 \cdot 5 + 5 \cdot 0 + n_0 = 0$

$n_0 = -20 \Rightarrow E: 4x_1 + 5x_3 - 20 = 0$

b) Die Grundplatte ist gegenüber der Horizontalen um den Winkel α geneigt. Damit man mit der Sonnenuhr die Uhrzeit korrekt bestimmen kann, muss für den Breitengrad φ des Aufstellungsorts der Sonnenuhr α + φ = 90° gelten. Bestimmen Sie, für welchen Breitengrad φ die Sonnenuhr gebaut wurde.

Das Rechteck ABCD, welches die Grundplatte beschreibt, liegt in der Ebene E. Folglich ist der Neigungswinkel α der Grundplatte gegenüber der Horizontalen gleich dem Schnittwinkel der Ebene E und der x_1x_2-Ebene.

Der Schnittwinkel α zwischen der Ebene E und der x_1x_2-Ebene ist gleich dem spitzen Winkel, den der Normalenvektor $\vec{n}$ der Ebene E und ein Normalenvektor $\vec{n}_{x_1x_2}$ der x_1x_2-Ebene festlegen. Ein Normalenvektor der x_1x_2-Ebene ist beispielsweise der Vektor $\vec{n}_{x_1x_2} = \begin{pmatrix} 0 \\ 0 \\ 1 \end{pmatrix}$.

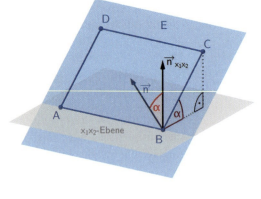

Damit lässt sich der Schnittwinkel wie folgt berechnen:

$$\cos\alpha = \frac{|\vec{n} \circ \vec{n}_{x_1x_2}|}{|\vec{n}| \cdot |\vec{n}_{x_1x_2}|} = \frac{\left|\begin{pmatrix} 4 \\ 0 \\ 5 \end{pmatrix} \circ \begin{pmatrix} 0 \\ 0 \\ 1 \end{pmatrix}\right|}{\sqrt{4^2 + 0^2 + 5^2} \cdot \sqrt{0^2 + 0^2 + 1^2}} = \frac{5}{\sqrt{41}}$$

$$\alpha = \cos^{-1}\left(\frac{5}{\sqrt{41}}\right) \approx 38{,}66°$$

Mit α + φ = 90° folgt für den Breitengrad φ:

α + φ = 90° ⇔ φ = 90° − α = 90° − 38,66° = 51,34°

Die Sonnenuhr wurde für einen Breitengrad von ca. 51,34° gebaut.

c) Der Polstab wird im Modell durch die Strecke [MS] mit S (4,5 | 0 | 4,5) dargestellt. Zeigen Sie, dass der Polstab senkrecht auf der Grundplatte steht, und berechnen Sie die Länge des Polstabs auf Zentimeter genau.

Teil 1: Nachweis, dass der Polsstab senkrecht auf der Grundplatte steht.

Der Polstab steht senkrecht auf der Grundplatte (Rechteck ABCD), wenn die Strecke [MS] senkrecht zur Ebene E ist. Dies ist dann der Fall, wenn der Verbindungsvektor und der Normalenvektor der Ebene E zueinander parallel sind. Es ist also nachzuweisen, dass die Vektoren linear abhängig sind. Das heißt, es muss gelten: $\overrightarrow{MS} = k \cdot \vec{n};\ k \in \mathbb{R}$.

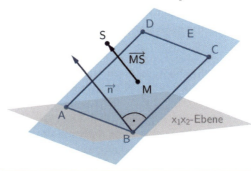

Lineare Abhängigkeit zweier Vektoren
Zwei Vektoren $\vec{a}$ und $\vec{b}$ heißen linear abhängig, wenn sie zueinander parallel sind bzw. wenn $\vec{a} = k \cdot \vec{b};\ k \in \mathbb{R}$ gilt.

Verbindungsvektor $\overrightarrow{MS}$ berechnen:

$$\overrightarrow{MS} = \vec{S} - \vec{M} = \begin{pmatrix} 4,5 \\ 0 \\ 4,5 \end{pmatrix} - \begin{pmatrix} 2,5 \\ 0 \\ 2 \end{pmatrix} = \begin{pmatrix} 2 \\ 0 \\ 2,5 \end{pmatrix}$$

Verbindungsvektor
$\overrightarrow{AB} = \vec{B} - \vec{A}$
„Spitze minus Fuß"

Lineare Abhängigkeit der Vektoren $\overrightarrow{MS}$ und $\vec{n}$ prüfen:

$$\begin{pmatrix} 2 \\ 0 \\ 2,5 \end{pmatrix} = k \cdot \begin{pmatrix} 4 \\ 0 \\ 5 \end{pmatrix};\ k \in \mathbb{R} \Rightarrow k = \frac{1}{2} \Rightarrow \overrightarrow{MS} \parallel \vec{n} \Rightarrow [MS] \perp E$$

Der Polstab steht also senkrecht auf der Grundplatte.

Teil 2: Berechnung der Länge des Polstabs

Die Länge des Polstabs ist im Modell durch die Länge des Vektors $\overrightarrow{MS}$ gegeben, wobei eine Längeneinheit 10 cm entsprechen (vgl. Angabe).

$|\overrightarrow{MS}| = \sqrt{2^2 + 0^2 + 2,5^2} \approx 3,2 \qquad 3,2 \cdot 10\,\text{cm} = 32\,\text{cm}$

Der Polstab ist ca. 32 cm lang.

d) Weisen Sie nach, dass der Schatten der im Modell durch den Punkt S dargestellten Spitze des Polstabs außerhalb der rechteckigen Grundplatte liegt.

Es sei g die Gerade, die im Modell den Anteil des Sonnenlichts darstellt, der zum Zeitpunkt t_0 durch den Punk S (Spitze des Polstabs) verläuft. Eine Gleichung dieser Geraden ist: $g: \vec{X} = \vec{S} + \lambda \cdot \vec{u}; \lambda \in \mathbb{R}$.

Mit S(4,5 | 0 | 4,5) und $\vec{u} = \begin{pmatrix} 6 \\ 6 \\ -13 \end{pmatrix}$ folgt: $g: \vec{X} = \begin{pmatrix} 4,5 \\ 0 \\ 4,5 \end{pmatrix} + \lambda \cdot \begin{pmatrix} 6 \\ 6 \\ -13 \end{pmatrix}; \lambda \in \mathbb{R}$

Anhand der deutlich negativen x_3-Koordinate des Vektors $\vec{u}$ ist ersichtlich, dass die Sonne an besagtem Sommertag zum Zeitpunkt t_0 bereits relativ hoch steht. Es ist daher zu erwarten, dass der Schatten des Polstabs zum Zeitpunkt t_0 die Kante [AB] der Grundplatte erreicht.

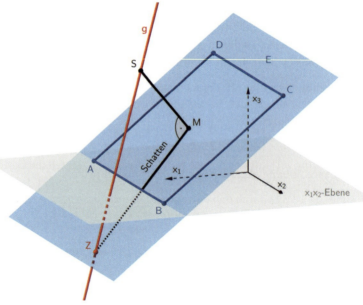

Da die Grundplatte in der Ebene E liegt, markiert der Schnittpunkt Z der Geraden g und der Ebene E den (fiktiven) Schatten der im Modell durch den Punkt S dargestellten Spitze des Polstabs. Die Lage des Schnittpunkts Z gibt somit darüber Auskunft, ob der Schatten des Polstabs außerhalb der rechteckigen Grundplatte liegt.

Die Kante [AB] der Grundplatte liegt im Modell mit A(5 | -4 | 0) und B(5 | 4 | 0) in der $x_1 x_2$-Ebene ($x_3 = 0$).

Der Schatten des Polstabs liegt also dann außerhalb der Grundplatte, wenn für die x_3-Koordinate des Schnittpunkts Z gilt: $x_3 < 0$.

Schnittpunkt Z der Geraden g und der Ebene E ermitteln:

Um den Schnittpunkt Z zu bestimmen, werden die Koordinaten des Ortsvektors $\vec{X}$ der Gleichung der Geraden g in die Gleichung der Ebene E eingesetzt und diese nach dem Parameter λ aufgelöst.
In die Gleichung der Geraden g eingesetzt, liefert der Wert des Parameters λ den Ortsvektor $\vec{Z}$.

$$g \cap E: 4 \cdot (4,5 + 6\lambda) + 5 \cdot (4,5 - 13\lambda) - 20 = 0$$
$$18 + 24\lambda + 22,5 - 65\lambda - 20 = 0$$
$$-41\lambda + 20,5 = 0 \quad | +41\lambda$$
$$20,5 = 41\lambda \quad |:41$$
$$\frac{1}{2} = \lambda$$

$$Z \in g: \vec{Z} = \begin{pmatrix} 4,5 \\ 0 \\ 4,5 \end{pmatrix} + \frac{1}{2} \cdot \begin{pmatrix} 6 \\ 6 \\ -13 \end{pmatrix} = \begin{pmatrix} 7,5 \\ 3 \\ -2 \end{pmatrix} \Rightarrow Z(7,5 \mid 3 \mid -2)$$

Die x_3-Koordinate des Schnittpunkts Z ist mit $x_3 = -2$ negativ. Folglich liegt der Schatten der Spitze des Polstabs außerhalb der rechteckigen Grundplatte.

e) Um 6 Uhr verläuft der Schatten des Polstabs im Modell durch den Mittelpunkt der Kante [BC], um 12 Uhr durch den Mittelpunkt der Kante [AB] und um 18 Uhr durch den Mittelpunkt der Kante [AD]. Begründen Sie, dass der betrachtete Zeitpunkt t0 vor 12 Uhr liegt.

Die Punkte A(5 | -4 | 0) und B(5 | 4 | 0) sind zueinander Bild- und Urpunkt einer Spiegelung an der $x_1 x_3$-Ebene. Der Mittelpunkt $M_{[AB]}$ der Strecke [AB] liegt daher in der $x_1 x_3$-Ebene und hat die Koordinaten $M_{[AB]}(5 \mid 0 \mid 0)$. Der Punkt S(4,5 | 0 | 4,5) liegt ebenfalls in der $x_1 x_3$-Ebene ($x_2 = 0$). Daraus lässt sich schlussfolgern, dass bei einem Vektor, der im

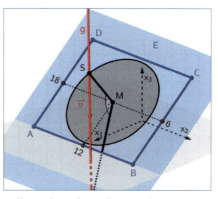

Modell Sonnenlicht um 12 Uhr darstellt, sodass der Schatten des Polstabs durch $M_{[AB]}$ verläuft, die x_2-Koordinate gleich Null sein muss. Da die x_2-Koordnate des Vektors $\vec{u}$ positiv ist, liegt der Zeitpunkt t_0 vor 12 Uhr.

Analysis 2014 - Aufgabengruppe A1

BE

1 Gegeben ist die Funktion $f: x \mapsto \frac{x}{\ln x}$ mit Definitionsmenge $\mathbb{R}^+ \setminus \{1\}$. Bestimmen Sie Lage und Art des Extrempunkts des Graphen von f.

2 Gegeben ist die in $\mathbb{R}$ definierte Funktion f mit $f(x) = e^x \cdot (2x + x^2)$.

a) Bestimmen Sie die Nullstellen der Funktion f.

b) Zeigen Sie, dass die in $\mathbb{R}$ definierte Funktion mit $F(x) = x^2 \cdot e^x$ eine Stammfunktion von f ist. Geben Sie eine Gleichung einer weiteren Stammfunktion G von f an, für die $G(1) = 2e$ gilt.

3 Gegeben sind die in $\mathbb{R}$ definierten Funktionen $g_{a,c} : x \mapsto \sin(ax) + c$ mit $a, c \in \mathbb{R}_0^+$.

a) Geben Sie für jede der beiden folgenden Eigenschaften einen möglichen Wert für a und einen möglichen Wert für c so an, dass die zugehörige Funktion $g_{a,c}$ diese Eigenschaft besitzt.

α) Die Funktion $g_{a,c}$ hat die Wertemenge $[0; 2]$.

β) Die Funktion $g_{a,c}$ hat im Intervall $[0; \pi]$ genau drei Nullstellen.

b) Ermitteln Sie in Abhängigkeit von a, welche Werte die Ableitung von $g_{a,c}$ annehmen kann.

4 Die Abbildung zeigt den Graphen einer Funktion f.

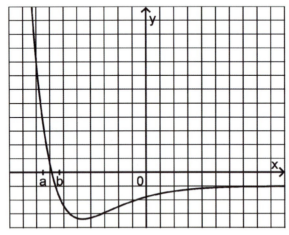

a) Beschreiben Sie für $a \leq x \leq b$ den Verlauf des Graphen einer Stammfunktion von f.

b) Skizzieren Sie in der Abbildung den Graphen einer Stammfunktion von F im gesamten dargestellten Bereich.

Analysis 2014 - Aufgabengruppe A2

1 Geben Sie jeweils einen Term einer in ℝ definierten periodischen Funktion an, die die angegebene Eigenschaft hat.
  a) Der Graph der Funktion g geht aus dem Graphen der in definierten Funktion x ↦ sin x durh Spiegelung an der y-Achse hervor.
  b) Die Funktion hat den Wertebereich [1; 3].
  c) Die Funktion k besitzt die Periode π.

2 Gegeben ist die in ℝ definierte Funktion f mit $f(x) = e^x \cdot (2x + x^2)$.
  a) Bestimmen Sie die Nullstellen der Funktion f.
  b) Zeigen Sie, dass die in ℝ definierte Funktioin F mit $F(x) = x^2 \cdot e^x$ eine Stammfunktion von f ist. Geben Sie eine Gleichung einer weiteren Stammfunktion G von f an, für die $G(1) = 2e$ gilt.

3 Der Graph einer in ℝ definierten Funktion g : x ↦ g(x) besitzt für $-5 \leq x \leq 5$ zwei Wendepunkte. Entscheiden Sie, welcher der Graphen I, II und III zur zweiten Ableitungsfunktion g″ von g gehört. Begründen Sie ihre Entscheidung.

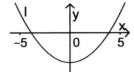
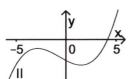
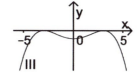

4 In einem Koordinatensystem (vgl. Abbildung 1) werden alle Rechtecke betrachtet, die folgende Bedingungen erfüllen:

  • Zwei Seiten liegen auf den Koordinatenachsen.
  • Ein Eckpunkt liegt auf dem Graphen G_f der Funktion $f : x \mapsto -\ln x$ mit $0 < x < 1$.

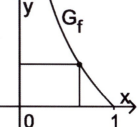

Abbildung 1 zeigt ein solches Rechteck.

Unter den betrachteten Rechtecken gibt es eines mit größtem Flächeninhalt.
Berechnen Sie die Seitenlängen dieses Rechtecks.

5 Die Aufgabe entspricht Aufgabe 4 von A1 (siehe links).

Lösung Analysis 2014 - A1

1 Gegeben ist die Funktion $f : x \mapsto \frac{x}{\ln x}$ mit Definitionsmenge $\mathbb{R}^+ \setminus \{1\}$. Bestimmen Sie Lage und Art des Extrempunkts des Graphen von f.

Wenn $f'(x_0) = 0$ und $f''(x_0) > 0$
$\Rightarrow G_f$ hat bei $x = x_0$ einen Tiefpunkt (Minimum).   positiv $\Rightarrow$ TP

Wenn $f'(x_0) = 0$ und $f''(x_0) < 0$
$\Rightarrow G_f$ hat bei $x = x_0$ einen Hochpunkt (Maximum).   negativ $\Rightarrow$ HP

1. Schritt: Bestimmung der Ableitung von $f(x) = \frac{x}{\ln x}$

$$f'(x) = \frac{1 \cdot \ln x - x \cdot \frac{1}{x}}{(\ln x)^2} = \frac{\ln x - 1}{(\ln x)^2}$$

Quotientenregel:
$$f(x) = \frac{u(x)}{v(x)} \;\Rightarrow\; f'(x) = \frac{u'(x) \cdot v(x) - u(x) \cdot v'(x)}{[v(x)]^2}$$

hier: $u(x) = x$ $\Rightarrow$ $u'(x) = 1$
$v(x) = \ln x$ $\Rightarrow$ $v'(x) = \frac{1}{x}$

2. Schritt: Erste Ableitung gleich 0 setzen. $f'(x) = 0$

$$0 = \frac{\ln x - 1}{(\ln x)^2} \quad\Longleftrightarrow\quad \ln x - 1 = 0$$

Der Wert eines Bruches ist 0, wenn der Zähler 0 (und der Nenner nicht 0) ist.

$\Rightarrow \quad \ln x = 1 \quad |e^{(\ldots)}$
$\Rightarrow \quad x_E = e^1$

3. Schritt: Monotonietabelle erstellen.

x	x < e	x = e	x > e
f'(x)	−	0	+
G_f	↘	TP	↗

4. Schritt: y-Koordinate des Tiefpunktes (TP) bestimmen.

$y_E = f(x_E) = f(e) = \frac{e}{\ln(e)} = \frac{e}{1} = e$

$\Rightarrow$ TP (e | e)

Anmerkung

Da sich die Lösung hier leicht aus der Monotonietabelle ablesen lässt, ist die Bestimmung des Extrempunktes mithilfe der zweiten Ableitung nicht nötig. Da im vorliegenden Fall bereits f′(x) ein verketteter Quotient ist, wäre dieser Weg hier aufwendiger als die Monotonietabelle.

Lösungsweg über die 2. Ableitung:

$$f''(x) = \frac{\frac{1}{x} \cdot \ln(x)^2 - (\ln x - 1) \cdot 2 \cdot \ln x \cdot \frac{1}{x}}{(\ln x)^4} = \frac{\frac{1}{x} \cdot \ln x \cdot (2 - \ln x)}{(\ln x)^4} = \frac{2 - \ln x}{x \cdot (\ln x)^3}$$

$$f''(e) = \frac{2 - \ln e}{e \cdot (\ln e)^3} = \frac{1}{e} > 0$$

⇒ E(e | e) ist ein Tiefpunkt.

2 Gegeben ist die in ℝ definierte Funktion f mit $f(x) = e^x \cdot (2x + x^2)$.

a) Bestimmen Sie die Nullstellen der Funktion f.

f(x) = 0 $e^x \cdot (2x + x^2) = 0$ **Satz vom Nullprodukt**

> 0 für alle x ∈ D $2x + x^2 = 0$ | „x ausklammern"
     $x \cdot (2 + x) = 0$

$x_1 = 0$ $x_2 = -2$

b) Zeigen Sie, dass die in ℝ definierte Funktion mit $F(x) = x^2 \cdot e^x$ eine Stammfunktion von f ist.

Lösung: Wenn F′ = f, dann ist F Stammfunktion von f.

Produktregel

$f(x) = u(x) \cdot v(x)$ $f'(x) = u'(x) \cdot v(x) + u(x) \cdot v'(x)$

Hier: $u(x) = x^2$ ⇒ $u'(x) = 2x$
         $v(x) = e^x$ ⇒ $v'(x) = e^x$

$F'(x) = 2x \cdot e^x + x^2 \cdot e^x = e^x(2x + x^2) = f(x)$

Geben Sie eine Gleichung einer weiteren Stammfunktion G von f an, für die G(1) = 2e gilt.

Lösung: Jede Funktion G mit G(x) = F(x) + C ist wegen C′ = 0 eine Stammfunktion von f.

Analysis 2014 - Lösung A1

$G(x) = F(x) + C = x^2 \cdot e^x + C$
$G(1) = 2e$
$1^2 \cdot e^1 + C = 2e$
$e + C = 2e \qquad | - e$
$C = e$

Also: $G(x) = x^2 \cdot e^x + e$ ist eine Stammfunktion von f, für die $G(1) = 2e$ gilt.

> **Anmerkung**
>
> Der Graph von G ist gegenüber dem von F um den Wert $C = e$ in positive y-Richtung verschoben.

3 Gegeben sind die in definierten Funktionen $g_{a,x}: x \mapsto \sin(ax) + c$ mit $a, c \in \mathbb{R}^+$.
   a) Geben Sie für jede der beiden folgenden Eigenschaften einen möglichen Wert für a und einen möglichen Wert für c so an, dass die zugehörige Funktion $g_{a,c}$ diese Eigenschaft besitzt.

   α) Die Funktion $g_{a,c}$ hat die Wertemenge [0; 2].
   β) Die Funktion $g_{a,c}$ hat im Intervall [0; π] genau drei Nullstellen.

   Lösung: Durch Veränderung des Parameters a kann die Periodenlänge der Sinusfunktion modifiziert werden. Der Parameter c verschiebt den Graphen in y-Richtung.

   Zu α: Der Parameter a kann frei gewählt werden, da sich die Periodenlänge nicht auf den Wertebereich auswirkt. Setze also z.B. $a = 1$.

   Durch Verschiebung der allgemeinen Sinusfunktion um 1 nach oben (d.h. $c = 1$), erhält man die gewünschte Funktion:

   $g_{1,1}(x) = \sin(x) + 1$

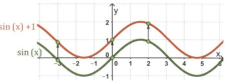

   Zu β: Die Sinusfunktion $f(x) = \sin(x)$ besitzt bei einer Periodenlänge von $p = 2\pi$ im Intervall $[0; 2\pi]$ genau 3 Nullstellen, nämlich $x_1 = 0$, $x_2 = \pi$ und $x_3 = 2\pi$.

   Damit die gesuchte Funktion $g_{a,c}$ im Intervall [0; π] genau 3 Nullstellen besitzt, muss für die Periodenlänge gelten: $p = \pi$.

   Dies bedeutet, dass $g_{a,c}$ im Vergleich zur Funktion $\sin(x)$ um den Faktor 2 gestaucht wird.

$p = \frac{2\pi}{a} = \pi$ | · a
$\Rightarrow 2\pi = a \cdot \pi$ | : π
$\Rightarrow a = 2$ $\Rightarrow g_{2,0} = \sin(2x)$

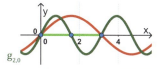

Ergänzung:
Falls $-1 < c < 1 \Rightarrow g_{2,c}$ besitzt im Intervall $[0; \pi]$ 2 Nullstellen.
Beispiel: $g_{2, 0,5}(x) = \sin(2x) + 0{,}5$

Falls $c = \pm 1 \Rightarrow g_{2,c}$ besitzt im Intervall $[0; \pi]$ 1 Nullstellen.
Beispiel: $g_{2, 1}(x) = \sin(2x) + 1$

Falls $|c| > 1 \Rightarrow g_{2,c}$ besitzt im Intervall $[0; \pi]$ keine Nullstellen.
Beispiel: $g_{2, -2}(x) = \sin(2x) - 2$

b) Ermitteln Sie in Abhängigkeit von a, welche Werte die Ableitung von $g_{a,c}$ annehmen kann.

Lösung: Zunächst wird die Ableitung $g'_{a,c}$ von $g_{a,c}$ berechnet.

$g'_{a,c}(x) = a \cdot \cos(ax)$

Die Kosinusfunktion $h(x) = \cos(x)$ besitzt den Wertebereich $[-1, 1]$. Der Faktor a vor der Kosinusfunktion skaliert die Amplitude und verändert damit den Wertebereich. Demnach nimmt $g'_{a,c}$ alle Werte zwischen $-a$ und a an: $-a \leq g'_{a,c} \leq a$

4 Die Abbildung zeigt den Graphen einer Funktion f.

a) Beschreiben Sie für $a \leq x \leq b$ den Verlauf des Graphen einer Stammfunktion von f.

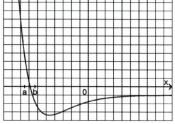

Die Nullstelle von f zwischen a und b wird im Folgenden mit c bezeichnet.

Der y-Wert von f an einer Stelle x entspricht der Steigung der Stammfunktion F an dieser Stelle.
Links von c (also für $a \leq x < c$) verläuft der Graph von f oberhalb der x-Achse. $\Rightarrow$ F ist hier streng monoton steigend.

Rechts von c (also für c < x ≤ b) verläuft der Graph von f unterhalb der x-Achse. ⇒ F ist hier monoton fallend.

f hat an der Stelle x = c eine Nullstelle mit Vorzeichenwechsel von − nach +.
⇒ die Stammfunktion F hat hier ein Maximum.

b) Skizzieren Sie in der Abbildung den Graphen einer Stammfunktion von F im gesamten dargestellten Bereich.

Um den Graphen von F skizzieren zu können, ist es notwendig, den Zusammenhang zwischen F und f zu kennen:

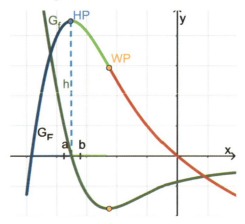

1) **Für x < c:** G_f ist oberhalb der x-Achse.   ⇒ G_F ist sms.

2) **Für x = c:** G_F besitzt einen HP.   (Teilaufgabe a)

3) **Für x > c:** G_f ist unterhalb der x-Achse.   ⇒ G_F ist smf.

4) **TP von G_f:** G_F besitzt einen Wendepunkt.

5) **Für x > x_{TP}:** Nach dem TP steigt G_f wieder, bleibt aber unterhalb der x-Achse und nähert sich einem konstanten Wert.
⇒ GF fällt weiter, aber immer weniger steil und nähert sich einer konstanten Steigung.

Lösung Analysis 2014 A2

1 Geben Sie jeweils einen Term einer in ℝ definierten periodischen Funktion an, die die angegebene Eigenschaft hat.

a) Der Graph der Funktion g geht aus dem Graphen der in ℝ definierten Funktion x ↦ sin x durch Spiegelung an der y-Achse hervor.

> Spiegelung an der y-Achse: h(x) = f(−x)

g(x) = f(−x) = sin(−x) = − sin x

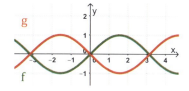

b) Die Funktion hat den Wertebereich [1; 3].

1. Möglichkeit:
Eine der einfachsten periodischen Funktionen ist die Sinusfunktion. Diese hat die Wertemenge W = [−1; 1]. Durch Verschiebung des Graphen dieser Funktion um 2 in y-Richtung erhält man die gewünschte Wertemenge W = [1; 3].
⇒ Wähle also als Funktion:
$h_1(x) = \sin(x) + 2$

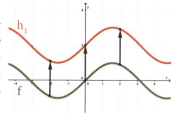

2. Möglichkeit:
Auch die Cosinusfunktion ist periodisch mit Wertemenge W = [−1; 1].
⇒ auch die Funktion $h_2(x) = \cos(x) + 2$ hat W = [1, 3]

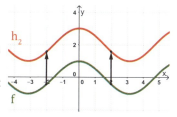

> **Anmerkung:**
> Bei dieser Teilaufgabe spielt die Periodenlänge keine Rolle. Es kommen demnach allgemein Funktionen der Form h(x) = sin(ax) + 2 oder h(x) = cos(ax) + 2 mit beliebigem a ∈ ℝ infrage.

c) Die Funktion k besitzt die Periode π.

Da die Funktion k eine bestimmte Periode haben soll, bietet sich eine Si-

nus- oder Kosinusfunktion an. f(x) = sin x hat die Periode p = 2π.
Die allgemeine Sinusfunktion f(x) = a sin (b (x – c)) + d besitzt die Periode
p = $\frac{2\pi}{b}$. Da hier p = π sein soll, muss b = 2 gelten.

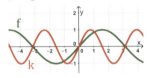

Jede Funktion k(x) = a sin (2 (x – c)) + d mit a ≠ 0 hätte die Periode p = π. Da man nur eine Funktion anzugeben braucht, wäre z.B. k(x) = sin(2x) (a = 1; c = 0; d = 0) eine mögliche Lösung

2 Aufgabe 2 ist identisch zu Aufgabe 2 aus der Aufgabengruppe 1.

3 Der Graph einer in ℝ definierten Funktion g : x ↦ g(x) besitzt für – 5 ≤ x ≤ 5 zwei Wendepunkte. Entscheiden Sie, welcher der Graphen I, II und III zur zweiten Ableitungsfunktion g″ von g gehört. Begründen Sie ihre Entscheidung.

> **Wendepunkt**
> f″(x_0) = 0 ⇒ f′(x) hat bei x = x_0 einen Vorzeichenwechsel (VZW)

I: Der Graph hat zwei einfache Nullstellen. Vor der linken Nullstelle ist der Graph oberhalb der x-Achse und nach der linken Nullstelle ist der Graph unterhalb der x-Achse. Es findet also ein VZW von + nach – statt. Bei der rechten Nullstelle ist ein VZW von – zu +.

II: Nur eine Nullstelle.

III: Zwei Nullstellen aber jeweils ohne VZW. An beiden Nullstellen wird die x-Achse nur berührt. Der Graph bleibt aber unterhalb der x-Achse (kürzer: jeweils doppelte Nullstellen).

⇒ Graph I gehört zu g″, da dieser 2 Nullstellen mit VZW besitzt.

3 In einem Koordinatensystem werden alle Rechtecke betrachtet, die folgende Bedingungen erfüllen:

- Zwei Seiten liegen auf den Koordinatenachsen.
- Ein Eckpunkt liegt auf dem Graphen G_f der Funktion f : x ↦ – ln x mit 0 < x < 1.

Berechnen Sie die Seitenlängen des Rechtecks mit dem größten Flächeninhalt.

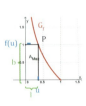

Schritt 1: Skizze/ Grafik erstellen
Der Eckpunkt auf dem Graphen G_f wird mit P (u | f(u)) bezeichnet. Es gilt: 0 < u < 1.

Schritt 2: Flächeninhalt
A = l · b

Schritt 3: Grundterm für die Größe, die optimiert werden soll aufstellen (kann mehrere Variablen enthalten). Nebenbedingungen aufstellen (Zusammenhang zwischen den Variablen mathematisch formulieren).

$\quad$ Länge des Rechtecks: $l = x$
$\quad$ Breite des Rechtecks: $b = f(x) = -\ln(x)$

Schritt 4: Zielfunktion (enthält nur noch eine Variable)
$\quad A = l \cdot b \quad\quad \Rightarrow A(x) = x \cdot (-\ln(x)) = -x \cdot \ln(x)$

Schritt 5: Extrema: Zielfunktion auf Extremwerte untersuchen - Randwerte berücksichtigen!
$\quad$ Notwendige Bedingung für den maximalen Flächeninhalt: $A'(x) = 0$

$\quad$ Erste Ableitung A' bilden: $\quad A(x) = -x \cdot \ln x$
$\quad\quad\quad\quad\quad\quad\quad\quad\quad\quad\quad A'(x) = -1 \cdot \ln(x) + x \cdot \frac{-1}{x} = -\ln(x) - 1$

> **Produktregel**
> $f(x) = u(x) \cdot v(x) \Rightarrow f'(x) = u'(x) \cdot v(x) + u(x) \cdot v'(x)$
> Hier: $u(x) = x$ und $v(x) = -\ln x \Rightarrow u'(x) = 1$ und $v'(x) = \frac{-1}{x}$

$\quad A'(x) = 0 \quad\quad\quad \Rightarrow -\ln(x) - 1 = 0 \quad\quad |+\ln(x)$
$\quad\quad\quad\quad\quad\quad\quad\quad \Rightarrow -1 = \ln(x) \quad\quad\quad\quad |e^{(\ldots)}$
$\quad\quad\quad\quad\quad\quad\quad\quad \Rightarrow e^{-1} = x$
$\quad\quad\quad\quad\quad\quad\quad\quad \Rightarrow x = \frac{1}{e}$

$\Rightarrow$ Für $x = \frac{1}{e}$ ist der Flächeninhalt A des Rechtecks am größten.
Mit $0 < x < 1$ ist die Funktion $A(x)$ für $x = 0$ und $x = 1$ nicht definiert.
Folglich kann es keine Randmaxima $A(0)$ und $A(1)$ geben.

Schritt 6: Seitenlängen des Rechtecks mit dem größten Flächeninhalt
$\quad$ Länge des Rechtecks $\quad l = x = \frac{1}{e}$
$\quad$ Breite des Rechtecks $\quad b = -\ln x$

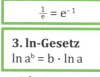

$\frac{1}{e} = e^{-1}$

3. ln-Gesetz
$\ln a^b = b \cdot \ln a$

Mit $x = \frac{1}{e}$ gilt:
$b = -\ln \frac{1}{e} = -\ln e^{-1} = (-1) \cdot (-\ln e) = \ln e = 1$
Also $l = \frac{1}{e}$ und $b = 1$

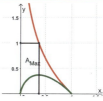

Die Skizze wäre im Abitur nicht verlangt, sie visualisiert das Ergebnis und dient dem besseren Verständnis.

5 Aufgabe 5 entspricht der Aufgabe 4 der Aufgabengruppe 1.

Stochastik 2014 - Aufgabengruppe A1

BE

1 In Urne A befinden sich zwei rote und drei weiße Kugeln. Urne B enthält drei rote und zwei weiße Kugeln. Betrachtet wird folgendes Zufallsexperiment: Aus Urne A wird eine Kugel zufällig entnommen und in Urne B gelegt; danach wird aus Urne B eine Kugel zufällig entnommen und in Urne A gelegt.

2 **a)** Geben Sie alle Möglichkeiten für den Inhalt der Urne A nach der Durchführung des Zufallsexperiments an.

3 **b)** Betrachtet wird das Ereignis E: „Nach Durchführung des Zufallsexperiments befinden sich wieder drei weiße Kugeln in Urne A." Untersuchen Sie, ob das Ereignis E eine größere Wahrscheinlichkeit als sein Gegenereignis hat.

2 **2** Betrachtet wird eine Bernoulli-Kette mit der Trefferwahrscheinlichkeit 0,9 und der Länge 20. Beschreiben Sie zu dieser Bernoulli-Kette ein Ereignis, dessen Wahrscheinlichkeit durch den Term $0{,}9^{20} + 20 \cdot 0{,}1 \cdot 0{,}9^{19}$ angegeben wird.

3 **3** Die Zufallsgröße X kann die Werte 0, 1, 2 und 3 annehmen. Die Tabelle zeigt die Wahrscheinlichkeitsverteilung von X mit $p_1, p_2 \in [0; 1]$.

k	0	1	2	3
P(X = k)	p_1	$\frac{3}{10}$	$\frac{1}{5}$	p_2

Zeigen Sie, dass der Erwartungswert von X nicht größer als 2,2 sein kann.

10

Stochastik 2014 - Aufgabengruppe A2

1 In Urne A befinden sich zwei rote und drei weiße Kugeln. Urne B enthält drei rote und zwei weiße Kugeln. Betrachtet wird folgendes Zufallsexperiment: Aus Urne A wird eine Kugel zufällig entnommen und in Urne B gelegt; danach wird aus Urne B eine Kugel zufällig entnommen und in Urne A gelegt.

a) Geben Sie alle Möglichkeiten für den Inhalt der Urne A nach der Durchführung des Zufallsexperiments an.

b) Betrachtet wird das Ereignis E: „Nach Durchführung des Zufallsexperiments befinden sich wieder drei weiße Kugeln in Urne A." Untersuchen Sie, ob das Ereignis E eine größere Wahrscheinlichkeit als sein Gegenereignis hat.

2 Das Baumdiagramm gehört zu einem Zufallsexperiment mit den Ereignissen C und D.

a) Berechnen Sie $P(\overline{D})$.

b) Weisen Sie nach, dass die Ereignisse C und D abhängig sind.

c) Von den im Baumdiagramm angegebenen Zahlenwerten soll nur der Wert $\frac{1}{10}$ so geändert werden, dass die Ereignisse C und D unabhängig sind. Bestimmen Sie den geänderten Wert.

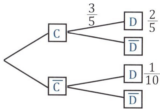

Lösung Stochastik 2014

A1

1 a) Geben Sie alle Möglichkeiten für den Inhalt der Urne A nach der Durchführung des Zufallsexperiments an.

Wird im ersten Durchgang aus Urne A und im zweiten Durchgang aus Urne B eine Kugel derselben Farbe entnommen, ist der Inhalt in Urne A (und in Urne B) nach der Durchführung des Zufallsexperiments wieder derselbe wie zu Begin des Zufallsexperiments. Andernfalls ändert sich der Inhalt in Urne A (und in Urne B), d.h. es entstehen neue Anteile roter und weißer Kugeln von insgesamt wieder fünf Kugeln nach der Durchführung des Zufallsexperiments.

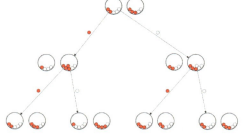

Für den Inhalt der Urne A nach der Durchführung des Zufallsexperiments ergeben sich die folgenden drei Möglichkeiten für den Inhalt der Urne A:

$\Omega = \{(r,r,w,w,w), (r,w,w,w,w), (r,r,r,w,w)\}$

r = rote Kugel, w = weiße Kugel

 Vorsicht: Es reicht nicht, die Anzahl der Möglichkeiten (3) als Lösung anzugeben. Man muss (nach Angabe) alle Möglichkeiten, also die gesamte Menge Ω angeben.

b) Betrachtet wird das Ereignis E: „Nach Durchführung des Zufallsexperiments befinden sich wieder drei weiße Kugeln in Urne A." Untersuchen Sie, ob das Ereignis E eine größere Wahrscheinlickeit als sein Gegenereignis hat.

E: „Nach der Durchführung des Zufallsexperiments befinden sich wieder drei weiße Kugeln in Urne A."
Für die beiden Fälle, dass im ersten Durchgang aus Urne A und im zweiten Durchgang aus Urne B jeweils eine rote Kugel oder jeweils eine weiße Kugel entnommen wird, befinden sich nach der Durchführung des Zufallsexperiments wieder drei weiße Kugeln in Urne A (siehe Teilaufgabe 1a).

Lösung A1 - Stochastik 2014

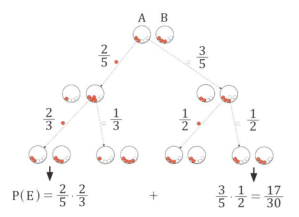

$$P(E) = \frac{2}{5} \cdot \frac{2}{3} \quad + \quad \frac{3}{5} \cdot \frac{1}{2} = \frac{17}{30}$$

> **1. Pfadregel:** „Werte entlang eines Pfades werden multipliziert."
>
> **2. Pfadregel:** „Passende Wahrscheinlichkeiten werden addiert."

$$P(\overline{E}) = 1 - P(E) = 1 - \frac{17}{30} = \frac{13}{30}$$
$$\Rightarrow P(E) > P(\overline{E})$$

2 Betrachtet wird eine Bernoulli-Kette mit der Trefferwahrscheinlichkeit 0,9 und der Länge 20. Beschreiben Sie zu dieser Bernoulli-Kette ein Ereignis, dessen Wahrscheinlichkeit durch den Term $0,9^{20} + 20 \cdot 0,1 \cdot 0,9^{19}$ angegeben wird.

Der Term $0,9^{20}$ gibt die Wahrscheinlichkeit für das Ereignis „20 Treffer" bei 20-facher Durchführung an. Der Term $20 \cdot 0,9^{19} \cdot 0,1$ gibt die Wahrscheinlichkeit für das Ereignis „19 Treffer" bei 20-facher Durchführung an. Der Term entsteht durch Umformung der Bernoullikette mit der Zufallsgröße X= „Anzahl der Treffer".

$$P_{0,9}^{20}(X = 19) = \underbrace{\binom{20}{19}}_{=20} \cdot 0,9^{19} \cdot \underbrace{0,1^{20-19}}_{=0,1} = 20 \cdot 0,1 \cdot 0,9^{19}$$

> **Bernoulli-Kette**
> $$P_p^n(x = k) = \binom{n}{k} p^k \cdot (1-p)^{n-k}$$

Da die beiden Teile $0,9^{20}$ und $20 \cdot 0,9^{19} \cdot 0,1$ addiert werden, beschribt der gesamte Term folgendes Ereignis:
Bei 20-facher Durchführung eines Zufallsexperiments tritt ein Ereignis mit der Eintrittswahrscheinlichkeit P=0,9 mindestens 19-mal ein. Es wäre also auch möglich, dass das Ereignis 20-mal eintritt.

3 Die Zufallsgröße X kann die Werte 0, 1, 2 und 3 annehmen. Die Tabelle zeigt die Wahrscheinlichkeitsverteilung von X mit $p_1, p_2 \in [0; 1]$.

k	0	1	2	3
P(X = k)	p_1	$\frac{3}{10}$	$\frac{1}{5}$	p_2

Zeigen Sie, dass der Erwartungswert von X nicht größer als 2,2 sein kann.

Die Summe aller Wahrscheinlichkeiten muss gleich Eins sein.

$$p_1 + \frac{3}{10} + \frac{1}{5} + p_2 = 1$$
$$p_1 + \frac{1}{2} + p_2 = 1 \quad \Big| -\frac{1}{2}$$
$$p_1 + p_2 = \frac{1}{2}$$

Der Erwartungswert E(x) lässt sich in Abhängigkeit von p_1 und p_2 wie folgt berechnen:

$$\boxed{E(X) = x_1 \cdot P(X = x_1) + \ldots + x_n \cdot P(X = x_n)}$$

$$E(x) = 0 \cdot p_1 + 1 \cdot \frac{3}{10} + 2 \cdot \frac{1}{5} + 3 \cdot p_2$$
$$= \frac{3}{10} + \frac{2}{5} + 3 \cdot p_2$$
$$= \frac{7}{10} + 3 \cdot p_2$$

Da der Erwartungswert E(x) nur von der Wahrscheinlichkeit p_2 abhängt, wird er maximal, wenn p_2 maximal wird.

$$\Rightarrow p_1 = 0, \quad p_2 = \frac{1}{2}$$

$$\Rightarrow E(x) = \frac{7}{10} + 3 \cdot \frac{1}{2}$$
$$= 0{,}7 + 1{,}5 = 2{,}2$$

Der maximale Erwartungswert hat den Wert 2,2.

Lösung Stochastik 2014

A2

1 Die Aufgabe ist identisch zu Aufgabe 1 der Aufgabengruppe 1.

2 Das Baumdiagramm gehört zu einem Zufallsexperiment mit den Ereignissen C und D.

a) Berechnen Sie $P(\overline{D})$.

Aus dem Baumdiagramm lassen sich direkt folgende Wahrscheinlichkeiten herauslesen:

$P_C(D) = \frac{3}{5}$, $P(C \cap D) = \frac{2}{5}$, $P(\overline{C} \cap D) = \frac{1}{10}$

Nach der zweiten Pfandregel lässt sich die Wahrscheinlichkeit von P(D) berechnen.

> **2. Pfadregel:** „Passende Wahrscheinlichkeiten werden addiert."
> $P(D) = P(C \cap D) + P(\overline{C} \cap D)$

Lösung: $P(D) = \frac{2}{5} + \frac{1}{10} = \frac{1}{2}$

Die Gegenwahrscheinlichkeit $P(\overline{D})$ beträgt dann $\frac{1}{2}$.

$P(\overline{D}) = 1 - P(D) = 1 - \frac{1}{2} = \frac{1}{2}$

b) Weisen Sie nach, dass die Ereignisse C und D abhängig sind.

> A und B **un**abhängig: $P(A \cap B) = P(A) \cdot P(B)$
> A und B abhängig: $P(A \cap B) \neq P(A) \cdot P(B)$
>
> Es kommt jeweils nur ein „un-" vor!

Die Wahrscheinlichkeiten $P(D) = \frac{1}{2}$ und $P_C(C \cap D) = \frac{2}{5}$ sind bereits bekannt. P(C) erhält man über die erste Pfadregel.

> **1. Pfadregel:** „Werte entlang eines Pfades werden multipliziert."
> $P(C) \cdot P_C(D) = P(C \cap D)$

$P(C) \cdot P_C(D) = P(C \cap D)$

$P(C) \cdot \frac{3}{5} = \frac{2}{5} \quad | : \frac{3}{5}$

$P(C) = \frac{2}{3}$

$\Rightarrow P(C) \cdot P(D) = P(C \cap D)$

$$\frac{2}{3} \cdot \frac{1}{2} = \frac{2}{5}$$

$$\frac{1}{3} \neq \frac{2}{5}$$

⇒ Die Ereignisse C und D sind stochastisch abhängig.

c) Von den im Baumdiagramm angegebenen Zahlenwerten soll nur der Wert $\frac{1}{10}$ so geändert werden, dass die Ereignisse C und D unabhängig sind. Bestimmen Sie den geänderten Wert.

Damit die Ereignisse C und D stochastisch unabhängig sind, muss nun folgende Gleichung gelten.

$P(C) \cdot P(D) = P(C \cap D)$

Da $P(C) = \frac{2}{3}$ und $P(C \cap D) = \frac{2}{5}$ unveränderlich sind, muss P(D) so angepasst werden, dass Gleichheit herrscht.

$$\frac{2}{3} \cdot P(D) = \frac{2}{5} \qquad \big| : \frac{2}{3}$$

$$P(D) = \frac{3}{5}$$

Über die Umkerung der zweiten Pfadregel kann die gesuchte Wahrscheinlichkeit $P(\overline{C} \cap D)$ ermittelt werden.

$$P(D) = P(C \cap D) + P(\overline{C} \cap D)$$

$$\frac{3}{5} = \frac{2}{5} + P(\overline{C} \cap D) \qquad \big| - \frac{2}{5}$$

$$\Rightarrow P(\overline{C} \cap D) = \frac{1}{5}$$

Lösung A2 - Stochastik 2014

Geometrie 2014 - Aufgabengruppe A1

1. Die Abbildung zeigt ein gerades Prisma ABCDEF mit A (0 | 0 | 0), B (8 | 0 | 0), C (0 | 8 | 0) und D (0 | 0 | 4).

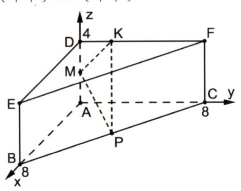

a) Bestimmen Sie den Abstand der Eckpunkte B und F.

b) Die Punkte M und P sind die Mittelpunkte der Kanten [AD] bzw. [BC]. Der Punkt $K(0 \mid y_K \mid 4)$ liegt auf der Kante [DF]. Bestimmen Sie y_K so, dass das Dreieck KMP in M rechtwinklig ist.

2. Gegeben ist die Ebene E: $3x_2 + 4x_3 = 5$.

a) Beschreiben Sie die besondere Lage von E im Koordinatensystem.

b) Untersuchen Sie rechnerisch, ob die Kugel mit Mittelpunkt Z(1 | 6 | 3) und Radius 7 die Ebene E schneidet.

Geometrie 2014 - Aufgabengruppe A2

1 Die Vektoren $\vec{a} = \begin{pmatrix} 2 \\ 1 \\ 2 \end{pmatrix}$, $\vec{b} = \begin{pmatrix} -1 \\ 2 \\ 0 \end{pmatrix}$ und $\vec{c_t} = \begin{pmatrix} 4t \\ 2t \\ -5t \end{pmatrix}$ spannen für jeden Wert von t mit t ∈ ℝ \ {0} einen Körper auf. Die Abbildung zeigt den Sachverhalt beispielhaft für einen Wert von t

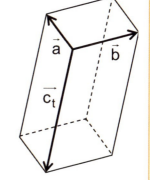

a) Zeigen Sie, dass die aufgespannten Körper Quader sind.

b) Bestimmen Sie diejenigen Werte von t, für die der jeweils zugehörige Quader das Volumen 15 besitzt.

2 Eine Kugel besitzt den Mittelpunkt M (– 3 | 2 | 7). Der Punkt P (3 | 4 | 4) liegt auf der Kugel.

a) Der Punkt Q liegt ebenfalls auf der Kugel, die Strecke [PQ] verläuft durch deren Mittelpunkt. Ermitteln Sie die Koordinaten von Q.

b) Weisen Sie nach, dass die Kugel die $x_1 x_2$-Ebene berührt.

Lösung Geometrie 2014 - A1

1 Die Abbildung zeigt ein gerades Prisma ABCDEF mit A (0 | 0 | 0), B (8 | 0 | 0), C (0 | 8 | 0) und D (0 | 0 | 4).

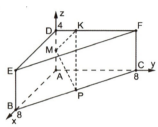

a) Bestimmen Sie den Abstand der Eckpunkte B und F.

Schritt 1 - Bestimmung der Koordinaten von F

Möglichkeit 1: Gerades Prisma

Aus der gegebenen Abbildung und der Tatsache, dass es sich um ein gerades Prisma handelt, sieht man, dass F die gleiche x_1- und x_2-Koordinate wie C und die gleiche x_3-Koordinate wie D besitzt.
$\Rightarrow$ F (0 | 8 | 4)

Möglichkeit 2: Durch Vektoraddition

$$\vec{F} = \overrightarrow{AC} + \overrightarrow{CF} = \vec{C} + \vec{D} = \begin{pmatrix} 0 \\ 8 \\ 0 \end{pmatrix} + \begin{pmatrix} 0 \\ 0 \\ 4 \end{pmatrix} = \begin{pmatrix} 0 \\ 8 \\ 4 \end{pmatrix}$$

Schritt 2 - Berechnung des Abstands zwischen B und F

$$d(B;F) = |\overrightarrow{BF}| = |\vec{F} - \vec{B}|$$
$$= \left| \begin{pmatrix} 0 \\ 8 \\ 4 \end{pmatrix} - \begin{pmatrix} 8 \\ 0 \\ 0 \end{pmatrix} \right|$$
$$= \left| \begin{pmatrix} -8 \\ 8 \\ 4 \end{pmatrix} \right|$$
$$= \sqrt{(-8)^2 + 8^2 + 4^2} = \sqrt{144} = 12$$

Verbindungsvektor aufstellen
Spitze – Fuß

Betrag eines Vektors
$$\left| \begin{pmatrix} x_1 \\ x_2 \\ x_3 \end{pmatrix} \right| = \sqrt{(x_1)^2 + (x_2)^2 + (x_3)^2}$$

b) Die Punkte M und P sind die Mittelpunkte der Kanten [AD] bzw. [BC]. Der Punkt K(0 | y_K | 4) liegt auf der Kante [DF]. Bestimmen Sie y_K so, dass das Dreieck KMP in M rechtwinklig ist.

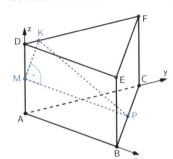

Koordinaten von M und P berechnen:

$$\vec{M} = \frac{1}{2}[\vec{A} + \vec{D}] = \frac{1}{2}\left[\begin{pmatrix}0\\0\\0\end{pmatrix} + \begin{pmatrix}0\\0\\4\end{pmatrix}\right]$$

$$= \frac{1}{2}\begin{pmatrix}0\\0\\4\end{pmatrix} = \begin{pmatrix}0\\0\\2\end{pmatrix} \Rightarrow M(0|0|2)$$

> **Mittelpunkt einer Strecke berechnen**
>
> Den Mittelpunkt M zwischen zwei Punkten A und B berechnet man durch die Formel: $\vec{M} = \frac{1}{2}(\vec{A} + \vec{B})$

$$\vec{P} = \frac{1}{2}[\vec{B} + \vec{C}] = \frac{1}{2}\left[\begin{pmatrix}8\\0\\0\end{pmatrix} + \begin{pmatrix}0\\8\\0\end{pmatrix}\right] = \frac{1}{2}\begin{pmatrix}8\\8\\0\end{pmatrix} = \begin{pmatrix}4\\4\\0\end{pmatrix}$$

$\Rightarrow P(4|4|0)$

> **Skalarprodukt senkrechter Vektoren**
>
> Stehen zwei Vektoren senkrecht aufeinander, so ist deren Skalarprodukt gleich 0.

Da das Dreieck KMP in M rechtwinklig sein soll, müssen die Vektoren $\overrightarrow{MK}$ und $\overrightarrow{MP}$ senkrecht aufeinander stehen.

$$\overrightarrow{MK} = \vec{K} - \vec{M} = \begin{pmatrix}0\\y_K\\4\end{pmatrix} - \begin{pmatrix}0\\0\\2\end{pmatrix} = \begin{pmatrix}0\\y_K\\2\end{pmatrix}$$

$$\overrightarrow{MP} = \vec{P} - \vec{M} = \begin{pmatrix}4\\4\\0\end{pmatrix} - \begin{pmatrix}0\\0\\2\end{pmatrix} = \begin{pmatrix}4\\4\\-2\end{pmatrix}$$

$$\overrightarrow{MK} \circ \overrightarrow{MP} = \begin{pmatrix}0\\y_K\\2\end{pmatrix} \circ \begin{pmatrix}4\\4\\-2\end{pmatrix} = 0 \cdot 4 + y_K \cdot 4 + 2 \cdot (-2) = 4 \cdot y_K - 4$$

$\overrightarrow{MK}$ und $\overrightarrow{MP}$ stehen senkrecht aufeinander, falls gilt $\overrightarrow{MK} \circ \overrightarrow{MP} = 0$, also:

$4y_K - 4 = 0 \quad |+4$

$4y_K = 4 \quad |:4$

$y_K = 1$

2 Gegeben ist die Ebene E: $3x_2 + 4x_3 = 5$.

a) Beschreiben Sie die besondere Lage von E im Koordinatensystem.

Aus der Ebenen-Gleichung lässt sich der Normalenvektor ablesen:

$$\vec{n_E} = \begin{pmatrix} 0 \\ 3 \\ 4 \end{pmatrix}$$

Demnach ist die x_1-Koordinate des Normalenvektors gleich 0, was bedeutet, dass der Normalenvektor parallel zur x_2x_3-Ebene bzw. senkrecht zur x_1-Achse verläuft.
Da außerdem der Koordinatenursprung $O(0|0|0)$ nicht in E liegt (da $3 \cdot 0 + 4 \cdot 0 \neq 5$), ist E echt parallel zur x_1-Achse.

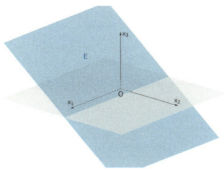

Nebenstehende Grafik ist im Abitur nicht verlangt und dient lediglich einer verbesserten Anschauung.

b) Untersuchen Sie rechnerisch, ob die Kugel mit Mittelpunkt $Z(1|6|3)$ und Radius 7 die Ebene E schneidet.

Falls der Abstand $d(Z;E)$ des Kugelmittelpunkts Z von der Ebene E kleiner ist, als der Radius der Kugel, dann schneidet die Kugel die Ebene.

Anmerkung

Für diese Aufgabe benötigt man keine besonderen Kenntnisse zu Kugeln. Es liegt vielmehr die Standardaufgabe **Abstand-Punkt-Ebene** vor.

Berechnung von d(Z;E) mit Hilfe der Hesse-Normalform

> **Abstand eines Punktes von einer Ebene mittels HNF berechnen**
>
> 1. Schritt: Hesse-Normalform der Ebene aufstellen:
>   Dazu teile die Normalform der Ebene E durch den Betrag des Normalenvektors von E.
>
> 2. Schritt: Abstand Punkt-Ebene berechnen:
>   Durch Einsetzen der Koordinaten des Punktes P in die HNF der Ebene E zwischen Betragsstrichen erhält man den gesuchten Abstand d(P;E)

1 Um E in der Hesse-Normalform anzugeben, wird zuerst der Betrag des Normalenvektors $\vec{n_E} = \begin{pmatrix} 0 \\ 3 \\ 4 \end{pmatrix}$ berechnet:

$$|\vec{n_E}| = \left\| \begin{pmatrix} 0 \\ 3 \\ 4 \end{pmatrix} \right\| = \sqrt{0^2 + 3^2 + 4^2} = \sqrt{25} = 5$$

$$\Rightarrow E_{HNF}: \frac{3x_2 + 4x_3 - 5}{5} = 0$$

2 Abstand d(Z;E) = $\left| \frac{3z_2 + 4z_3 - 5}{5} \right| = \left| \frac{3 \cdot 6 + 4 \cdot 3 - 5}{5} \right|$

$$= \left| \frac{25}{5} \right| = 5$$

Da r = 7 und 5 > 7 $\Rightarrow$ d(Z;E) < r.
Demnach schneidet die gegebene Kugel die Ebene E.

> **Abstand Punkt-Ebene mittels Hilfsgerade**
>
> 1. Schritt: Aufstellen einer Hilfsgeraden g, welche den Normalenvektor der Ebene als Richtungsvektor und P als Aufpunkt besitzt.
>
> 2. Schritt: Berechnung des Schnittpunktes von g und E.
>
> 3. Schritt: Der gesuchte Abstand zwischen P und E entspricht der Länge des Verbindungsvektors zwischen P und dem in Schritt 2 berechneten Schnittpunkt.

Lösung Geometrie 2014 - A2

1 Die Vektoren $\vec{a} = \begin{pmatrix} 2 \\ 1 \\ 2 \end{pmatrix}, \vec{b} = \begin{pmatrix} -1 \\ 2 \\ 0 \end{pmatrix}$ und $\vec{c_t} = \begin{pmatrix} 4t \\ 2t \\ -5t \end{pmatrix}$ spannen für jeden Wert von t mit $t \in \mathbb{R} \setminus \{0\}$ einen Körper auf.

a) Zeigen Sie, dass die aufgespannten Körper Quader sind.

Bei einem Quader sind je zwei Seitenkanten zueinander senkrecht. Es ist demnach zu zeigen, dass die Vektoren $\vec{a}$, $\vec{b}$ und $\vec{c_t}$ paarweise zueinander senrecht sind, dass also deren Skalarprodukt gleich Null ist.

$$\vec{a} \circ \vec{b} = \begin{pmatrix} 2 \\ 1 \\ 2 \end{pmatrix} \circ \begin{pmatrix} -1 \\ 2 \\ 0 \end{pmatrix} = 2 \cdot (-1) + 1 \cdot 2 + 2 \cdot 0 = 0 \iff \vec{a} \perp \vec{b}$$

$$\vec{a} \circ \vec{c_t} = \begin{pmatrix} 2 \\ 1 \\ 2 \end{pmatrix} \circ \begin{pmatrix} 4t \\ 2t \\ -5t \end{pmatrix} = 2 \cdot 4t + 1 \cdot 2t + 2 \cdot (-5t) = 0 \iff \vec{a} \perp \vec{c_t}$$

$$\vec{b} \circ \vec{c_t} = \begin{pmatrix} -1 \\ 2 \\ 0 \end{pmatrix} \circ \begin{pmatrix} 4t \\ 2t \\ -5t \end{pmatrix} = (-1) \cdot 4t + 2 \cdot 2t + 0 \cdot (-5t) = 0 \iff \vec{b} \perp \vec{c_t}$$

Anmerkung
Nachdem $\vec{a} \perp \vec{b}$ nachgewiesen wurde ist es ebenfalls möglich, zu zeigen, dass das Vektorprodukt $\vec{a} \times \vec{b}$ eine reelles Vielfaches von $\vec{c_t}$ ist.

Denn gilt $\vec{a} \times \vec{b} = t \cdot \begin{pmatrix} 4 \\ 2 \\ -5 \end{pmatrix}$; $t \in \mathbb{R}$, so folgt daraus $\vec{c_t} \perp \vec{a}$ und $\vec{c_t} \perp \vec{b}$.

ausführlichere Lösung

b) Bestimmen Sie diejenigen Werte von t, für die der jeweils zugehörige Quader das Volumen 15 besitzt.

1. Möglichkeit: Elementargeometrischer Lösungsansatz

Mit $V = G \cdot h$, der Grundfläche $G = |\vec{a}| \cdot |\vec{b}|$ und der Höhe $h = |\vec{c_t}|$ folgt:

$$V(t) = G \cdot h = |\vec{a}| \cdot |\vec{b}| \cdot |\vec{c_t}|$$
$$= \sqrt{2^2 + 1^2 + 2^2} \cdot \sqrt{(-1)^2 + 2^2 + 0^2} \cdot \sqrt{(4t)^2 + (2t)^2 + (-5t)^2}$$
$$= \sqrt{9} \cdot \sqrt{5} \cdot \sqrt{45t^2} = \sqrt{9 \cdot 5 \cdot 45t^2} = \sqrt{45 \cdot 45t^2} = \pm 45t$$

Mit der Bedingung $V(t) = 15$ ergibt sich somit:

$$\pm 45t = 15 \Rightarrow t = \pm \frac{15}{45} = \pm \frac{1}{3}$$

2. Möglichkeit: Vektorieller Lösungsansatz

Die Volumina der Quader lassen sich mithilfe des Spatprodukts berechnen.

$$V = |\vec{c_t} \circ (\vec{a} \times \vec{b})|$$

$$= \left| \begin{pmatrix} 4t \\ 2t \\ -5t \end{pmatrix} \circ \left[\begin{pmatrix} 2 \\ 1 \\ 2 \end{pmatrix} \times \begin{pmatrix} -1 \\ 2 \\ 0 \end{pmatrix} \right] \right| = \left| \begin{pmatrix} 4t \\ 2t \\ -5t \end{pmatrix} \circ \begin{pmatrix} 1 \cdot 0 - 2 \cdot 2 \\ 2 \cdot (-1) - 2 \cdot 0 \\ 2 \cdot 2 - 1 \cdot (-1) \end{pmatrix} \right|$$

$$= \left| \begin{pmatrix} 4t \\ 2t \\ -5t \end{pmatrix} \circ \begin{pmatrix} -4 \\ -2 \\ 5 \end{pmatrix} \right| = |4t \cdot (-4) + 2t \cdot (-2) + (-5t) \cdot 5| = |-45t|$$

Die Bedingung $V(t) = 15$ liefert somit:

$$|45t| = 15 \Rightarrow \pm 45t = 15 \Rightarrow t = \pm \frac{15}{45} = \pm \frac{1}{3}$$

2 Eine Kugel besitzt den Mittelpunkt M(–3 | 2 | 7). Der Punkt P(3 | 4 | 4) liegt auf der Kugel.

a) Der Punkt Q liegt ebenfalls auf der Kugel, die Strecke [PQ] verläuft durch deren Mittelpunkt. Ermitteln Sie die Koordinaten von Q.

Die Koordinaten des Punkte Q lassen sich durch Vektoraddition ermitteln.

$$\vec{Q} = \vec{M} + \overrightarrow{PM} = \vec{M} + (\vec{M} - \vec{P}) = 2 \cdot \vec{M} - \vec{P}$$

$$= 2 \cdot \begin{pmatrix} -3 \\ 2 \\ 7 \end{pmatrix} - \begin{pmatrix} 3 \\ 4 \\ 4 \end{pmatrix} = \begin{pmatrix} -9 \\ 0 \\ 10 \end{pmatrix} \Rightarrow Q(-9 \mid 0 \mid 10)$$

oder

$$\vec{Q} = \vec{P} + 2 \cdot \overrightarrow{PM} = \vec{P} + 2 \cdot (\vec{M} - \vec{P}) = 2 \cdot \vec{M} - \vec{P}$$

$$= 2 \cdot \begin{pmatrix} -3 \\ 2 \\ 7 \end{pmatrix} - \begin{pmatrix} 3 \\ 4 \\ 4 \end{pmatrix} = \begin{pmatrix} -9 \\ 0 \\ 10 \end{pmatrix} \Rightarrow Q(-9 \mid 0 \mid 10)$$

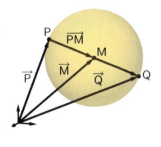

b) Weisen Sie nach, dass die Kugel die x_1x_2-Ebene berührt.

Die Kugel berührt die x_1x_2-Ebene, wenn der Abstand $d(M; x_1x_2\text{-Ebene})$ des Mittelpunkts M von der x_1x_2-Ebene gleich dem Radius r der Kugel ist. Der x_3-Koordinate von M(–3 | 2 | 7) entnimmt man: $d(M; x_1x_2\text{-Ebene}) = 7$.
Der Radius r der Kugel ist gleich der Länge des Verbindungsvektors $\overrightarrow{MP}$.

$$r = |\overrightarrow{MP}| = |\vec{P} - \vec{M}| = \left| \begin{pmatrix} 3 \\ 4 \\ 4 \end{pmatrix} - \begin{pmatrix} -3 \\ 2 \\ 7 \end{pmatrix} \right| = \left| \begin{pmatrix} 6 \\ 2 \\ -3 \end{pmatrix} \right| = \sqrt{6^2 + 2^2 + (-3)^2} = 7$$

ausführlichere Lösung

Analysis 2014 - Aufgabengruppe B1

BE	
	1 Gegeben ist die Funktion $f: x \mapsto 2 - \sqrt{12 - 2x}$ mit maximaler Definitionsmenge $D_f =]-\infty; 6]$. Der Graph von f wird mit G_f bezeichnet.
5	**a)** Berechnen Sie die Koordinaten der Schnittpunkte von G_f mit den Koordinatenachsen. Bestimmen Sie das Verhalten von f für $x \to -\infty$ und geben Sie $f(6)$ an.
5	**b)** Bestimmen Sie den Term der Ableitungsfunktion f' von f und geben Sie die maximale Definitionsmenge von f' an. Bestimmen Sie $\lim\limits_{x \to -\infty} f'(x)$ und beschreiben Sie, welche Eigenschaft von G_f aus diesem Ergebnis folgt.
	(Zur Kontrolle: $f'(x) = \frac{1}{\sqrt{12 - 2x}}$)
2	**c)** Geben Sie das Monotonieverhalten von G_f und die Wertemenge von f an.
3	**d)** Geben Sie $f(-2)$ an und zeichnen Sie G_f unter Berücksichtigung der bisherigen Ergebnisse in ein Koordinatensystem ein (Platzbedarf im Hinblick auf die folgenden Aufgaben: $-3 \leq y \leq 7$).
4	**e)** Die Funktion f ist in D_f umkehrbar. Geben Sie die Definitionsmenge der Umkehrfunktion f^{-1} von f an und zeigen Sie, dass $f^{-1}(x) = -\frac{1}{2}x^2 + 2x + 4$ gilt.

Der Graph der in $\mathbb{R}$ definierten Funktion $h: \mapsto -\frac{1}{2}x^2 + 2x + 4$ ist die Parabel G_h. Der Graph der in Aufgabe 1e betrachteten Umkehrfunktion f^{-1} ist ein Teil dieser Parabel.

3	**2 a)** Berechnen Sie die Koordinaten der Schnittpunkte von G_h mit der durch die Gleichung $y = x$ gegebenen Winkelhalbierenden w des I. und III. Quadranten.
	(Teilergebnis: x-Koordinaten der Schnittpunkte: –2 und 4)
4	**b)** Zeichnen Sie die Parabel G_h – unter Berücksichtigung des Scheitels – im Bereich $-2 \leq x \leq 4$ in Ihre Zeichnung aus Aufgabe 1 d ein. Spiegelt man diesen Teil von G_h an der Winkelhalbierenden w, so entsteht eine herzförmige Figur; ergänzen Sie Ihre Zeichnung dementsprechend.

3 Durch die in Aufgabe 2 entstandene herzförmige Figur soll das abgebildete Blatt modellhaft beschrieben werden. Eine Längeneinheit im Koordinatensystem aus Aufgabe 1 d soll dabei 1 cm in der Wirklichkeit entsprechen.

5	**a)** Berechnen Sie den Inhalt des von G_h und der Winkelhalbierenden w eingeschlossenen Flächenstücks. Bestimmen Sie unter Verwendung dieses Werts den Flächeninhalt des Blatts auf der Grundlage des Modells.

b) Ermitteln Sie die Gleichung der Tangente an G_h im Punkt $(-2\,|\,h(-2))$. Berechnen Sie den Wert, den das Modell für die Größe des Winkels liefert, den die Blattränder an der Blattspitze einschließen.

c) Der Verlauf des oberen Blattrands wird in der Nähe der Blattspitze durch das bisher verwendete Modell nicht genau genug dargestellt. Daher soll der obere Blattrand im Modell für $-2 \leq x \leq 0$ nicht mehr durch G_h, sondern durch den Graphen G_k einer in $\mathbb{R}$ definierten ganzrationalen Funktion k dritten Grades beschrieben werden. Für die Funktion k werden die folgenden Bedingungen gewählt (k′ und h′ sind die Ableitungsfunktionen von k bzw. h):

I	$k(0) = h(0)$
II	$k'(0) = h'(0)$
III	$k(-2) = h(-2)$
IV	$k'(-2) = 1{,}5$

Begründen Sie im Sachzusammenhang, dass die Wahl der Bedingungen I, II und III sinnvoll ist. Machen Sie plausibel, dass die Bedingung IV dazu führt, dass die Form des Blatts in der Nähe der Blattspitze im Vergleich zum ursprünglichen Modell genauer dargestellt wird.

Analysis 2014 - Aufgabengruppe B2

Gegeben ist die Funktion f mit $f(x) = \frac{20x}{x^2 - 25}$ und maximalem Definitionsbereich D_f. Die Abbildung zeigt einen Teil des Graphen G_f von f.

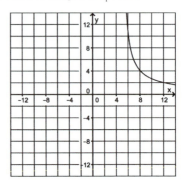

1 a) Zeigen Sie, dass $D_f = \mathbb{R} \setminus \{-5; 5\}$ gilt und dass G_f symmetrisch bezüglich des Koordinatenursprungs ist. Geben Sie die Nullstelle von f sowie die Gleichungen der drei Asymptoten von G_f an.

b) Weisen Sie nach, dass die Steigung von G_f in jedem Punkt des Graphen negativ ist. Berechnen Sie die Größe des Winkels, unter dem G_f die x-Achse schneidet.

c) Skizzieren Sie in der Abbildung den darin fehlenden Teil von G_f unter Berücksichtigung der bisherigen Ergebnisse.

d) Die Funktion $f^*: x \mapsto f(x)$ mit Definitionsbereich $]5; +\infty[$ unterscheidet sich von der Funktion f nur hinsichtlich des Definitionsbereichs. Begründen Sie, dass die Funktion f nicht umkehrbar ist, die Funktion f^* dagegen schon. Zeichnen Sie den Graphen der Umkehrfunktion von f^* in die Abbildung ein.

e) Der Graph von f, die x-Achse sowie die Geraden mit den Gleichungen x = 10 und x = s mit s > 10 schließen ein Flächenstück mit dem Inhalt A(s) ein. Bestimmen Sie A(s). $\left(A(s) = 10 \cdot \ln \frac{s^2 - 25}{75}\right)$

f) Ermitteln Sie s so, dass das Flächenstück aus Aufgabe 1e den Inhalt 100 besitzt.

g) Bestimmen Sie das Verhalten von A(s) für $s \to +\infty$.

2 Ein Motorboot fährt mit konstanter Motorleistung auf einem Fluss eine Strecke der Länge 10 km zuerst flussabwärts und unmittelbar anschließend flussaufwärts zum Ausgangspunkt zurück. Mit der Eigengeschwindigkeit des Motorboots wird der Betrag der Geschwindigkeit bezeichnet, mit der sich das Boot bei dieser Motorleistung auf einem stehenden Gewässer bewegen würde.

Im Folgenden soll modellhaft davon ausgegangen werden, dass die Eigengeschwindigkeit des Boots während der Fahrt konstant ist und das Wasser im Fluss mit der konstanten Geschwindigkeit $5 \frac{km}{h}$ fließt. Die für das Wendemanöver erforderliche Zeit wird vernachlässigt.

Die Gesamtfahrtzeit in Stunden, die das Boot für Hinfahrt und Rückfahrt insgesamt benötigt, wird im Modell für x > 5 durch den Term $t(x) = \frac{10}{x+5} + \frac{10}{x-5}$ angegeben. Dabei ist x die Eigengeschwindigkeit des Boots in $\frac{km}{h}$.

a) Bestimmen Sie auf der Grundlage des Modells für eine Fahrt mit einer Eigengeschwindigkeit von $10 \frac{km}{h}$ und für eine Fahrt mit einer Eigengeschwindigkeit von $20 \frac{km}{h}$ jeweils die Gesamtfahrtzeit in Minuten.

b) Begründen Sie, dass der erste Summand des Terms t(x) die für die Hinfahrt, der zweite Summand die für die Rückfahrt erforderliche Zeit in Stunden angibt.

c) Begründen Sie im Sachzusammenhang, dass t(x) für 0 < x < 5 nicht als Gesamtfahrtzeit interpretiert werden kann.

d) Zeigen Sie, dass die Terme f(x) und t(x) äquivalent sind.

e) Beschreiben Sie, wie man mithilfe der Abbildung für eine Fahrt mit einer Gesamtfahrtzeit zwischen zwei und vierzehn Stunden die zugehörige Eigengeschwindigkeit des Boots näherungsweise ermitteln kann. Berechnen Sie auf der Grundlage des Modells die Eigengeschwindigkeit des Boots für eine Fahrt mit einer Gesamtfahrtzeit von vier Stunden.

Lösung Analysis 2014

B1

1 $f(x) = 2 - \sqrt{12 - 2x}$, $D_f =]-\infty; 6]$

a) Berechnen Sie die Koordinaten der Schnittpunkte von G_f mit den Koordinatenachsen.

> **Schnittpunkt mit der y-Achse:** $S_y(0 \mid y_s)$
> Zur Bestimmung des Schnittpunkts des Graphen einer Funktion mit der y-Achse wird $x = 0$ in die Funktionsgleichung eingesetzt.

$f(0) = 2 - \sqrt{12 - 2 \cdot 0} = 2 - \sqrt{12}$ $\Rightarrow S_y(0 \mid 2 - \sqrt{12})$

> **Schnittpunkte mit der x-Achse:** $S_x(x_s \mid 0)$
> Zur Bestimmung der Schnittpunkte des Graphen einer Funktion mit der x-Achse wird $f(x) = 0$ gesetzt und nach x aufgelöst.

$$\begin{aligned}
f(x) = 0 &\Rightarrow 0 = 2 - \sqrt{12 - 2x} & \mid -2 \\
&\Rightarrow -2 = -\sqrt{12 - 2x} & \mid \cdot (-1) \\
&\Rightarrow 2 = \sqrt{12 - 2x} & \mid (\ldots)^2 \\
&\Rightarrow 4 = 12 - 2x & \mid -12 \\
&\Rightarrow -8 = -2x & \mid : (-2) \\
&\Rightarrow x = 4 \Rightarrow S_x(4 \mid 0)
\end{aligned}$$

Bestimmen Sie das Verhalten von f für $x \to -\infty$ und geben Sie $f(6)$ an.

Grenzwert bestimmen: $\quad"\sqrt{\infty}" = "\infty"$

Es gilt: $\lim_{x \to -\infty}(12 - 2x) = +\infty$ und somit: $\lim_{x \to -\infty}\sqrt{12 - 2x} = \infty$

Für die Funktion f gilt damit: $\lim_{x \to -\infty} f(x) = \lim_{x \to -\infty}(2 - \sqrt{12 - 2x}) = -\infty$

Funktionswert $f(6)$ berechnen:
$f(6) = 2 - \sqrt{12 - 2 \cdot 6} = 2$

b) Bestimmen Sie den Term der Ableitungsfunktion f′ von f.

Möglichkeit 1:
$f(x) = 2 - \sqrt{12 - 2 \cdot x}$

> Ableitung der Wurzelfunktion: $\left[\sqrt{v(x)}\right]' = \dfrac{v'(x)}{2\sqrt{v(x)}}$

$f(x) = 2 - \sqrt{12 - 2 \cdot x}$

$f'(x) = 0 - \frac{-2}{2\sqrt{12-2x}} = \frac{2}{2\sqrt{12-2x}} = \frac{1}{\sqrt{12-2x}}$

Möglichkeit 2:

$f(x) = 2 - \sqrt{12 - 2 \cdot x}$
$\quad\quad = 2 - (12 - 2x)^{\frac{1}{2}}$

$\boxed{\sqrt{x} = x^{\frac{1}{2}}}$

Kettenregel
$u(v(x))' = u'(v(x)) \cdot v'(x)$

$f'(x) = 0 - \frac{1}{2}(12 - 2x)^{-\frac{1}{2}} \cdot (-2)$

$f'(x) = (12 - 2x)^{-\frac{1}{2}} = \frac{1}{\sqrt{12-2x}}$

Geben Sie die maximale Definitionsmenge von f' an.

Definitionsmenge

$\underset{\neq 0}{\frac{Z}{N}}$, $\underset{\geq 0}{\sqrt{...}}$, $\underset{>0}{\ln(...)}$

$\quad\quad 12 - 2x > 0 \quad\quad | + 2x$
$\Rightarrow 12 > 2x \quad\quad\quad\quad | : 2$
$\Rightarrow 6 > x \quad\quad\quad\quad\quad$ also $x < 6 \quad\quad \Rightarrow D_{f'} = \,]-\infty; 6\,[$

Bestimmen Sie $\lim\limits_{x \to 6} f'(x)$ und beschreiben Sie, welche Eigenschaft von G_f aus diesem Ergebnis folgt.

Grenzwertbestimmung $\lim\limits_{x \to 6} f'(x)$

$\lim\limits_{x \to 6} f'(x) = \lim\limits_{x \to 6} \frac{1}{\sqrt{12-2x}} = „\frac{1}{0}“ = „\infty“$

Schlussfolgerung aus diesem Grenzwert:
Es gilt: $\lim\limits_{x \to 6} f'(x) = \infty$
Das bedeutet: Wenn x gegen 6 geht, geht die Steigung des Graphen gegen unendlich. Bei x=6 liegt an dem Graphen eine senkrechte Tangente an.

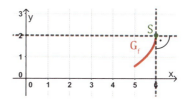

c) Geben Sie das Monotonieverhalten von G_f und die Wertemenge von f an.

Monotonie
1. $f'(x)$ berechnen
2. Gilt bei x_0

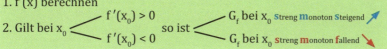

Vorzeichen der ersten Ableitung untersuchen:
$f'(x) = \underbrace{\frac{1}{\sqrt{12-2x}}}_{>0} > 0 \quad$ für alle $x \in D_f$

$\Rightarrow G_f$ ist streng monoton steigend.

Wertemenge von f bestimmen:
Aus Teilaufgabe 1a ist bekannt: $D_f =]-\infty; 6]$; $\lim\limits_{x \to -\infty} f(x) = -\infty$; $f(6) = 2$
Da G_f für alle $x \in D_f$ streng monoton steigend ist, folgt: $W_f =]-\infty; 2]$.

d) Geben Sie f(− 2) an und zeichnen Sie G_f unter Berücksichtigung der bisherigen Ergebnisse in ein Koordinatensystem ein.

$f(-2) = 2 - \sqrt{12 - 2 \cdot (-2)} = 2 - \sqrt{16} = 2 - 4 = -2$

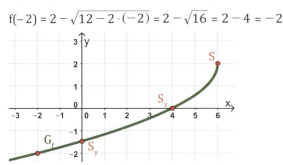

e) Geben Sie die Definitionsmenge der Umkehrfunktion f^{-1} von f an und zeigen Sie, dass $f^{-1}(x) = -\frac{1}{2}x^2 + 2x + 4$ gilt.

D und W von f^{-1} ermitteln	**Bestimmung von f^{-1}:** $\quad f(x) = y$
f $\quad\quad\quad$ f^{-1} $D_f \searrow\!\!\!\nearrow D_{f^{-1}}$ $W_f \nearrow\!\!\!\searrow W_{f^{-1}}$	1) x und y vertauschen. 2) Nach y auflösen. 3) Setze $y = f^{-1}(x)$

Definitionsmenge: $\quad W_f =]-\infty; 2] \quad \Rightarrow D_{f^{-1}} =]-\infty; 2]$

Umkehrfunktion: $\quad$ f: $\quad y = 2 - \sqrt{12 - 2x}$

$$\begin{aligned}
f^{-1}: \quad x &= 2 - \sqrt{12 - 2y} & &|-2 \\
x - 2 &= -\sqrt{12 - 2y} & &| (\ldots)^2 \\
(x-2)^2 &= 12 - 2y & &|-12 \quad \text{2. Bin. Formel}\\
(x-2)^2 - 12 &= -2y & &| (a-b)^2 = a^2 - 2ab + b^2 \\
x^2 - 4x + 4 - 12 &= 2y & &|:(-2) \\
y &= -\tfrac{1}{2}x^2 + 2x + 4 \\
f^{-1}(x) &= -\tfrac{1}{2}x^2 + 2x + 4
\end{aligned}$$

2 $h(x) = -\frac{1}{2}x^2 + 2x + 4$

a) Berechnen Sie die Koordinaten der Schnittpunkte von G_h mit der durch die Gleichung $y = x$ gegebenen Winkelhalbierenden w.

Schnittpunkt der Beiden Funktionen $h(x) = -\frac{1}{2}x^2 + 2x + 4$ und $y = x$

> **Schnittpunkte zweier Funktionen f und g**
> 1) $f(x) = g(x)$
> 2) $f(x) - g(x) = 0$
> 3) Mögliche x-Werte ($x_1, x_2, \dots$) berechnen.
> 4) Zugehörige y-Werte mit $y_1 = f(x_1)$ oder $y_1 = g(x_1)$ berechnen.
> 5) $S_1(x_1 | y_1), S_2(x_2 | y_2), \dots$

1) $h(x) = x$
$-\frac{1}{2}x^2 + 2x + 4 = x \qquad | -x$

2) $-\frac{1}{2}x^2 + x + 4 = 0$

3) $x_{1/2} = \frac{-1 \pm \sqrt{1^2 - 4 \cdot (-\frac{1}{2}) \cdot 4}}{2(-\frac{1}{2})} = \frac{-1 \pm 3}{-1}$

$\Rightarrow x_1 = -2; \; x_2 = 4$

> **Mitternachtsformel**
> $ax^2 + bx + c = 0$
> $x_{1/2} = \frac{-b \pm \sqrt{b^2 - 4ac}}{2a}$

4) $h(x_1) = h(-2) = -\frac{1}{2} \cdot (-2)^2 + 2 \cdot (-2) + 4 = -2$
$h(x_2) = h(4) = -\frac{1}{2} \cdot (4)^2 + 2 \cdot (-4) + 4 = 4$

> **Anmerkung**
> Da y=x, kann man hier Punkt 4 weglassen

5) $S_1(-2 | -2)$ und $S_2(4 | 4)$

b) Zeichnen Sie die Parabel G_h – unter Berücksichtigung des Scheitels – im Bereich $-2 \leq x \leq 4$ in Ihre Zeichnung aus Aufgabe 1 d ein. Spiegelt man diesen Teil von G_h an der Winkelhalbierenden w, so entsteht eine herzförmige Figur; ergänzen Sie Ihre Zeichnung dementsprechend.

> Die Parabel soll unter Berücksichtigung des Scheitels gezeichnet werden, deshalb müssen dessen Koordinaten bestimmt werden.

1. Möglichkeit: Wertetabelle mit dem Taschenrechner.

x	-2	-1,5	-1	-0,5	0	0,5	1	1,5	2	2,5	3	3,5	4
f(x)	-2	-0,125	1,5	2,875	4	4,875	5,5	5,875	6	5,875	5,5	4,875	4

Aufgrund der Symmetrie sieht man, dass diese Parabel ihren Scheitel bei $S(2 | 6)$ haben muss.

Analysis 2014 - Lösung B1

2. Möglichkeit: Formel zur Scheitelbestimmung

Formel zur Scheitelbestimmung
$$f(x) = ax^2 + bx + c \quad \Rightarrow \quad x_s = \frac{-b}{2a}; \quad y_s = f(x_s)$$

$f(x) = \underbrace{-\tfrac{1}{2}}_{a} x^2 + \underbrace{2}_{b} x + \underbrace{4}_{c} \quad \Rightarrow \quad x_s = \frac{-2}{-1} = 2$
$ y_s = -\tfrac{1}{2} \cdot 2^2 + 2 \cdot 2 + 4 = 6$
$ \Rightarrow S(2 \mid 6)$

Scheitelform: $h(x) = -\tfrac{1}{2}(x-2)^2 + 6$

Anmerkung
Der Scheitel hätte auch mit Hilfe der quadratischen Ergänzung oder der Ableitung bestimmt werden können. Aufgrund des hohen Rechenaufwandes sind diese beiden Vorgehensweisen hier nicht zu empfehlen.

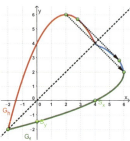

3 Eine Längeneinheit im Koordinatensystem entspricht in der Wirklichkeit 1 cm.

a) Berechnen Sie den Inhalt des von G_h und der Winkelhalbierenden w eingeschlossenen Flächenstücks. Bestimmen Sie unter Verwendung dieses Werts den Flächeninhalt des Blatts auf der Grundlage des Modells.

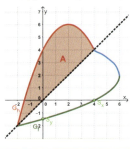

Fläche zwischen zwei Funktionsgraphen
$$A = \int_a^b |f(x) - g(x)| \, dx$$
Bei „oberer Graph" minus „unterer Graph" sind keine Betragsstriche erforderlich.

$A = \int_{-2}^{4} [h(x) - x] \, dx$

HDI $\int_a^b f(x) \, dx = [F(x)]_a^b = F(b) - F(a)$

$= \int_{-2}^{4} (-\tfrac{1}{2}x^2 + 2x + 4 - x) \, dx$

$\int x^r \, dx = \frac{x^{r+1}}{r+1} + c$

$= \int_{-2}^{4} (-\tfrac{1}{2}x^2 + x + 4) \, dx \stackrel{\text{HDI}}{=} \left[-\tfrac{1}{6}x^3 + \tfrac{1}{2}x^2 + 4x\right]_{-2}^{4}$

$\stackrel{\text{HDI}}{=} (-\tfrac{1}{6} \cdot 4^3 + \tfrac{1}{2} \cdot 4^2 + 4 \cdot 4) - (-\tfrac{1}{6}(-2)^3 + \tfrac{1}{2}(-2)^2 + 4 \cdot (-2))$

$= \tfrac{40}{3} - (-\tfrac{14}{3}) = 18$

⇒ Der Flächeninhalt des Blattes ist doppelt so groß wie A.
⇒ Flächeninhalt Blatt = (2 · 18)cm² = 36 cm²

b) Ermitteln Sie die Gleichung der Tangente an G_h im Punkt $(-2 \mid h(-2))$.

Möglichkeit 1:
1) $y = mx + t$
2) $h'(x) = -\frac{1}{2} \cdot 2x + 2 = -x + 2$
3) $m_t = h'(-2) = -(-2) + 2 = 4$
4) $h(-2) = -\frac{1}{2} \cdot (-2)^2 + 2 \cdot (-2) + 4 = -2 \quad \Rightarrow P(-2 \mid -2)$
5) $-2 = 4 \cdot (-2) + t \quad \Rightarrow \quad -2 = -8 + t \quad \mid +8$
   $\Rightarrow \quad t = 6$
6) $y = 4x + 6$

Möglichkeit 2:

> **Formel zur Bestimmung der Tangentengleichung**
> $y_t(x) = h'(x_p)(x - x_p) + h(x_p)$

Also: $y_t(x) = h'(-2) \cdot (x - (-2)) + h(-2) = (-(-2) + 2) \cdot (x + 2) + (-2)$
$= 4 \cdot (x + 2) - 2 = 4x + 8 - 2 = 4x + 6$

Berechnen Sie den Wert, den das Modell für die Größe des Winkels liefert, den die Blattränder an der Blattspitze einschließen.

Möglichkeit 1:

$\tan \alpha = f'(x_0)$
$\alpha = \tan^{-1}(f'(x_0))$

1. α Winkel zwischen oberer Blattkante und Parallele zur x-Achse bei $x = -2$.
   Obere Funktion - Parabel: $h(x) = -\frac{1}{2}x^2 + 2x + 4$
   Winkel an der Blattspitze $P(-2 \mid -2)$:
   $h'(-2) = 4$ (wurde bereits berechnet)
   $\alpha = \tan^{-1}(4) \approx 75{,}96°$

2. β Winkel zwischen unterer Blattkante und x-Achse bei $x = -2$.
   Untere Funktion - Wurzelfunktion: $2 - \sqrt{12 - 2 \cdot x}$
   $f'(-2) = \frac{1}{\sqrt{12 - 2 \cdot (-2)}} = \frac{1}{\sqrt{16}} = \frac{1}{4}$
   $\beta = \tan^{-1}\left(\frac{1}{4}\right) \approx 14{,}03°$

3. Winkel an der Blattspitze:
   $\gamma = \alpha - \beta = 75{,}96° - 14{,}03° = 61{,}93°$

Möglichkeit 2: Über die Winkelsumme im Dreieck lässt sich der Winkel in der Blattspitze ebenfalls ermitteln.

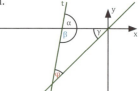

Zunächst wird das Dreieck betrachtet, welches vom Koordinatenursprung, der Blattspitze und dem Schnittpunkt der Tangente mit der x-Achse gebildet wird.

Zuerst wird der Neigungswinkel α von t gegen die x-Achse berechnet:

$$\boxed{\begin{array}{l}\tan \alpha = f'(x_0) \\ \alpha = \tan^{-1}(f'(x_0))\end{array}}$$
$\Rightarrow \tan \alpha = h'(-2) = 4$
$\Rightarrow \alpha = \tan^{-1}(4)$
$\Rightarrow \beta = 180° - \tan^{-1}(4)$

Für den Winkel am Ursprung gilt (y = x): γ = 45°

Aus der Innenwinkelsumme im Dreieck ergibt sich nun:
$\varphi = 180° - (45° + 180° - \tan^{-1}(4)) \approx 30{,}964°$.

> **Umkehrfunktion**
> Der Graph der Umkehrfunktion f^{-1} entsteht durch Spiegelung an der Winkelhalbierenden w mit der Gleichung y = x.

⇒ Somit beträgt der Winkel an der Blattspitze $2 \cdot \varphi \approx 61{,}93°$

Möglichkeit 3: Über die Richtungsvektoren der Tangente und der Winkelhalbierenden lässt sich φ ebenfalls berechnen.

Richtungsvektor der Tangente: $\begin{pmatrix}1\\4\end{pmatrix}$

Richtungsvektor der Winkelhalbierenden: $\begin{pmatrix}1\\1\end{pmatrix}$

Also hier: $\cos \varphi = \dfrac{\begin{pmatrix}1\\4\end{pmatrix} \circ \begin{pmatrix}1\\1\end{pmatrix}}{\left|\begin{pmatrix}1\\4\end{pmatrix}\right| \cdot \left|\begin{pmatrix}1\\1\end{pmatrix}\right|} = \dfrac{1 \cdot 1 + 4 \cdot 1}{\sqrt{1^2+4^2} \cdot \sqrt{1^2+1^2}} = \dfrac{5}{\sqrt{17} \cdot \sqrt{2}}$

$\varphi = \cos^{-1}\left(\dfrac{5}{\sqrt{34}}\right) \approx 30{,}964°$

⇒ Somit beträgt der Winkel an der Blattspitze $2 \cdot \varphi \approx 61{,}93°$

c) Für die Funktion k werden die folgenden Bedingungen gewählt (k' und h' sind die Ableitungsfunktionen von k bzw. h):

I	$k(0) = h(0)$
II	$k'(0) = h'(0)$
III	$k(-2) = h(-2)$
IV	$k'(-2) = 1{,}5$

Begründen Sie im Sachzusammenhang, dass die Wahl der Bedingungen I, II und III sinnvoll ist.

Zu I: $k(0) = h(0)$ bedeutet, dass G_k und G_h denselben Funkktionswert an der Stelle $x = 0$ annehmen. Bedingung I garantiert also einen lückenlosen Übergang der Graphen G_k und G_h. Da G_h den oberen Blattrand im Punkt $(0 \mid h(0))$ sehr genau beschreibt, ist diese Bedingung sinnvoll.

Zu II: G_h des ursprünglichen Modells besitzt im Punkt $(0 \mid h(0))$ die Steigung $h'(0)$. Damit der Graph G_k des genaueren Modells bei $x = 0$ ohne Knick an G_h anschließen kann, muss G_k bei $x = 0$ ebenfalls die Steigung $h'(0)$ besitzen. Bedingung II ist demnach sinnvoll gewählt.

Zu III: G_h beschreibt auch die Blattspitze im Punkt $(-2 \mid h(-2))$ sehr genau. Bedingung III ist demnach aus dem gleichen Grund sinnvoll, wie Bedingung I, da sie garantiert, dass G_k bei $x = -2$ lückenlos an das Spiegelbild von G_h anschließt, sodass das genauere Modell die Blattspitze abbilden kann.

Anmerkung:
Die ersten beiden Bedingungen stellen sicher, dass die Funktion k bei $x = 0$ <u>stetig</u> und <u>differenzierbar</u> an die Funkiton h angeschlossen wird.

Machen Sie plausibel, dass die Bedingung IV dazu führt, dass die Form des Blatts in der Nähe der Blattspitze im Vergleich zum ursprünglichen Modell genauer dargestellt wird.

Im ursprünglichen Modell wird der Übergang von der Blattspitze zum oberen Blattrand mit der Steigung 4 angenähert (vgl. Teilaufgabe 3b - Tangente an G_h im Punkt $(-2 \mid h(-2))$.
Aus der Grafik wird jedoch ersichtlich, dass sich die Beschreibung des oberen Blattrandes in der Nähe der Blattspitze an der Steigung 1 der Winkelhalbierenden orientieren sollte.

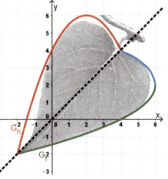

Die Bedingung $k'(-2) = 1{,}5$ für einen flacheren Verlauf von G_k an der Stelle $x = -2$ stellt deshalb die Form des Blattes an der Blattspitze im Vergleich zum ursprünglichen Modell genauer dar.

Lösungen Analysis 2014

B2

1 Gegeben ist die gebrochenrationale Funktion $f(x) = \frac{20x}{x^2 - 25}$.

a) Zeigen Sie, dass $D_f = \mathbb{R} \setminus \{-5; 5\}$ gilt und dass G_f symmetrisch bezüglich des Koordinatenursprungs ist. Geben Sie die Nullstelle von f sowie die Gleichungen der drei Asymptoten von G_f an.

Definitionsmenge

$\underbrace{\frac{Z}{N}}_{\neq 0}$, $\underbrace{\sqrt{\ldots}}_{\geq 0}$, $\underbrace{\ln(\ldots)}_{>0}$

$D_f = \mathbb{R} \setminus \{\text{Nullstellen vom Nenner (Nenner = 0)}\}$
$x^2 - 25 = 0 \quad |+25$
$x^2 = 25 \quad |\sqrt{\ldots}$
$x = \pm 5 \qquad\qquad\qquad \Rightarrow D_f = \mathbb{R} \setminus \{-5; 5\}$

Symmetrie

- Achsensymmetrie zur y-Achse (Spiegelung an der y-Achse):
  Man zeigt rechnerisch: $f(x) = f(-x)$
- Punktsymmetrie zum Ursprung (Spiegelung am Urprung):
  Man zeigt rechnerisch: $f(-x) = -f(x)$

$f(-x) = \frac{20 \cdot (-x)}{(-x)^2 - 25} = \frac{-20x}{x^2 - 25} = -\frac{20x}{x^2 - 25} = -f(x)$

Also ist G_f punktsymmetrisch zum Koordinatenursprung.

Ansatz zur Nullstellenberechnung: $\qquad f(x) = 0$

$f(x) = 0 \qquad\qquad 0 = \frac{20x}{x^2 - 25}$

 Ein Bruch ergibt immer genau dann 0, wenn nur der Zähler 0 wird und das Ergebnis im Definitionsbereich liegt.

$20x = 0 \qquad\qquad \Rightarrow x_N = 0$

Gleichungen der 3 Asymptoten: $f(x) = \frac{20x}{x^2 - 25} = \frac{20x}{(x-5) \cdot (x+5)}$

$y = -5 \qquad$ (senkrechte Asymptote mit VZW)
$y = 5 \qquad$ (senkrechte Asymptote ohne VZW)
$y = 0 \qquad$ (waagrechte Asymptote)

Anmerkung
- Die beiden senkrechten Asymptoten erkennt man daran, dass ±5 Nullstellen des Nenners, nicht aber des Zählers sind.
- Die waagrechte Asymptote (y = 0) erkennt man daran, dass ZG = 1 > NG = 2 gilt.

b) Weisen Sie nach, dass die Steigung von G_f in jedem Punkt des Graphen negativ ist. Berechnen Sie die Größe des Winkels, unter dem G_f die x-Achse schneidet.

Die Steigung von G_f entspricht den Werten der ersten Ableitung.

Erste Ableitung f′ bilden:

Quotientenregel:
$$f(x) = \frac{u(x)}{v(x)} \Rightarrow f'(x) = \frac{u'(x) \cdot v(x) - u(x) \cdot v'(x)}{[v(x)]^2}$$

Hier: $u(x) = 20x \Rightarrow u'(x) = 20$
$v(x) = x^2 - 25 \Rightarrow v'(x) = 2x$

$$f'(x) = \frac{20 \cdot (x^2 - 25) - 20x \cdot 2x}{[x^2 - 25]^2} = \frac{20x^2 - 500 - 40x^2}{[x^2 - 25]^2}$$

$$f'(x) = \frac{-20x^2 - 500}{[x^2 - 25]^2} = \text{"}\frac{<0}{>0}\text{"} < 0$$

(mit $-20x^2 < 0$, $-500 < 0$, $[x^2 - 25]^2 > 0$)

Berechnung der Größe des Winkels unter dem G_f die x-Achse schneidet:

$\tan \alpha = f'(x_0)$
$\alpha = \tan^{-1}(f'(x_0))$

Hier ist $x_0 = 0$ (da G_f die x-Achse bei $x = 0$ schneidet)

$\Rightarrow f'(0) = \frac{-20 \cdot 0^2 - 500}{(0^2 - 25)^2} = -\frac{500}{625} = -\frac{4}{5}$

⚠ TR auf DEG stellen!

$\Rightarrow \tan \alpha = -\frac{4}{5}$
$\Rightarrow \tan^{-1}\left(-\frac{4}{5}\right) \approx -38{,}66°$

Das heißt, G_f schneidet die x-Achse unter einem negativen Winkel von 38,66°, da die Tangente fällt.

c) Skizzieren Sie in der Abbildung den darin fehlenden Teil von G_f.

Erklärung der Zeichnung

Bisher ist über G_f folgendes bekannt:
- Nullstelle $x_N = 0$
- G_f ist punktsymmetrisch bezüglich des Koordinatenursprungs.
- Die x-Achse ist waagrechte Asymptote.
- Bei $x = -5$ und $x = +5$ befinden sich zwei senkrechte Asymptoten.
- G_f schneidet die x-Achse unter dem Winkel $\alpha = 38{,}66°$.

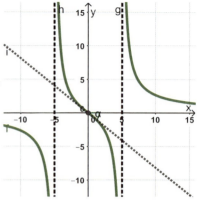

Anmerkung - geschicktes Vorgehen bei der Zeichnung

Aufgrund der Punktsymmetrie lässt sich zunächst der für $x > 5$ bereits vorgegebene Teil von G_f am Koordinatenursprung spiegeln. Im Anschluss daran sollte man die beiden senkrechten Asymptoten einzeichnen.
G_f muss für $-5 < x < 5$ von $+\infty$ nach $-\infty$ verlaufen, da G_f streng monoton fällt. Dabei ist zu beachten, dass G_f im Nullpunkt die x-Achse unter einem Winkel von ca. 39° schneidet.

d) Begründen Sie, dass die Funktion f nicht umkehrbar ist, die Funktion f* dagegen schon. Zeichnen Sie den Graphen der Umkehrfunktion von f* in die Abbildung ein.

Die Funktion f ist in D_f nicht umkehrbar, da es - mit Ausnahme von $y = 0$ zu jedem $y \in W_f$ zwei $x \in D_f$ gibt. Spiegelt man G_f an der Winkelhalbierenden w (y = x), so lässt sich das Spiegelbild G_f^{-1} nicht mit einer Funktion beschreiben, da nicht jedem $x \in D_f$ jeweils eindeutig ein $y \in W_f$ zugeordnet werden kann.

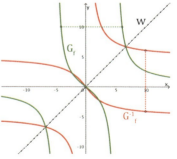

Die Funktion f* mit dem eingeschränkten Definitionsbereich $D_{f^*} = \,]5; +\infty[$ ist umkehrbar, da es zu jedem $y \in W_{f^*}$ jeweils genau ein $x \in D_{f^*}$ gibt.

Zeichnen der Umkehrfunktion von f*

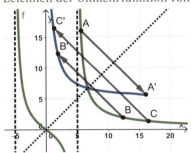

Umkehrfunktion
Der Graph der Umkehrfunktion f^{-1} entsteht durch Spiegelung an der Winkelhalbierenden ($y = x$).

⚠️ Die konkrete Berechnung von f^{*-1} ist nicht nötig.

e) Bestimmen Sie A(s).

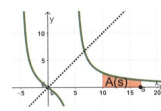

Die Fläche, die G_f mit der x-Achse und den Geraden x = 10, sowie x = s einschließt, ist gegeben durch das bestimmte Integral:

$$A(s) = \int_{10}^{s} f(x)\,dx$$

Anmerkung: Da s > 10, bildet s die obere Grenze des Integrals.

$A(s) = \int_{10}^{s} \frac{20x}{x^2-25}\,dx =$

$\overset{①}{=} 10 \cdot \int_{10}^{s} \frac{2x}{x^2-25}\,dx =$

$\overset{②}{\underset{③}{=}} 10 \cdot \left[\ln(x^2-25)\right]_{10}^{s} =$

$= 10 \cdot (\ln|s^2-25| - \ln|10^2-25|) =$

$= 10 \cdot (\ln|s^2-25| - \ln(75)) =$

$\overset{④}{=} 10 \cdot \ln\frac{s^2-25}{75}$

① $\int_a^b c \cdot f(x)\,dx = c \cdot \int_a^b f(x)\,dx$

② $\int_a^b \frac{f'(x)}{f(x)}\,dx = \left[\ln|f(x)|\right]_a^b$

③ **HDI**
$\int_a^b f(x)\,dx = \left[F(x)\right]_a^b = F(b) - F(a)$

④ **2. Ln-Gesetz**
$\ln a - \ln b = \ln\left(\frac{a}{b}\right)$

Anmerkung
$s > 10 \Rightarrow s^2 - 25 > 0 \Rightarrow$ Die Betragsstriche können weggelassen werden.

f) Ermitteln Sie s so, dass das Flächenstück den Inhalt 100 besitzt.₁

$A(s) \overset{!}{=} 100$ und $A(s) = 10 \cdot \ln\frac{s^2-25}{75}$

Also:
$$10 \cdot \ln \frac{s^2-25}{75} = 100 \quad |:10$$
$$\ln \frac{s^2-25}{75} = 10 \quad | e^{(\ldots)}$$
$$\frac{s^2-25}{75} = e^{10} \quad | \cdot 75$$
$$s^2 - 25 = e^{10} \cdot 75 \quad | +25$$
$$s^2 = e^{10} \cdot 75 + 25 \quad |\sqrt{\ldots}$$
$$s = \pm \sqrt{e^{10} \cdot 75 + 25} \approx \pm 1285,31$$

Die negative Lösung kann ausgeschlossen werden, da $s > 10$ nach Voraussetzung gelten muss.

g) Bestimmen Sie das Verhalten von A(s) für $s \to +\infty$.

$$\lim_{s \to \infty} A(s) = \lim_{s \to \infty} 10 \cdot \ln \underbrace{\frac{\overbrace{s^2-25}^{\to \infty}}{75}}_{\to \infty} = +\infty$$
(vgl. Skizze)

$f(x) = \ln x$

Anmerkung:
Das heißt, dass das Flächenstück keinen endlichen Flächeninhalt besitzt.

2 $t(x) = \frac{10}{x+5} + \frac{10}{x-5}$

a) Bestimmen Sie auf der Grundlage des Modells für eine Fahrt mit einer Eigengeschwindigkeit von $10 \frac{km}{h}$ und für eine Fahrt mit einer Eigengeschwindigkeit von $20 \frac{km}{h}$ jeweils die Gesamtfahrtzeit in Minuten.

$x_1 = 10, x_2 = 20$ \quad Die Funktion t(x) gibt die Gesamtfahrtzeit in Abhängigkeit von der Eigengeschwindigkeit in Stunden an.

$\Rightarrow t(10) = \frac{10}{10+5} + \frac{10}{10-5} = \frac{8}{3}$

Die $\frac{8}{3}$ Stunden werden nun in Minuten umgerechnet:
$\frac{8}{3}$ h = $\frac{8}{3} \cdot 60$ min = 160 min
$\Rightarrow$ bei einer Eigengeschwindigkeit von $10 \frac{km}{h}$ beträgt die Gesamtfahrtzeit 160 min.
$\Rightarrow t(20) = \frac{10}{20+5} + \frac{10}{20-5} = \frac{16}{15}$

Umrechnung in Minuten: $\frac{16}{15}$ h = $\frac{16}{15} \cdot 60$ min = 64 min
$\Rightarrow$ bei einer Eigengeschwindigkeit von $20 \frac{km}{h}$ beträgt die Gesamtfahrtzeit 64 min.

b) Begründen Sie, dass der erste Summand des Terms t(x) die für die Hinfahrt, der zweite Summand die für die Rückfahrt erforderliche Zeit in Stunden angibt.
Für eine Bewegung mit konstanter Geschwindigkeit gilt: $v = \frac{s}{t} \Rightarrow t = \frac{s}{v}$

Die Strecken für Hin- und Rückfahrt sind beide 10 km lang. Für die Gesamtfahrzeit gilt: $t_{ges} = t_{hin} + t_{rück} = \frac{10}{v_{hin}} + \frac{10}{v_{rück}}$

Bei der Hinfahrt fährt das Boot 10 km mit der Strömung flussabwärts.
⇒ Die Geschwindigkeit des Bootes setzt sich zusammen aus der Eigengeschwindigkeit x zuzüglich der Geschwindigkeit des Flusses von $5\,\frac{km}{h}$.
⇒ $v_{hin} = x + 5$

Bei der Rückfahrt hingegen fährt das Boot 10 km gegen die Strömung flussaufwärts. Nun setzt sich die Geschwindigkeit des Bootes zusammen aus der Eigengeschwindigkeit x abzüglich der Strömungsgeschwindigkeit des Flusses von $5\,\frac{km}{h}$.
⇒ $v_{rück} = x - 5$

c) Begründen Sie im Sachzusammenhang, dass t(x) für 0 < x < 5 nicht als Gesamtfahrtzeit interpretiert werden kann.

Der Fluss fließt mit konstanter Geschwindigkeit von $5\,\frac{km}{h}$. Das Intervall 0 < x < 5 bedeutet, dass das Boot auf der Rückfahrt nicht gegen die Strömung des Flusses ankommt (da x die Eigengeschwindigkeit des Bootes angibt und der Fluss eine Strömungsgeschwindigkeit von $5\,\frac{km}{h}$ besitzt). Das Boot wird abgetrieben und erreicht den Ausgangspunkt nicht mehr.
⇒ Der Term t(x) für 0 < x < 5 kann nicht als Gesamtfahrtzeit interpretiert werden.

d) Zeigen Sie, dass die Terme f(x) und t(x) äquivalent sind.

$f(x) = \frac{20x}{x^2 - 25}$, $t(x) = \frac{10}{x+5} + \frac{10}{x-5}$ $\boxed{\text{3. binomische Formel} \\ (a+b)(a-b) = a^2 - b^2}$

$t(x) = \frac{10 \cdot (x-5) + 10 \cdot (x+5)}{(x+5) \cdot (x-5)} \underset{\text{3. bin. Formel}}{=} \frac{10x - 50 + 10x + 50}{x^2 - 25} = \frac{20x}{x^2 - 25} = f(x)$

e) Beschreiben Sie, wie man mithilfe der Abbildung für eine Fahrt mit einer Gesamtfahrtzeit zwischen zwei und vierzehn Stunden die zugehörige Eigengeschwindigkeit des Boots näherungsweise ermitteln kann.

Graphische Ermittlung der Eigengeschwindigkeit für 2 < t(x) < 14

Aus Teilaufgabe 2d ist bekannt, dass f(x) = t(x). Es kann also der gegebene Graph der Funktion f herangezogen werden.
Dabei gibt die y-Koordinate eines Graphenpunktes von G_f die Gesamtfahrtzeit in Stunden an, und die x-Koordinate die Eigengeschwindigkeit des Bootes in $\frac{km}{h}$.

Aus nebenstehender Grafik ist für eine Gesamtfahrtzeit von 4 Stunden beispielsweise eine Eigengeschwindigkeit des Bootes von 8 $\frac{km}{h}$ abzulesen.

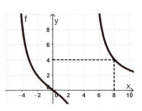

Berechnen Sie auf der Grundlage des Modells die Eigengeschwindigkeit des Boots für eine Fahrt mit einer Gesamtfahrtzeit von vier Stunden.

Es gilt: $\quad t(x) = f(x)$
Aus $\quad t(x) = 4 \Rightarrow f(x) = 4$

$$\frac{20x}{x^2-25} = 4 \qquad |\cdot(x^2-25)$$

$$20x = 4(x^2 - 25)$$
$$20x = 4x^2 - 100 \;|-20x$$
(*) $\quad 4x^2 - 20x - 100 = 0$

Mitternachtsformel
$$x_{1,2} = \frac{-b \pm \sqrt{b^2 - 4ac}}{2a}$$
mit a = 4, b = − 20, c = 100

$$x_{1,2} = \frac{20 \pm \sqrt{20^2 - 4\cdot 4\cdot(-100)}}{2\cdot 4} = \frac{20 \pm 20\sqrt{5}}{8} = \frac{5 \pm 5\sqrt{5}}{2}$$

Da x > 5 sein muss (vgl. Teilaufgabe 2a) ist die Lösung $x = \frac{5-5\sqrt{5}}{2}$ ausgeschlossen.

Also: $x = \frac{5+5\sqrt{5}}{2} \approx 8{,}09$

Anmerkung

An der Stelle (*) hätte man die Gleichung durch 4 teilen können und hätte im Anschluss bei der Mitternachtsformel kleinere Zahlen gehabt.

Anerkannte Bildungseinrichtung

ERFOLGREICH durch die Abiturprüfung!

**SICHERE DIR JETZT
DEIN TICKET ZUM ERFOLG!**

MAßGESCHNEIDERTE Kurse
für dein Leistungsniveau

www.deinabitur.de

Stochastik 2014 - Aufgabengruppe B1

Im Rahmen der sogenannten JIM-Studie wurde in Deutschland im Jahr 2012 der Umgang von Jugendlichen im Alter von 12 bis 19 Jahren mit Information und Medien untersucht. In der folgenden Tabelle werden ausgewählte Ergebnisse dieser Studie anhand einer repräsentativen Auswahl von 200 Jugendlichen wiedergegeben, von denen 102 Jungen sind. Dabei werden für vier Geräteklassen jeweils die Anzahl der Mädchen und die Anzahl der Jungen unter den 200 ausgewählten Jugendlichen angegeben, die ein entsprechendes Gerät besitzen.

	Mädchen	Jungen
Smartphone	42	52
Computer	77	87
Fernsehgerät	54	65
feste Spielekonsole	37	62

1 a) Bestimmen Sie die Wahrscheinlichkeit dafür, dass eine aus den 200 Jugendlichen zufällig ausgewählte Person weiblich ist und kein Fernsehgerät besitzt.

b) Aus den 200 Jugendlichen wird eine Person zufällig ausgewählt, die ein Fernsehgerät besitzt. Ermitteln Sie die Wahrscheinlichkeit dafür, dass diese Person weiblich ist.

c) Begründen Sie, dass die Ereignisse „Eine aus den 200 Jugendlichen zufällig ausgewählte Person besitzt ein Fernsehgerät." und „eine aus den 200 Jugendlichen zufällig ausgewählte Person ist ein Mädchen." abhängig sind.

d) Der Studie zufolge besitzen 55 % der Mädchen im Alter von 12 bis 19 Jahren ein Fernsehgerät.
Geben Sie den Wert der Summe $\sum_{i=0}^{12} B(25; 0{,}55; i)$ in Prozent an. Begründen Sie, dass dieser Wert im Allgemeinen nicht die Wahrscheinlichkeit dafür angibt, dass von den 25 Schülerinnen einer Klasse der Jahrgangsstufe 9 weniger als die Hälfte ein Fernsehgerät besitzt.

2 Der JIM-Studie zufolge besitzen deutlich weniger als 90 % der Jugendlichen einen Computer. Daher wird an den Stadtrat einer Kleinstadt der Wunsch herangetragen, im örtlichen Jugendzentrum einen Arbeitsraum mit Computern einzurichten. Der Stadtrat möchte die dafür erforderlichen finanziellen Mittel nur dann bewilligen, wenn weniger als 90 % der Jugendlichen einer Kleinstadt einen Computer besitzen.

a) Die Entscheidung über die Bewilligung der finanziellen Mittel soll mithilfe einer Befragung von 100 zufällig ausgewählten 12- bis 19-jährigen Jugendlichen der Kleinstadt getroffen werden. Die Wahrscheinlichkeit dafür, dass die finanziellen Mittel irrtümlich bewilligt werden, soll höchstens 5 % betragen. Bestimmen Sie die zugehörige Entscheidungsregel, bei der zugleich die Wahrscheinlichkeit dafür, dass die finanziellen Mittel irrtümlich nicht bewilligt werden möglichst klein ist.

b) Bestimmen Sie die Wahrscheinlichkeit dafür, dass unter den 100 befragten Jugendlichen genau 85 einen Computer besitzen, wenn der Anteil derjenigen Jugendlichen, die einen Computer besitzen, unter den Jugendlichen einer Kleinstadt ebenso groß ist wie unter den in der Tabelle erfassten Jugendlichen.

3 Es ist zu vermuten, dass unter den Jugendlichen, die ein Smartphone besitzen, der Anteil derjenigen, die eine feste Spielkonsole besitzen, größer ist als unter den Jugendlichen, die kein Smartphone besitzen. Bestimmen Sie für die in der Tabelle erfassten 200 Jugendlichen, wie groß die Anzahl derjenigen Personen, die sowohl ein Smartphone als auch eine feste Spielekonsole mindestens sein muss, damit die Vermutung für die in der Tabelle erfassten Jugendlichen zutrifft.

Stochastik 2014 - Aufgabengruppe B2

BE

1 In einem Supermarkt erhalten Kunden abhängig vom Wert ihres Einkaufs eine bestimmte Anzahl von Päckchen mit Tierbildern, die in ein Sammelalbum eingeklebt werden können. Jedes Päckchen enthält 5 Bilder. Im Sammelalbum sind Plätze für insgesamt 200 verschiedene Bilder vorgesehen. Die Bilder werden jeweils in großer Stückzahl mit der gleichen Häufigkeit produziert und auf die Päckchen zufällig verteilt, wobei sich die Bilder in einem Päckchen nicht unterscheiden müssen.

2   **a)** Begründen Sie, dass der Term $\frac{200 \cdot 199 \cdot 198 \cdot 197 \cdot 196}{200^5}$ die Wahrscheinlichkeit dafür beschreibt, dsass ich in einem Päckchen fünf verschiedene Tierbilder befinden.

3   **b)** Einem Jungen fehlen in seinem Sammelalbum noch 15 Bilder. Er geht mit seiner Mutter zum Einkaufen und erhält anschließend zwei Päckchen mit Tierbildern. Bestimmen Sie die Wahrscheinlichkeit dafür, dass die beiden Päckchen nur Bilder enthalten, die der Junge bereits in seinem Sammelalbum hat.

Bei Kindern besonders beliebt sind die 3D-Bilder, auf denen die Tiere dreidimensional erscheinen. 20 der 200 für ein Sammelalbum vorgesehenen Bilder sind 3D Bilder.

5   **c)** Ermitteln Sie, wie viele Päckchen ein Kind mindestens benötigt, um mit einer Wahrscheinlichkeit von mehr als 99 % mindestens ein 3D-Bild zu erhalten.

2 Um Geld für die Ausstattung des örtlichen Kindergartens einzunehmen, veranastaltet der Supermarkt ein Gewinnspiel. Die fünf Sektoren des dabei eingesetzten Glücksrads sind von 1 bis 5 durchnummeriert. Die Größe der Sektoren ist direkt proportional zum Zahlenwert der Nummern; beispielsweise ist der Sektor mit der Nummer 3 dreimal so groß wie der Sektor mit der Nummer 1. Nachdem der Spieler sechs Euro bezahlt hat, wird das Glücksrad einmal gedreht. Erzielt der Spieler eine der Nummern 1 bis 4, so wird der zugehörige Zahlenwert als Betrag in Euro ausgezahlt, erzielt er die Nummer 5, so erhält er eine Eintrittskarte für einen Freizeitpark im Wert von fünfzehn Euro.

3   **a)** Bestimmen Sie die Größe des Öffnungswinkels des Sektors mit der Nummer 1 sowie die Wahrscheinlichkeit dafür, dass ein Spieler bei einem Spiel eine Eintrittskarte gewinnt.
[Teilergebnis: Größe des Öffnungswinkels: 24°]

b) Berechnen Sie den Erwartungswert der Auszahlung pro Spiel, wenn der Gewinn einer Eintrittskarte mit einer Auszahlung von fünfzehn Euro gleichgesetzt wird. Interpretieren Sie das Ergebnis.

c) Der Supermarkt muss für jede Eintrittskarte nur zehn Euro an den Freizeitpark bezahlen. Damit ist bei der Spielaktion ein finanzieller Überschuss zu erwarten, der an den örtlichen Kindergarten gespendet werden soll. Ermitteln Sie den zu erwartenden Überschuss, wenn man davon ausgeht, dass das Spiel insgesamt 6000-mal durchgeführt wird.

Lösung Stochastik 2014 - Aufgabengruppe B1

In der folgenden Tabelle werden ausgewählte Ergebnisse dieser Studie anhand einer repräsentativen Auswahl von 200 Jugendlichen wiedergegeben, von denen 102 Jungen sind. Dabei werden für vier Geräteklassen jeweils die Anzahl der Mädchen und die Anzahl der Jungen unter den 200 ausgewählten Jugendlichen angegeben, die ein entsprechendes Gerät besitzen.

	Mädchen	Jungen
Smartphone	42	52
Computer	77	87
Fernsehgerät	54	65
feste Spielekonsole	37	62

1 a) Bestimmen Sie die Wahrscheinlichkeit dafür, dass eine aus den 200 Jugendlichen zufällig ausgewählte Person weiblich ist und kein Fernsehgerät besitzt.

Lösung: Wir unterscheiden die Ereignisse

M: „Eine aus den Jugendlichen ausgewählten Person ist weiblich."
F: „Eine aus den Jugendlichen ausgewählte Person besitzt ein Fernsehgerät."

Gesucht wird also folgende Wahrscheinlichkeit:

$$P(M \cap \overline{F}) = \frac{|M \cap \overline{F}|}{|\Omega|}$$

Laplace-Formel
$$p(a) = \frac{|A|}{|\Omega|}$$

Die erforderlichen Informationen entnehmen wir der Aufgabe:
$|\Omega| = 200$ (200 Jugendliche)
$|\overline{M}| = 102$ (102 Jungen)
$\Rightarrow |M| = 98$
$|M \cap F| = 54$ (54 Mädchen besitzen ein Fernsehgerät)
$\Rightarrow |M \cap \overline{F}| = 98 - 54 = 44$

$$\Rightarrow P(M \cap \overline{F}) = \frac{44}{200} = 0{,}22 = 22\,\%$$

Alternativ kann es an dieser Stelle auch hilfreich sein, sich eine Vierfeldertafel der Situation zu erstellen. Die damit gewonnenen Informationen sind auch für die folgenden Teilaufgaben nützlich.

	M	$\overline{M}$	
F	54	65	119
$\overline{F}$	44	37	81
	98	102	

b) Aus den 200 Jugendlichen wird eine Person zufällig ausgewählt, die ein Fernsehgerät besitzt. Ermitteln Sie die Wahrscheinlichkeit dafür, dass diese Person weiblich ist.

Lösung: Gesucht ist die bedingte Wahrscheinlichkeit $P_F(M)$

$$P_F(M) = \frac{P(M \cap F)}{P(M)} = \frac{\frac{54}{200}}{\frac{98}{100}}$$
$$\approx 0{,}4538 = 45{,}38\,\%$$

Bedingte Wahrscheinlichkeit:
$$P_B(A) = \frac{P(A \cap B)}{P(B)}$$

c) Begründen Sie, dass die Ereignisse „Eine aus den 200 Jugendlichen zufällig ausgewählte Person besitzt ein Fernsehgerät." und „eine aus den 200 Jugendlichen zufällig ausgewählte Person ist ein Mädchen." abhängig sind.

Stochastische Unabhängigkeit:

A und B **un**abhängig: $\quad P(A \cap B) = P(A) \cdot P(B)$

$$P(F \cap M) = \frac{|F \cap M|}{|\Omega|} = \frac{54}{200} = 0{,}27$$

$$P(F) = \frac{|F|}{|\Omega|} = \frac{|F \cap M| + |F \cap J|}{|\Omega|} = \frac{54 + 65}{200} = 0{,}595$$

$$P(M) = \frac{|M|}{|\Omega|} = \frac{|\Omega| - |J|}{|\Omega|} = \frac{200 - 102}{200} = 0{,}49$$

Nachweis der stochastischen Abhängigkeit:
$P(F) \cdot P(M) = 0{,}595 \cdot 0{,}49 = 0{,}29155$
$P(F \cap M) = 0{,}27$

$\Rightarrow P(F \cap M) \neq P(F) \cdot P(M)$
$\Rightarrow$ Die Ereignisse F und M sind abhängig.

d) Der Studie zufolge besitzen 55 % der Mädchen im Alter von 12 bis 19 Jahren ein Fernsehgerät.

Geben Sie den Wert der Summe $\sum_{i=0}^{12} B(25; 0{,}55; i)$ in Prozent an. Begründen Sie, dass dieser Wert im Allgemeinen nicht die Wahrscheinlichkeit dafür angibt, dass von den 25 Schülerinnen einer Klasse der Jahrgangsstufe 9 weniger als die Hälfte ein Fernsehgerät besitzt.

Stochastik 2014 - Lösung B1

Lösung: Die Summe $\sum_{i=0}^{12} B(25; 0,55; i)$ beschreibt die Binomialverteilung einer Zufallsgröße, die mit einer Trefferwahrscheinlichkeit p = 0,55 = 55 %, bei 25 Durchführungen (=n) insgesamt 0 bis 12mal eintritt, also höchstens 12mal eintritt. Die Kumulativen Wahrscheinlichkeiten der Binomialverteilung können wir mit Tafelwerk oder Taschenrechner ermitteln:

$$\sum_{i=0}^{12} B(25; 0,55; i) = 0,30632 = 30,632\,\%$$

> **Anmerkung**
>
> Kumulative Wahrscheinlichkeiten sind „kleiner/gleich - Wahrscheinlichkeiten", welche sich in der Summenschreibweise oder mit der sonst üblichen P(X ≤ k)-Schreibweise darstellen lassen:
>
> $$\sum_{i=0}^{12} B(25; 0,55; i) = P_{0,55}^{25}(X \leq 12)$$

Der Wert der Summe $\sum_{i=0}^{12} B(25; 0,55; i)$ berücksichtigt ein Ergebnis der repräsentativen JIM-Studie, nämlich die Trefferwahrscheinlichkeit p dafür, dass 55 % der Mädchen im Alter von 12 bis 19 Jahren ein Fernsehgerät besitzen. Es kann im Allgemeinen nicht davon ausgegangen werden, dass 25 nahezu gleichaltrige Mädchen einer Jahrgangsstufe 9 eine repräsentative Auswahl für Mädchen im Alter von 12 bis 19 Jahren bilden, auf die sich die Ergebnisse der JIM-Studie anwenden lassen.

2 Der JIM-Studie zufolge besitzen deutlich weniger als 90 % der Jugendlichen einen Computer. Daher wird an den Stadtrat einer Kleinstadt der Wunsch herangetragen, im örtlichen Jugendzentrum einen Arbeitsraum mit Computern einzurichten. Der Stadtrat möchte die dafür erforderlichen finanziellen Mittel nur dann bewilligen, wenn weniger als 90 % der Jugendlichen einer Kleinstadt einen Computer besitzen.

a) Die Entscheidung über die Bewilligung der finanziellen Mittel soll mithilfe einer Befragung von 100 zufällig ausgewählten 12- bis 19-jährigen Jugendlichen der Kleinstadt getroffen werden. Die Wahrscheinlichkeit dafür, dass die finanziellen Mittel irrtümlich bewilligt werden, soll höchstens 5 % betragen. Bestimmen Sie die zugehörige Entscheidungsregel, bei der zugleich die Wahrscheinlichkeit dafür, dass die finanziellen Mittel irrtümlich nicht bewilligt werden möglichst klein ist.

Lösung: Es soll der Ablehnungsbereich der Nullhypothese „90 % der 12-19-jährigen Jugendlichen der Kleinstadt besitzen einen Computer" anhand von 100 zufällig ausgewählten Testpersonen auf einem Signifikanzniveau von 5 % festgelegt werden

---

Hypothesentest (linksseitiger Test)

Schritt 1: Werte ermitteln:
$H_0 : P = 0{,}9$; $n = 100$; $\alpha \leq 5\% = 0{,}05$

Schritt 2: Annahme- und Ablehnungsbereich aufstellen.

|···Ablehnungsbereich $\bar{A}$···| |······Annahmebereich A······|

Ablehnungsbereich von H_0: $\bar{A} = \{0; 1; \ldots ; k\}$
Annahmebereich von H_0: $A = \{k+1; \ldots ; 100\}$

Schritt 3: k bestimmen.

$\alpha = P_{0,9}^{100}(X \in \bar{A}) \leq 0{,}05$

$P_{0,9}^{100}(X \leq k) \leq 0{,}05 \Rightarrow k = 84$

Den gesuchten Wert liefert uns nun ein Blick ins Tafelwerk oder alternativ die Nutzung des Taschenrechners. Genauere Erklärung dazu im Kursbuch unter Hypothesentest.

Schritt 4: Ablehnungsbereich aufstellen.

$\bar{A} = \{0; 1; \ldots ; 83; \mathbf{84}\}$

Entscheidungsregel formulieren:
Wenn mehr als 84 der 100 befragten 12- bis 19-jährigen Jugendlichen der Kleinstadt angeben, einen Computer zu besitzen, werden die finanziellen Mittel für einen Arbeitsraum mit Computern im Jugendzentrum nicht bewilligt.

b) Bestimmen Sie die Wahrscheinlichkeit dafür, dass unter den 100 befragten Jugendlichen genau 85 einen Computer besitzen, wenn der Anteil derjenigen Jugendlichen, die einen Computer besitzen, unter den Jugendlichen einer Kleinstadt ebenso groß ist wie unter den in der Tabelle erfassten Jugendlichen.

Lösung: Der Anteil der Jugendlichen, die einen Computer besitzen beträgt:

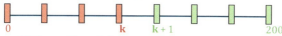

0,82 darf also nach Angabe als Trefferwahrscheinlichkeit p angenommen werden. Die weiteren Angaben n = 100, k = 85 können ebenfalls entnommen werden und wir erhalten die gesuchte Wahrscheinlichkeit als Bernoullikette.

$$P^{100}_{0,82}(X = 85) = \binom{100}{85} \cdot 0,82^{85} \cdot 0,18^{15} \approx 0,0807 = 8,07\,\%$$

Bernoulli-Kette
$$P^n_p(x = k) = \binom{n}{k} p^k \cdot (1-p)^{n-k}$$

3 Es ist zu vermuten, dass unter den Jugendlichen, die ein Smartphone besitzen, der Anteil derjenigen, die eine feste Spielkonsole besitzen, größer ist als unter den Jugendlichen, die kein Smartphone besitzen. Bestimmen Sie für die in der Tabelle erfassten 200 Jugendlichen, wie groß die Anzahl derjenigen Personen, die sowohl ein Smartphone als auch eine feste Spielekonsole mindestens sein muss, damit die Vermutung für die in der Tabelle erfassten Jugendlichen zutrifft.

Lösung:
Es gibt bei dieser Aufgabe unterschiedliche Herangehensweisen. Eine geschickte Lösung erhalten wir mit einer kleinen Vorüberlegung: Wenn die Vermutung zutrifft, dann muss es unter den Jugendlichen, die ein Smartphone besitzen mehr Jugendliche geben, die eine feste Spielkonsole besitzen, als unter allen Jugendlichen.

$$P_S(K) > P(K)$$
$$\frac{|S \cap K|}{|S|} > \frac{|K|}{|\Omega|} \qquad |\cdot |S|$$
$$|S \cap K| > \frac{|S| \cdot |K|}{|\Omega|}$$
$$|S \cap K| > \frac{(|M \cap S| + |J \cap S|) \cdot (|M \cap K| \cdot |J \cap K|)}{|\Omega|}$$
$$|S \cap K| > \frac{(42 + 52) \cdot (37 + 62)}{200}$$
$$|S \cap K| > 46,53$$

Unter den in der Tabelle erfassten 200 Jugendlichen müssen mindestens 47 Jugendliche sowohl ein Smartphone als auch eine feste Spielkonsole besitzen, damit die Vermutung für die in der Tabelle erfassten Jugendlichen zutrifft.

Lösung Stochastik 2014

B2

1 In einem Supermarkt erhalten Kunden abhängig vom Wert ihres Einkaufs eine bestimmte Anzahl von Päckchen mit Tierbildern, die in ein Sammelalbum eingeklebt werden können. Jedes Päckchen enthält fünf Bilder. Im Sammelalbum sind Plätze für insgesamt 200 verschiedene Bilder vorgesehen. Die Bilder werden jeweils in großer Stückzahl mit der gleichen Häufigkeit produziert und auf die Päckchen zufällig verteilt, wobei sich die Bilder in einem Päckchen nicht unterscheiden müssen.

a) Begründen Sie, dass der Term $\frac{200 \cdot 199 \cdot 198 \cdot 197 \cdot 196}{200^5}$ die Wahrscheinlichkeit dafür beschreibt, dass sich in einem Päckchen fünf verschiedene Tierbilder befinden.

Lösung:

Die Wahrscheinlichkeit eines Ereignisse A: "Es werden 5 verschiedene Tierbildchen gezogen" lässt sich mit der Laplaceformel berechnen.

Laplace-Formel:
$P(A) = \frac{|A|}{|\Omega|}$

Der Term $200 \cdot 199 \cdot 198 \cdot 197 \cdot 196$ beschreibt die Anzahl der Ereignisse, bei denen fünf verschiedene Tierbilder gezogen werden. Beim ersten Bild gibt es noch 200 Möglichkeiten, beim zweiten nur noch 199 (da es ja nicht dasselbe wie Bild 1 sein darf), usw...

Der Term 200^5 gibt die Anzahl aller möglichen Ereignisse an (für jeden Platz im Päckchen stehen alle 200 Tierkarten zur Verfügung).
Insgesamt beschreibt dieser Term also genau die gesuchte Wahrscheinlichkeit, bei fünf Tierbilder keines der Bilder mehrfach zu erhalten.

b) Einem Jungen fehlen in seinem Sammelalbum noch 15 Bilder. Er geht mit seiner Mutter zum Einkaufen und erhält anschließend zwei Päckchen mit Tierbildern. Bestimmen Sie die Wahrscheinlichkeit dafür, dass die beiden Päckchen nur Bilder enthalten, die der Junge bereits in seinem Sammelalbum hat.

Lösung:

Die Wahrscheinlichkeit dafür, ein Bild zu erhalten, das er bereits im Sammelalbum hat, lässt sich erneut mit der Laplace-Formel berechnen.

Stochastik 2014 - Lösung B2

Ereignis B: Er hat das Bild bereits im Sammelalbum

$\Rightarrow P(B) = \frac{|B|}{|\Omega|} = \frac{185}{200}$

Die Wahrscheinlichkeit P, dass er alle zehn Bilder schon besitzt, lässt sich dann wie folgt berechnen:

P("Er hat alle 10 Bilder schon") $= \left(\frac{185}{200}\right)^{10} \approx 0{,}4586 = 45{,}86\,\%$

Alternative:
Dieses Experiment lässt sich auch als Bernoullikette mit der Zufallsgröße X= „Anzahl der Bilder, die der Junge bereits in seinem Sammelalbum hat" auffassen.
n = 10 , k = 10, p = $\frac{185}{200}$

$P^{10}_{\frac{185}{200}}(X = 10) = \left(\frac{185}{200}\right)^{10} \cdot \underbrace{\left(\frac{15}{200}\right)^{0}}_{=1} \cdot \underbrace{\binom{10}{10}}_{=1} \approx 0{,}4586 = 45{,}86\,\%$

Bernoulli-Kette
$P^n_p(X = k) = \binom{n}{k} p^k \cdot (1-p)^{n-k}$

c) Bei Kindern besonders beliebt sind die 3D-Bilder, auf denen die Tiere dreidimensional erscheinen. 20 der 200 für ein Sammelalbum vorgesehenen Bilder sind 3D Bilder.
Ermitteln Sie, wie viele Päckchen ein Kind mindestens benötigt, um mit einer Wahrscheinlichkeit von mehr als 99 % mindestens ein 3D-Bild zu erhalten.

Lösung:
Hierbei handelt es sich um eine klassische 3m-Aufgabe. Als neue Zufallsgröße wird gewählt:
X = „Anzahl der erhaltenen 3D Bilder"

3m-Ansatz
$P^n_p(X \geq 1) > \beta$

 Bei „mehr als 99 %" wähle "$> \beta$".
Bei „min. 99 %" wähle "$\geq \beta$"

p= $\frac{20}{200}$ $\beta = 0{,}99$

Lösung B2 - Stochastik 2014

$P_{\frac{20}{200}}^{n}(X \geq 1) > 0{,}99$

$1 - P_{\frac{20}{200}}^{n}(X = 0) > 0{,}99 \quad | -1$

$-P_{\frac{20}{200}}^{n}(X = 0) > -0{,}01 \quad | \cdot (-1)$

① $P_{\frac{20}{200}}^{n}(X = 0) < 0{,}01$

$\underbrace{\binom{n}{0}}_{=1} \cdot \underbrace{\left(\frac{20}{100}\right)^{0}}_{=1} \cdot \left(\frac{180}{200}\right)^{n} < 0{,}01$

$\left(\frac{180}{200}\right)^{n} < 0{,}01 \quad | \ln(\ldots)$

$\ln\left(\frac{180}{200}\right)^{n} < \ln(0{,}01)$

$n \cdot \ln\left(\frac{180}{200}\right)^{n} < \ln(0{,}01) \quad | : \ln(0{,}01)$

$n > \frac{\ln 0{,}01}{\ln\left(\frac{180}{200}\right)}$

n > 43,7 ⇒ n=44 (aufrunden!)

Bei Multiplikation bzw. Division einer Ungleichung mit einer negativen Zahl dreht sich das Ungleichungszeichen um!

① **Bernoulli-Kette**

$P_{p}^{n}(X = k) = \binom{n}{k} p^{k} \cdot (1-p)^{n-k}$

3. ln-Gesetz

$\ln a^{b} = b \cdot \ln a$

$\ln\left(\frac{180}{200}\right) < 0$

Kurzformel 3m

$n > \frac{\ln(1-\beta)}{\ln(1-p)}$

Gesamt − WK

β = 0,99

WK für einen Treffer

$p = \frac{20}{200}$

$n > \frac{\ln(1-0{,}99)}{\ln(1-\frac{20}{200})}$

n > 43,7

Ein Kind benötigt also mindestens 44 Bilder und damit neun Päckchen, um mit einer Wahrscheinlichkeit von mehr als 99% mindestens ein 3D-Bild zu erhalten.

2 Um Geld für die Ausstattung des örtlichen Kindergartens einzunehmen, veranstaltet der Supermarkt ein Gewinnspiel. Die fünf Sektoren des dabei eingesetzten Glücksrads sind von 1 bis 5 durchnummeriert. Die Größe der Sektoren ist direkt proportional zum Zahlenwert der Nummern; beispielsweise ist der Sektor mit der Nummer 3 dreimal so groß wie der Sektor mit der Nummer 1. Nachdem der Spieler sechs Euro bezahlt hat, wird das Glücksrad einmal gedreht. Erzielt der Spieler eine der Nummern 1 bis 4, so wird der zugehörige Zahlenwert als Betrag in Euro ausgezahlt, erzielt er die Nummer 5, so erhält er eine Eintrittskarte für einen Freizeitpark im Wert von fünfzehn Euro.

a) Bestimmen Sie die Größe des Öffnungswinkels des Sektors mit der Nummer 1 sowie die Wahrscheinlichkeit dafür, dass ein Spieler bei einem Spiel eine Eintrittskarte gewinnt.

Lösung:

Es sei α das Maß des Öffnungswinkel des Sektors mit der Nummer 1:

$\alpha + 2\alpha + 3\alpha + 4\alpha + 5\alpha = 360°$

$15\alpha = 360° \quad | :15$

$\alpha = 24°$

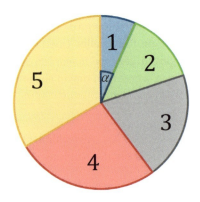

Wahrscheinlichkeit dafür, dass ein Spieler bei einem Spiel eine Eintrittskarte gewinnt:

Der Öffnungsfaktor des Sektors mit der Nummer 5 beträgt $5 \cdot 24° = 120°$.

$$P(\text{"Eintrittskarte"}) = P(\text{"Nummer 5"}) = \frac{120°}{360°} = \frac{1}{3}$$

b) Berechnen Sie den Erwartungswert der Auszahlung pro Spiel, wenn der Gewinn einer Eintrittskarte mit einer Auszahlung von fünfzehn Euro gleichgesetzt wird. Interpretieren Sie das Ergebnis.

Lösung:
Es soll der Erwartungswert der Zufallsgröße X = „Auszahlungsbetrag pro Spiel in Euro" berechnet werden.
Für jede Möglichkeit der Zufallsgröße X benötigen wir zunächst die Wahrscheinlichkeit.

$P(\text{Nummer 1}) = P(X = 1) = \frac{24°}{360°} = \frac{1}{15}$
$P(\text{Nummer 2}) = P(X = 2) = \frac{2 \cdot 24°}{360°} = \frac{2}{15}$
$P(\text{Nummer 3}) = P(X = 3) = \frac{3 \cdot 24°}{360°} = \frac{3}{15}$
$P(\text{Nummer 4}) = P(X = 4) = \frac{4 \cdot 24°}{360°} = \frac{4}{15}$
$P(\text{Nummer 5}) = P(X = 15) = \frac{5 \cdot 24°}{360°} = \frac{5}{15}$

Nun kann der Erwartungswert E(X) berechnet werden:

$E(X) = 1 \cdot \frac{1}{15} + 2 \cdot \frac{1}{15} + 3 \cdot \frac{3}{15} + 4 \cdot \frac{4}{15} + 15 \cdot \frac{5}{15} = 7$

$$\mu = E(X) = \sum_{i=1}^{n} x_i \cdot p_i = x_1 \cdot p_1 + x_2 \cdot p_2 + \ldots + x_n \cdot p_n$$

Interpretation des Ergebnisses:

Bei einem Einsatz von 6 € pro Spiel macht ein Spieler im Mittel pro Spiel einen Gewinn von 1 €. Das Gewinnspiel des Supermarktes eignet sich deshalb nicht, um Geld für die Ausstattung des örtlichen Kindergartens einzunehmen.

c) Der Supermarkt muss für jede Eintrittskarte nur zehn Euro an den Freizeitpark bezahlen. Damit ist bei der Spielaktion ein finanzieller Überschuss zu erwarten, der an den örtlichen Kindergarten gespendet werden soll. Ermitteln Sie den zu erwartenden Überschuss, wenn man davon ausgeht, dass das Spiel insgesamt 6000-mal durchgeführt wird.

Lösung:
Die Wahrscheinlichkeitsverteilung der Zufallsgrößes X = „Auszahlungsbetrag pro Spiel in Euro" ändert sich insofern, dass für die Nummer 5 die Auzahlung von 15 € auf 10 € sinkt. Damit erhalten wir:

X	1	2	3	4	10
P(X)	$\frac{1}{15}$	$\frac{2}{15}$	$\frac{3}{15}$	$\frac{4}{15}$	$\frac{5}{15}$

$E(X) = 1 \cdot \frac{1}{15} + 2 \cdot \frac{2}{15} + 3 \cdot \frac{3}{15} + 4 \cdot \frac{4}{15} + 10 \cdot \frac{5}{15} = 5\frac{1}{3}$

Im Mittel beträgt der Überschuss pro Spiel $\frac{2}{3}$ €. Bei 6000 Spielen kann somit ein Überschuss in Höhe von $6000 \cdot \frac{2}{3}$ € $= 4000$ € erwartet werden.

Geometrie 2014

Aufgabengruppe B1

In einem kartesischen Koordinatensystem legen die Punkte A (4 | 0 | 0), B (0 | 4 | 0) und C (0 | 0 | 4) das Dreieck ABC fest, das in der Ebene E: $x_1 + x_2 + x_3 = 4$ liegt.

a) Bestimmen Sie den Flächeninhalt des Dreiecks ABC.

Das Dreieck ABC stellt modellhaft einen Spiegel dar. Der Punkt P(2 | 2 | 3) gibt im Modell die Position einer Lichtquelle an, von der ein Lichtstrahl ausgeht.

Die Richtung dieses Lichtstrahls wird im Modell durch den Vektor $\vec{v} = \begin{pmatrix} -1 \\ -1 \\ -4 \end{pmatrix}$ beschrieben.

b) Geben Sie eine Gleichung der Geraden g an, entlang derer der Lichtstrahl im Modell verläuft. Bestimmen Sie die Koordinaten des Punkts R, in dem g die Ebene E schneidet, und begründen Sie, dass der Lichtstrahl auf dem dreieckigen Spiegel auftrifft.

(zur Kontrolle: R(1,5 | 1,5 | 1))

Der einfallende Lichtstrahl wird in demjenigen Punkt des Spiegels reflektiert, der im Modell durch den Punkt R dargestellt wird. Der reflektierte Lichtstrahl geht für einen Beobachter scheinbar von einer Lichtquelle aus, deren Position im Modell durch den Punkt Q(0 | 0 | 1) beschrieben wird (vgl. Abbildung).

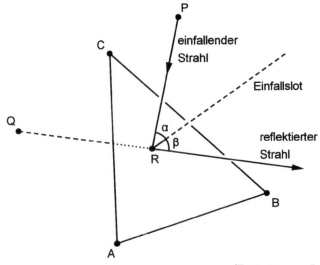

(Fortsetzung nächste Seite)

c) Zeigen Sie, dass die Punkte P und Q bezüglich der Ebene E symmetrisch sind. **3**

Das Lot zur Ebene E im Punkt R wird als Einfallslot bezeichnet.

d) Die beiden Geraden, entlang derer der einfallende und der reflektierte Lichtstrahl im Modell verlaufen, liegen in einer Ebene F. Ermitteln Sie eine Gleichung von F in Normalenform. Weisen Sie nach, dass das Einfallslot ebenfalls in der Ebene F liegt. **5**
(mögliches Teilergebnis: $F: x_1 - x_2 = 0$ *)*

e) Zeigen Sie, dass die Größe des Winkels β zwischen reflektiertem Lichtstrahl und Einfallslot mit der Größe des Winkels α zwischen einfallendem Lichtstrahl und Einfallslot übereinstimmt. **4**

20

Geometrie 2014

Aufgabengruppe B2

Die Abbildung zeigt modellhaft ein Einfamilienhaus, das auf einer horizontalen Fläche steht. Auf einer der beiden rechteckigen Dachflächen soll eine Dachgaube errichtet werden. Die Punkte A, B, C, D, O, P, Q und R sind die Eckpunkte eines Quaders. Das gerade dreiseitige Prisma LMNIJK stellt die Dachgaube dar, die Strecke [GH] den First des Dachs, d. h. die obere waagrechte Dachkante. Eine Längeneinheit im Koordinatensystem entspricht 1 m, d. h. das Haus ist 10 m lang.

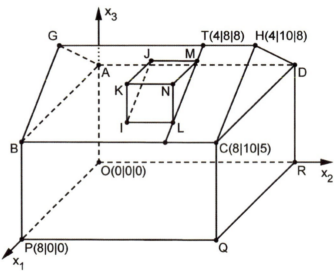

a) Berechnen Sie den Inhalt derjenigen Dachfläche, die im Modell durch das Rechteck BCHG dargestellt wird.

b) In der Stadt, in der das Einfamilienhaus steht, gilt für die Errichtung von Dachgauben eine Satzung, die jeder Bauherr einhalten muss. Diese Satzung lässt die Errichtung einer Dachgaube zu, wenn die Größe des Neigungswinkels der Dachfläche des jeweiligen Hausdachs gegen die Horizontale mindestens 35° beträgt. Zeigen Sie rechnerisch, dass für das betrachtete Einfamilienhaus die Errichtung einer Dachgaube zulässig ist.

Die Dachfläche, auf der die Dachgaube errichtet wird, liegt im Modell in der Ebene $E: 3x_1 + 4x_3 - 44 = 0$.

(Fortsetzung nächste Seite)

Die Dachgaube soll so errichtet werden, dass sie von dem seitlichen Rand der Dachfläche, der im Modell durch die Strecke [HC] dargestellt wird, den Abstand 2 m und vom First des Dachs den Abstand 1 m hat. Zur Ermittlung der Koordinaten des Punkts M wird die durch den Punkt T(4 | 8 | 8) verlaufende Gerade
$t: \vec{X} = \begin{pmatrix} 4 \\ 8 \\ 8 \end{pmatrix} + \lambda \cdot \begin{pmatrix} 4 \\ 0 \\ -3 \end{pmatrix}$, $\lambda \in \mathbb{R}$, betrachtet.

c) Begründen Sie, dass t in der Ebene E verläuft und von der Geraden HC den Abstand 2 besitzt.

d) Auf der Geraden t wird nun der Punkt M so festgelegt, dass der Abstand der Dachgaube vom First 1 m beträgt. Bestimmen Sie die Koordinaten von M.

(Ergebnis: M(4,8 | 8 | 7,4))

Die Punkte M und N liegen auf der Geraden $m: \vec{X} = \begin{pmatrix} 4,8 \\ 8 \\ 7,4 \end{pmatrix} + \mu \cdot \begin{pmatrix} 6 \\ 0 \\ -1 \end{pmatrix}$, $\mu \in \mathbb{R}$, die im Modell die Neigung der Dachfläche der Gaube festlegt. Die zur x_3-Achse parallele Strecke [NL] stellt im Modell den sogenannten Gaubenstiel dar; dessen Länge soll 1,4 m betragen. Um die Koordinaten von N und L zu bestimmen, wird die Ebene F betrachtet, die durch Verschiebung von E um 1,4 in positive x_3-Richtung entsteht.

e) Begründen Sie, dass $3x_1 + 4x_3 - 49,6 = 0$ eine Gleichung von F ist.

f) Bestimmen Sie die Koordinaten von N und L.

(Teilergebnis: N(7,2 | 8 | 7))

Lösung Geometrie 2014 B1

a) Bestimmen Sie den Flächeninhalt des Dreiecks ABC.

1. Möglichkeit: Elementargeometrische Lösung

Da jeder der Punkte A(4 | 0 | 0), B(0 | 4 | 0) und C(0 | 0 | 4) auf einer anderen Koordinatenachse bei 4 liegt, ist das Dreieck ABC mit der Seitenlänge $a = |\overrightarrow{AB}| = |\overrightarrow{BC}| = |\overrightarrow{CD}|$ gleichseitig.

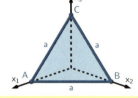

$$a = |\overrightarrow{AB}| = |\vec{B} - \vec{A}| = \left|\begin{pmatrix}0\\4\\0\end{pmatrix} - \begin{pmatrix}4\\0\\0\end{pmatrix}\right| = \left|\begin{pmatrix}-4\\4\\0\end{pmatrix}\right|$$

$$= \sqrt{(-4)^2 + 4^4 + 0^2} = \sqrt{16 \cdot 2} = 4\sqrt{2}$$

$$A_{ABC} = \frac{(4\sqrt{2})^2}{4} \cdot \sqrt{3} = \frac{16 \cdot 2}{4} \cdot \sqrt{3} = 8\sqrt{3}$$

Gleichseitiges Dreieck
$$A = \frac{a^2}{4}\sqrt{3}$$

2. Möglichkeit: Vektorielle Lösung

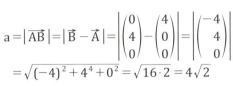

$$A = \frac{1}{2} \cdot |\overrightarrow{AB} \times \overrightarrow{AC}| = \frac{1}{2} \cdot |(\vec{B} - \vec{A}) \times (\vec{C} - \vec{A})|$$

$$= \frac{1}{2} \cdot \left|\left[\begin{pmatrix}0\\4\\0\end{pmatrix} - \begin{pmatrix}4\\0\\0\end{pmatrix}\right] \times \left[\begin{pmatrix}0\\0\\4\end{pmatrix} - \begin{pmatrix}4\\0\\0\end{pmatrix}\right]\right|$$

$$= \frac{1}{2} \cdot \left|\begin{pmatrix}-4\\4\\0\end{pmatrix} \times \begin{pmatrix}-4\\0\\4\end{pmatrix}\right| = \frac{1}{2} \cdot \left|\begin{pmatrix}4 \cdot 4 & - & 0 \cdot 0\\0 \cdot (-4) & - & (-4) \cdot 4\\(-4) \cdot 0 & - & 4 \cdot (-4)\end{pmatrix}\right|$$

$$= \frac{1}{2} \cdot \left|\begin{pmatrix}16\\16\\16\end{pmatrix}\right| = \frac{1}{2} \cdot \sqrt{16^2 + 16^2 + 16^2} = \frac{1}{2} \cdot \sqrt{16^2 \cdot 3} = \frac{1}{2} \cdot 16\sqrt{3} = 8\sqrt{3}$$

b) Geben Sie eine Gleichung der Geraden g an, entlang derer der Lichtstrahl im Modell verläuft. Bestimmen Sie die Koordinaten des Punktes R, in dem g die Ebene E schneidet, und begründen Sie, dass der Lichtstrahl auf dem dreieckigen Spiegel auftrifft.

Teil 1: Gleichung der Geraden g

Mit dem Aufpunkt P(2 | 2 | 3) und dem Richtungsvektor $\vec{v}$ ergibt sich:

$$g: \vec{X} = \begin{pmatrix}2\\2\\3\end{pmatrix} + \lambda \cdot \begin{pmatrix}-1\\-1\\-4\end{pmatrix}; \quad \lambda \in \mathbb{R}$$

Teil 2: Koordinaten des Punktes R, in dem g die Ebene E schneidet

Schnittpunkt Gerade - Ebene

$g: \vec{X} = \vec{A} + \lambda \cdot \vec{u}; \lambda \in \mathbb{R} \qquad E: n_1 x_1 + n_2 x_2 + n_3 x_3 + n_0 = 0$

1. Schritt: Koordinaten des Ortsvektors $\vec{X}$ der Gleichung der Geraden g in die Gleichung der Ebene E einsetzen und die Gleichung nach dem Parameter λ auflösen.
2. Schritt: Wert des Parameters λ in die Gleichung der Geraden g einsetzen und den Ortsvektor des Schnittpunkts berechnen.

1. Schritt: $g: \vec{X} = \begin{pmatrix} 2-\lambda \\ 2-\lambda \\ 3-4\lambda \end{pmatrix}; \lambda \in \mathbb{R} \qquad g \cap E: 2-\lambda+2-\lambda+3-4\lambda = 4$

$$7 - 6\lambda = 4$$
$$-6\lambda = -3$$
$$\lambda = \frac{1}{2}$$

2. Schritt: $R \in g: \vec{R} = \begin{pmatrix} 2 \\ 2 \\ 3 \end{pmatrix} + \frac{1}{2} \cdot \begin{pmatrix} -1 \\ -1 \\ -4 \end{pmatrix} = \begin{pmatrix} 1{,}5 \\ 1{,}5 \\ 1 \end{pmatrix} \Rightarrow R(1{,}5 \mid 1{,}5 \mid 1)$

Teil 3: Begründung - Lichtstrahl trifft auf dem dreieckigen Spiegel auf

Die Punkte A, B und C liegen auf den positiven Koordinatenachsen. Also liegt das Dreieck ABC im ersten Oktanten. Der Schnittpunkt R der Gerade g und der Ebene E liegt ebenfalls im ersten Oktanten.
Folglich trifft der Lichtstrahl (Gerade g) auf dem dreieckigen Spiegel (Dreieck ABC) auf.

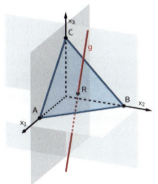

weitere Lösungsmöglichkeit

c) Zeigen Sie, dass die Punkte P und Q bezüglich der Ebene E symmetrisch sind.

Aus der Beschreibung und der Abbildung der Aufgabe geht hervor, dass der Punkt Q der Spiegelpunkt einer Spiegelung des Punktes P an der Ebene E ist. Somit muss der Verbindungsvektor $\overrightarrow{PQ}$ senkrecht auf der Ebene E stehen und beide Punkte P und Q müssen denselben Abstand von der Ebene E haben.

Der Verbindungsvektor $\overrightarrow{PQ}$ steht senkrecht auf der Ebene E, wenn er parallel zu einem Normalenvektor $\vec{n}$ der Ebene E ist, wenn also $\overrightarrow{PQ} = k \cdot \vec{n}$ mit $k \in \mathbb{R}$ gilt.

$$E: x_1 + x_2 + x_3 = 4 \Rightarrow \vec{n} = \begin{pmatrix} 1 \\ 1 \\ 1 \end{pmatrix} \quad \overrightarrow{PQ} = \vec{Q} - \vec{P} = \begin{pmatrix} 0 \\ 0 \\ 1 \end{pmatrix} - \begin{pmatrix} 2 \\ 2 \\ 3 \end{pmatrix} = \begin{pmatrix} -2 \\ -2 \\ -2 \end{pmatrix}$$

Mit $\overrightarrow{PQ} = (-2) \cdot \vec{n}$ folgt, dass $\overrightarrow{PQ}$ senkrecht auf der Ebene E steht.

Der Abstand d(P;E) bzw. d(Q;E) lässt sich mithilfe der Hesseschen Normalenform (HNF) der Ebene E formulieren. Hierfür wird die Gleichung der Ebene E durch den Betrag des Normalenvektors $\vec{n}$ dividiert.

$|\vec{n}| = \sqrt{1^2 + 1^2 + 1^2} = \sqrt{3}$

$E_{HNF}: \dfrac{x_1 + x_2 + x_3 - 4}{|\vec{n_E}|} = 0$

$E_{HNF}: \dfrac{x_1 + x_2 + x_3 - 4}{\sqrt{3}} = 0$

Abstand Punkt - Ebene

$E_{HNF}: \dfrac{n_1 x_1 + n_2 x_2 + n_3 x_3 + n_0}{\sqrt{n_1^2 + n_2^2 + n_3^2}} = 0$

$d(P;E) = \left| \dfrac{n_1 p_1 + n_2 p_2 + n_3 p_3 + n_0}{\sqrt{n_1^2 + n_2^2 + n_3^2}} \right|$

$d(P;E) = \left| \dfrac{2+2+3-4}{\sqrt{3}} \right| = \dfrac{3}{\sqrt{3}} \quad d(Q;E) = \left| \dfrac{0+0+1-4}{\sqrt{3}} \right| = \dfrac{|-3|}{\sqrt{3}} = \dfrac{3}{\sqrt{3}}$

Somit sind die Punkte P und Q symmetrisch bezüglich der Ebene E.

d) Die beiden Geraden, entlang derer der einfallende und der reflektierte Lichtstrahl im Modell verlaufen, liegen in einer Ebene F. Ermitteln Sie eine Gleichung von F in Normalenform. Weisen Sie nach, dass das Einfallslot ebenfalls in der Ebene F liegt.

Teil 1: Gleichung der Ebene F

Es sei h die Gerade, entlang derer der reflektierte Strahl verläuft. Der Verbindungsvektor $\overrightarrow{QR}$ ist ein Richtungsvektor der Geraden h.
Das Vektorprodukt $\vec{v} \times \overrightarrow{QR}$ des Richtungsvektors $\vec{v}$ der Geraden g und des Richtungsvektors $\overrightarrow{QR}$ der Geraden h liefert einen Normalenvektor $\vec{n}$ der Ebene F.

$$\overrightarrow{QR} = \vec{R} - \vec{Q} = \begin{pmatrix} 1,5 \\ 1,5 \\ 1 \end{pmatrix} - \begin{pmatrix} 0 \\ 0 \\ 1 \end{pmatrix} = \begin{pmatrix} 1,5 \\ 1,5 \\ 0 \end{pmatrix}$$

$$\vec{v} \times \overrightarrow{QR} = \begin{pmatrix} -1 \\ -1 \\ -4 \end{pmatrix} \times \begin{pmatrix} 1,5 \\ 1,5 \\ 0 \end{pmatrix} = \begin{pmatrix} (-1) \cdot 0 & - & (-4) \cdot 1,5 \\ (-4) \cdot 1,5 & - & (-1) \cdot 0 \\ (-1) \cdot 1,5 & - & (-1) \cdot 1,5 \end{pmatrix} = \begin{pmatrix} 6 \\ -6 \\ 0 \end{pmatrix} = 6 \cdot \begin{pmatrix} 1 \\ -1 \\ 0 \end{pmatrix}$$

Also ist der Vektor $\vec{n} = \begin{pmatrix} 1 \\ -1 \\ 0 \end{pmatrix}$ ein Normalenvektor der Ebene F.

Der Ansatz für die Gleichung der Ebene F kann mithilfe der Normalenform in Vektordarstellung oder in Koordinatendarstellung erfolgen. Die Aufgabenstellung nennt als mögliches Ergebnis eine Gleichung der Ebene F in Koordinatendarstellung. Es sei Q(0 | 0 | 1) der Aufpunkt der Ebene F.

1. Möglichkeit: Ansatz mit Vektordarstellung

$F: \vec{n} \circ (\vec{X} - \vec{Q}) = 0$

$F: \begin{pmatrix} 1 \\ -1 \\ 0 \end{pmatrix} \circ \left[\vec{X} - \begin{pmatrix} 0 \\ 0 \\ 1 \end{pmatrix} \right] = 0$

Normalenform in Vektordarstellung

$E: \vec{n} \circ (\vec{X} - \vec{A}) = 0$

$\vec{n}$: Normalenvektor der Ebene E
$\vec{A}$: Stützvektor der Ebene E

Durch Ausmultiplizieren des Skalarprodukts erhält man die Koordinatendarstellung der Ebenengleichung.

$\begin{pmatrix} 1 \\ -1 \\ 0 \end{pmatrix} \circ \left[\vec{X} - \begin{pmatrix} 0 \\ 0 \\ 1 \end{pmatrix} \right] = 0$

$1 \cdot x_1 + (-1) \cdot x_2 + 0 \cdot (x_3 - 1) = 0$

$x_1 - x_2 = 0$

Skalarprodukt im $\mathbb{R}^3$

$\vec{a} \circ \vec{b} = \begin{pmatrix} a_1 \\ a_2 \\ a_3 \end{pmatrix} \circ \begin{pmatrix} b_1 \\ b_2 \\ b_3 \end{pmatrix}$
$= a_1 \cdot b_1 + a_2 \cdot b_2 + a_3 \cdot b_3$

Die Ebenengleichung $F: x_1 - x_2 = 0$ entspricht dem möglichen Ergebnis der Angabe.

2. Möglichkeit: Ansatz mit Koordinatendarstellung

Mit $\vec{n} = \begin{pmatrix} 1 \\ -1 \\ 0 \end{pmatrix}$ ergibt sich:

$F: n_1 x_1 + n_2 x_2 + n_3 x_3 + n_0 = 0$
$F: x_1 - x_2 + n_0 = 0$

Normalenform in Koordinatendarstellung

$E: n_1 x_1 + n_2 x_2 + n_3 x_3 + n_0 = 0$

$\vec{n}$: Normalenvektor der Ebene E

Setzt man die Koordinaten des Aufpunkts Q(0 | 0 | 1) in Ebenengleichung ein, lässt sich n_0 berechnen.

$0 - 0 + n_0 = 0$
$n_0 = 0 \Rightarrow F: x_1 - x_2 = 0$

Teil 2: Nachweis, dass das Einfallslot ebenfalls in der Ebene F liegt

Das Lot zur Ebene E im Punkt R wird als Einfallslot bezeichnet (vgl. Angabe). Somit verläuft das Einfallslot entlang des Normalenvektors $\vec{n_E}$ der Ebene E. Das Einfallslot liegt in der Ebene F, wenn der Normalenvektor $\vec{n_E}$ der Ebene E und der Normalenvektor $\vec{n_F}$ der Ebene F zueinander senkrecht sind, wenn also das Skalarprodukt der beiden Normalenvektoren gleich Null ist.

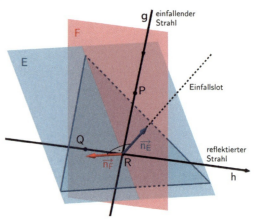

Vektorielle Begründung

$$\vec{n_E} \circ \vec{n_F} = \begin{pmatrix} 1 \\ 1 \\ 1 \end{pmatrix} \circ \begin{pmatrix} 1 \\ -1 \\ 0 \end{pmatrix} = 1\cdot 1 + 1\cdot(-1) + 1\cdot 0 = 0 \Leftrightarrow \vec{n_E} \perp \vec{n_F}$$

Also liegt das Einfallslot in der Ebene F.

e) Zeigen Sie, dass die Größe des Winkels β zwischen reflektiertem Lichtstrahl und Einfallslot mit der Größe des Winkels α zwischen einfallendem Lichtstrahl und Einfallslot übereinstimmt

Die Größe des Winkels α bzw. β ist gleich dem Winkel zwischen der Geraden g bzw. der Geraden h und dem Einfallslot.

Schnittwinkel zweier Geraden

$$\cos\alpha = \frac{|\vec{u}\circ\vec{v}|}{|\vec{u}|\cdot|\vec{v}|} \Rightarrow \alpha = \cos^{-1}(\ldots)$$

$\vec{u}, \vec{v}$: Richtungsvektoren der Geraden

Anmerkung
Durch den Betrag des Zählers berücksichtigt die Formel den spitzen Winkel zweier sich schneidender Geraden. Andernfalls wäre hier für die Berechnung von α der Gegenvektor $-\vec{v}$ von $\vec{v}$ zu wählen.

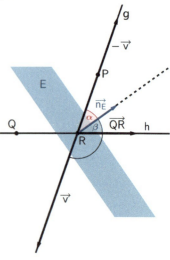

$$\cos\alpha = \frac{|\vec{u} \circ \vec{n_E}|}{|\vec{u}| \cdot |\vec{n_E}|} = \frac{\left|\begin{pmatrix}-1\\-1\\-4\end{pmatrix} \circ \begin{pmatrix}1\\1\\1\end{pmatrix}\right|}{\sqrt{(-1)^2+(-1)^2+(-4)^2} \cdot \sqrt{1^2+1^2+1^2}} = \frac{6}{\sqrt{54}}$$

$$\alpha = \cos^{-1}\left(\frac{6}{\sqrt{54}}\right) \approx 35{,}26°$$

$$\cos\beta = \frac{|\overrightarrow{QR} \circ \vec{n_E}|}{|\overrightarrow{QR}| \cdot |\vec{n_E}|} = \frac{\left|\begin{pmatrix}1{,}5\\1{,}5\\0\end{pmatrix} \circ \begin{pmatrix}1\\1\\1\end{pmatrix}\right|}{\sqrt{1{,}5^2+1{,}5^2+0^2} \cdot \sqrt{1^2+1^2+1^2}} = \frac{3}{\sqrt{13{,}5}}$$

$$\beta = \cos^{-1}\left(\frac{3}{\sqrt{13{,}5}}\right) \approx 35{,}26°$$

Somit gilt $\alpha = \beta$.

Lösung Geometrie 2014 B2

a) Bestimmen Sie den Inhalt derjenigen Dachfläche, die im Modell durch das Rechteck BCHG dargestellt wird.

Eckpunkte gemäß der Abbildung: B(8 | 0 | 5), C(8 | 10 | 5), H(4 | 10 | 8) und G(4 | 0 | 8)

1. Möglichkeit: Vektorieller Lösungsansatz

$$A_{BCHG} = |\vec{BC} \times \vec{BG}| = |(\vec{C} - \vec{B}) \times (\vec{G} - \vec{B})|$$

$$= \left| \left[\begin{pmatrix} 8 \\ 10 \\ 5 \end{pmatrix} - \begin{pmatrix} 8 \\ 0 \\ 5 \end{pmatrix} \right] \times \left[\begin{pmatrix} 4 \\ 0 \\ 8 \end{pmatrix} - \begin{pmatrix} 8 \\ 0 \\ 5 \end{pmatrix} \right] \right| = \left| \begin{pmatrix} 0 \\ 10 \\ 0 \end{pmatrix} \times \begin{pmatrix} -4 \\ 0 \\ 3 \end{pmatrix} \right|$$

$$= \left| \begin{pmatrix} 10 \cdot 3 - 0 \cdot 0 \\ 0 \cdot (-4) - 0 \cdot 3 \\ 0 \cdot 0 - 10 \cdot (-4) \end{pmatrix} \right| = \left| \begin{pmatrix} 30 \\ 0 \\ 40 \end{pmatrix} \right| = \sqrt{30^2 + 0^2 + 40^2} = 50$$

2. Möglichkeit: Elementargeometrischer Lösungsansatz

$$A_{BCHG} = |\vec{BC}| \cdot |\vec{BG}| = |\vec{C} - \vec{B}| \cdot |\vec{G} - \vec{B}|$$

$$= \left| \begin{pmatrix} 8 \\ 10 \\ 5 \end{pmatrix} - \begin{pmatrix} 8 \\ 0 \\ 5 \end{pmatrix} \right| \cdot \left| \begin{pmatrix} 4 \\ 0 \\ 8 \end{pmatrix} - \begin{pmatrix} 8 \\ 0 \\ 5 \end{pmatrix} \right| = \left| \begin{pmatrix} 0 \\ 10 \\ 0 \end{pmatrix} \right| \cdot \left| \begin{pmatrix} -4 \\ 0 \\ 3 \end{pmatrix} \right|$$

$$= \sqrt{0^2 + 10^2 \, 0^2} \cdot \sqrt{(-4)^2 + 0^2 + 3^2} = 10 \cdot 5 = 50$$

b) Zeigen Sie rechnerisch, dass für das betrachtete Einfamilienhaus die Errichtung einer Dachgaube zulässig ist.

Der Neigungswinkel der Dachfläche entspricht beispielsweise dem Winkel α zwischen den Verbindungsvektoren $\vec{BA}$ und $\vec{BG}$.

$$\vec{BA} = \vec{A} - \vec{B} = \begin{pmatrix} 0 \\ 0 \\ 5 \end{pmatrix} - \begin{pmatrix} 8 \\ 0 \\ 5 \end{pmatrix} = \begin{pmatrix} -8 \\ 0 \\ 0 \end{pmatrix} \qquad \vec{BG} = \vec{G} - \vec{B} = \begin{pmatrix} 4 \\ 0 \\ 8 \end{pmatrix} - \begin{pmatrix} 8 \\ 0 \\ 5 \end{pmatrix} = \begin{pmatrix} -4 \\ 0 \\ 3 \end{pmatrix}$$

$$\cos \alpha = \frac{\vec{BA} \circ \vec{BG}}{|\vec{BA}| \cdot |\vec{BG}|} = \frac{\left| \begin{pmatrix} -8 \\ 0 \\ 0 \end{pmatrix} \circ \begin{pmatrix} -4 \\ 0 \\ 3 \end{pmatrix} \right|}{\sqrt{(-8)^2 + 0^2 + 0^2} \cdot \sqrt{(-4)^2 + 0^2 + 3^2}} = \frac{32}{8 \cdot 5} = 0{,}8$$

$$\alpha = \cos^{-1}(0{,}8) \approx 36{,}87° \Rightarrow \alpha > 35°$$

Die Errichtung einer Dachgaube ist also zulässig.

c) Begründen Sie, dass t in der Ebene E verläuft und von der Geraden HC den Abstand 2 besitzt.

Der Punkt T liegt auf der Strecke [HG]. Da das Rechteck BCHG die Ebene E repräsentiert, liegt der Punkt T in der Ebene E.

Damit die Gerade t von der Geraden HC einen konstanten Abstand hat, müssen die Geraden zueinander parallel verlaufen. Es ist also nachzuweisen, dass der Richtungsvektor $\vec{u_t}$ der Gerade t und der Verbindungsvektor $\vec{HC}$ parallel sind.

$$\vec{HC} = \vec{C} - \vec{H} = \begin{pmatrix} 8 \\ 10 \\ 5 \end{pmatrix} - \begin{pmatrix} 4 \\ 10 \\ 8 \end{pmatrix} = \begin{pmatrix} 4 \\ 0 \\ -3 \end{pmatrix} = \vec{u_t} \Rightarrow t \parallel HC$$

Alternativer Lösungsansatz: Orthogonale Vektoren

Mit $T \in E$ liegt die Gerade t in der Ebene E und verläuft parallel zu HC.

Da die Strecke [HG] im Punkt H senkrecht auf der Geraden HC steht und der Punkt T auf [HG] liegt, entspricht der Abstand d(t; HC) der Geraden t von der Geraden HC der Länge des Verbindungsvektors $\vec{HT}$.

$$d(t; HC) = |\vec{HT}| = \left| \begin{pmatrix} 4 \\ 8 \\ 8 \end{pmatrix} - \begin{pmatrix} 4 \\ 10 \\ 8 \end{pmatrix} \right| = \left| \begin{pmatrix} 0 \\ -2 \\ 0 \end{pmatrix} \right| = \sqrt{0^2 + (-2)^2 + 0^2} = 2$$

d) Bestimmen Sie die Koordinaten von M.

Da die Gerade t mit $M \in t$ parallel zur Geraden HC verläuft, gilt für den Abstand d(M; HG) des Punktes M von der Geraden HG:

$$d(M; HG) = d(M; T) = |\vec{TM}| = 1$$

1. Möglichkeit: Einheitsvektor von $\vec{u_t}$ anwenden

Der Ortsvektor $\vec{M}$ lässt sich durch die Vektoraddition $\vec{M} = \vec{T} + \vec{u_t}^0$ bestimmen. Dabei ist $\vec{u_t}^0$ der Einheitsvektor von $\vec{u_t}$ mit $|\vec{u_t}^0| = 1$.

$$\vec{u_t}^0 = \frac{\vec{u_t}}{|\vec{u_t}|} = \frac{\begin{pmatrix} 4 \\ 0 \\ -3 \end{pmatrix}}{\sqrt{4^2 + 0^2 + (-3)^2}} = \frac{1}{5} \cdot \begin{pmatrix} 4 \\ 0 \\ -3 \end{pmatrix} = \begin{pmatrix} 0{,}8 \\ 0 \\ -0{,}6 \end{pmatrix}$$

$$\vec{M} = \vec{T} + \vec{u_t}^0 = \begin{pmatrix} 4 \\ 8 \\ 8 \end{pmatrix} + \begin{pmatrix} 0{,}8 \\ 0 \\ -0{,}6 \end{pmatrix} = \begin{pmatrix} 4{,}8 \\ 8 \\ 7{,}4 \end{pmatrix} \Rightarrow M(4{,}8 \mid 8 \mid 7{,}4)$$

2. Möglichkeit: $|\overrightarrow{TM}| = 1$

Mit $M \in t$ lässt sich der Ortsvektor $\vec{M}$ in Abhängigkeit des Parameters λ der Gleichung der Geraden t beschreiben.

$$|\overrightarrow{TM}| = 1 \Leftrightarrow |\vec{M} - \vec{T}| = 1 \Leftrightarrow \left|\begin{pmatrix} 4+4\lambda \\ 8 \\ 8-3\lambda \end{pmatrix} - \begin{pmatrix} 4 \\ 8 \\ 8 \end{pmatrix}\right| = 1 \Leftrightarrow \left|\begin{pmatrix} 4\lambda \\ 0 \\ -3\lambda \end{pmatrix}\right| = 1$$

$$\Leftrightarrow \sqrt{(4\lambda)^2 + 0^2 + (-3\lambda)^2} = 1 \Leftrightarrow \sqrt{25\lambda^2} = 1$$

$$\Rightarrow 5\lambda = \pm 1 \Leftrightarrow \lambda = \pm 0,2$$

Es ergeben sich zwei rechnerische Möglichkeiten für M.

$$\overrightarrow{M_1} = \begin{pmatrix} 4 + 4 \cdot 0,2 \\ 8 \\ 8 - 3 \cdot 0,2 \end{pmatrix} = \begin{pmatrix} 4,8 \\ 8 \\ 7,4 \end{pmatrix} \Rightarrow M_1(4,8 \mid 8 \mid 7,4)$$

$$\overrightarrow{M_2} = \begin{pmatrix} 4 + 4 \cdot (-0,2) \\ 8 \\ 8 - 3 \cdot (-0,2) \end{pmatrix} = \begin{pmatrix} 3,2 \\ 8 \\ 8,6 \end{pmatrix} \Rightarrow M_2(3,2 \mid 8 \mid 8,6)$$

Die Abbildung zeigt, dass die x_3-Koordinate von M kleiner als die x_3-Koordinate von $T(4 \mid 8 \mid 8)$ ist. Somit kommt nur $M(4,8 \mid 8 \mid 7,4)$ in Frage.

e) Begründen Sie, dass $3x_1 + 4x_3 - 49,6 = 0$ eine Gleichung der Ebene F ist.

Da die Ebene F durch Verschiebung der Ebene E in x_3-Richtung entsteht, sind die beiden Ebenen zueinander parallel und es gilt: $\vec{n_F} = \vec{n_E}$.
Beispielsweise liegt der Punkt $C(8 \mid 10 \mid 5)$ in der Ebene E. Dann liegt der Punkt $C'(8 \mid 10 \mid 6,4)$ in der Ebene F.

1. Möglichkeit: Ansatz mit Normalenform in Vektordarstellung

$$\vec{n_F} \circ (\vec{X} - \vec{C'}) = 0$$

$$\begin{pmatrix} 3 \\ 0 \\ 4 \end{pmatrix} \circ \left[\vec{X} - \begin{pmatrix} 8 \\ 10 \\ 6,4 \end{pmatrix}\right] = 0$$

$$3 \cdot (x_1 - 8) + 0 \cdot (x_2 - 10) + 4 \cdot (x_3 - 6,4) = 0$$

$$3x_1 - 24 + 4x_3 - 25,6 = 0$$

$$3x_1 + 4x_3 - 49,6 = 0$$

Normalenform in Vektordarstellung

$E: \vec{n} \circ (\vec{X} - \vec{A}) = 0$

$\vec{n}$: Normalenvektor
$\vec{A}$: Stützvektor

→ $F: 3x_1 + 4x_3 - 49,6 = 0$

2. Möglichkeit: Ansatz mit Normalenform in Koordinatendarstellung

$F: n_1 x_1 + n_2 x_2 + n_3 x_3 + n_0 = 0$

$F: 3x_1 + 4x_3 + n_0 = 0$

Normalenform in Koordinatendarstellung
$E: n_1 x_1 + n_2 x_2 + n_3 x_3 + n_0 = 0$
$\vec{n}$: Normalenvektor der Ebene E

Mit $C'(8 \mid 10 \mid 6,4) \in F$ lässt sich n_0 berechnen.

$3 \cdot 8 + 4 \cdot 6,4 + n_0 = 0$
$24 + 25,6 + n_0 = 0$
$49,6 + n_0 = 0$
$n_0 = -49,6 \Rightarrow F: 3x_1 + 4x_3 - 49,6 = 0$

f) Bestimmen Sie die Koordinaten von N und L

Die Gerade m schneidet die Ebene F im Punkt N.
Um die Koordinaten von N zu bestimmen, werden die Koordinaten des Ortsvektors $\vec{X}$ der Gleichung der Geraden m in die Gleichung der Ebene F eingesetzt und diese nach dem Parameter μ aufgelöst. In die

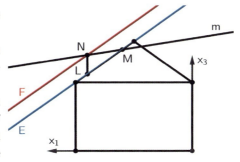

Gleichung der Geraden m eingesetzt, liefert der Wert des Parameters μ den Ortsvektor $\vec{N}$.

$m \cap F: 3 \cdot (4,8 + 6\mu) + 4 \cdot (7,4 - \mu) - 49,6 = 0$

$14,4 + 18\mu + 29,6 - 4\mu - 49,6 = 0$

$14\mu - 5,6 = 0 \qquad |+5,6$

$14\mu = 5,6 \qquad |:14$

$\mu = 0,4$

$N \in m: \vec{N} = \begin{pmatrix} 4,8 \\ 8 \\ 7,4 \end{pmatrix} + 0,4 \cdot \begin{pmatrix} 6 \\ 0 \\ -1 \end{pmatrix} = \begin{pmatrix} 7,2 \\ 8 \\ 7 \end{pmatrix} \Rightarrow N(7,2 \mid 8 \mid 7)$

Da der Punkt L um 1,4 m senkrecht unter Punkt N liegt, folgt:

$L(7,2 \mid 8 \mid 5,6)$

Anerkannte Bildungseinrichtung

ERFOLGREICH durch die Abiturprüfung!

**SICHERE DIR JETZT
DEIN TICKET ZUM ERFOLG!**

MAßGESCHNEIDERTE Kurse
für dein Leistungsniveau

www.deinabitur.de